U0109214

法藏知津

六 編

杜潔祥 主編

第 2 冊

壇經十八講

錢 翰 著

花木蘭文化事業有限公司

國家圖書館出版品預行編目資料

壇經十八講／錢翰 著 — 初版 — 新北市：花木蘭文化事業有限
公司，2019〔民108〕
序4+ 目2+284 面；19×26 公分
（法藏知津六編 第2冊）
ISBN 978-986-485-486-8（精裝）
1. 六祖壇經 2. 研究考訂
030.8 　　　　　　　　　　　　　　　　　　107011444

ISBN-978-986-485-486-8

9 789864 854868

法藏知津六編
第 二 冊 　　　　　　　　ISBN：978-986-485-486-8

壇經十八講

作 　 者 錢 翰
主 　 編 杜潔祥
副總編輯 楊嘉樂
編 　 輯 許郁翎
出 　 版 花木蘭文化事業有限公司
社 　 長 高小娟
聯絡地址 235 新北市中和區中安街七二號十三樓
　　　　 電話：02-2923-1455／傳真：02-2923-1452
網 　 址 http://www.huamulan.tw 信箱 hml810518@gmail.com
印 　 刷 普羅文化出版廣告事業
初 　 版 2019 年 3 月
定 　 價 六編 17 冊（精裝）新台幣 36,000 元　　　　版權所有・請勿翻印

壇經十八講

錢翰 著

作者簡介

　　錢翰，男，籍貫安徽，1973 年 2 月生於武漢。2006 年獲得北京大學和法國索邦大學法語文學博士。從 2005 年開始在北京師範大學文藝學研究中心工作至今。

　　作者的著作《二十世紀法國先鋒文學理論和批評的「文本」概念研究》曾入選國家社科基金文庫，並獲北京市社科優秀成果二等獎，在西方文論和中國傳統經典方面皆有深入研究，擔任北師大國學社指導教師。錢先生希望以自己的努力，溝通中西文化。

提　要

　　本書是 2014 和 2015 年，我在北京師範大學講授課程《禪宗與文學》的講稿。課堂上，除了佛教的基本常識之外，我用了專門一段時間介紹小乘理論，作爲入門的基礎。本書主體的部分當然是對《壇經》的解讀。《壇經》之難不在於其文字，難的是其中所反映的哲學思想，而且這種哲學並不是所謂理論的或概念的哲學，而是實踐的哲學。慧能大師在《壇經》中所說的，並不是源自命題和邏輯的推演，而是他自身的生命經驗。「不二法門」超越了語言所能達到的極限，因此就語言層面上來說，禪宗話語充滿了矛盾、悖論和不知所云。如果只能依文解義，要麼會陷入一頭霧水的迷茫，要麼會陷入自以爲是的狂妄。同時也可能陷入與其他佛教流派的爭議。本講稿力圖透過重重迷霧，把壇經的思想與我們的生活相結合，以「可思議」的文字讓讀者可以揣測「不可思議」禪宗境界。

　　另外，附錄的部分討論了日本俳句的禪意。雖然禪宗與俳句之間並沒有那麼直接的關係，但我卻想作爲附錄保留下來，可能是因爲我有對俳句有特別的偏愛，也可能是因爲我感覺這些俳句，尤其是小林一茶的俳句，呈現了一種不可思議的慈悲與無爲的境界，希望通過我的講解，讓大家對這些優美而充滿智慧性靈的俳句報以會心的微笑。

序 言

　　2014 和 2015 年，我在北京師範大學講授課程《禪宗與文學》，雖然課程名稱顯得大，但實際內容就是講解《六祖壇經》。課堂上學生們反映不錯，有旁聽的博士生建議我把講稿出版。最初，我感覺坊間《壇經》的各種注釋和解讀已經汗牛充棟，不缺我這一本，並不很熱情。後來仔細考慮，我的一些講法跟常見的講法有很多地方不一樣，思路和體驗也不同，也許不乏可以相互參照之處，於是整理出講課的錄音，希望能與更多的人結緣，這才有了《壇經十八講》。

　　課堂上，除了佛教的基本常識之外，我用了專門一段時間介紹小乘理論。可能有人會覺得奇怪，我的課是講禪宗經典，爲何一開始講了那麼多小乘的內容？禪宗與小乘的很多說法不是對立的嗎？以我個人對佛學的體會，禪宗作爲佛教中國化的璀璨文化結晶，固然光彩奪目，無數高僧大德的境界令人歎爲觀止，但是在流傳的過程中，一些根器較低的人因爲慢心深重，不能深解意趣，出現了不少偏差，弄出了一些「狂禪」的頑劣徒孫。還有一些雖然沒有走到狂禪那麼極端，但也常常是口給之學，思想較爲混亂。另外，漢傳佛教與南傳佛教不同，在家人在禪宗文化的傳播中起了很大的作用，促進了儒釋道的融合，使佛教與中國文化有機整合起來，然而另一方面，在家人的修行經驗畢竟與出家人不同，以出家修行經驗爲主導的小乘佛學長期以來所得到的重視不夠，這在很大程度上妨礙了我們正確理解禪宗理論和實踐之間的關係，不能釐清修行境界的次第問題。六祖慧能大師在《壇經》中明確說自己接引的是上上乘人，而在今天這個紅塵滾滾的時代，我們這些缺乏上根利智的人在讀禪宗經典的時候，因爲智慧不夠、煩惱深重，容易錯解祖師意，

口但言空，卻深陷煩惱而不自覺，隨業力流轉，煩惱深重尚自以爲灑脫。我的體會是，必須有小乘的基礎，這個根基牢固了，才不至於對佛陀和祖師的意思偏離太多，走向反面，不至於口吐蓮花，心地蒙塵。所以我專門花了一段時間講小乘，並且在後面解讀《壇經》的時候，力圖把小乘的基礎與大乘的超越融會貫通，把表面上的大小乘之間的矛盾，漸教與頓教之間的矛盾，消融於一爐，如果在讀者那裡起到了這樣的效果，那麼本書的出版就有其價值。

本書主體的部分當然還是對《壇經》的解讀。學術界對《壇經》的版本歷來爭議紛紜，我們沒有必要糾纏於此，通行的宗寶本事實上起到的就是禪宗經典的作用，我們使用的底本就是中華書局的通行本。《壇經》的語言接近唐朝的白話，對於今天接受高等教育的人來說，除了一些佛教特有的概念，其文字的表面意思理解起來並不困難。難的是其中所反映的哲學思想，而且這種哲學並不是所謂理論的或概念的哲學，而是實踐的哲學。慧能大師在《壇經》中所說的，並不是源自命題和邏輯的推演，而是他自身的生命經驗。「不二法門」超越了語言所能達到的極限，因此就語言層面上來說，禪宗話語充滿了矛盾、悖論和不知所云。如果只能依文解義，要麼會陷入一頭霧水的迷茫，要麼會陷入自以爲是的狂妄。同時也可能陷入與其他佛教流派的爭議。曾經有學者說，禪宗是反佛教，就是因爲他是以理論和概念的方式來看待問題。

我在課堂上，盡可能要解決的是：如何分清可說清的和不可說清。道可道，非常道。那麼要解釋清楚爲什麼是「非常道」，爲什麼《壇經》中的很多命題看上去自相矛盾？不能落入簡單的循環論證，也不能落入蒙昧主義。我也盡可能利用現代科學，包括現代語言學、心理學和哲學的一些理論，打通禪宗與近現代科學話語之間的關係；不僅僅用舊的概念解決舊的問題，而是試圖用新的話語闡釋普遍的智慧，把禪宗的智慧與當下的生活緊密結合，解決新的問題，同時又不流於心靈雞湯式，不停留於軟和淺的心靈安慰。我在整理講稿的時候保留了一些講課的口語色彩，希望能呈現出課堂上授課的活潑氣氛。

另外，我在課程的末尾簡單介紹了王維、蘇東坡和日本的俳句中的禪意，在整理這本《講稿》的時候，爲了不喧賓奪主，把王維和蘇東坡的內容都割愛了。雖然禪宗與俳句之間並沒有那麼直接的關係，但我卻想作爲附錄保留

下來，可能是因爲我有對俳句有特別的偏愛，也可能是因爲我感覺這些俳句，尤其是小林一茶的俳句，呈現了一種不可思議的慈悲與無爲的境界，希望通過我的講解，讓大家對這些優美而充滿智慧性靈的俳句報以會心的微笑。

　　這本《講稿》能夠誕生，離不開我的妻子閆至淳的大力支持，她不僅每次課都去聽講，還幫我把錄音整理爲文字，付出了很多心血；還離不開雲南師大的老師崔瀟月博士的支持，她幫我反覆校對文稿，提出合理化的建議。法不孤起，如果沒有他們和其他幫助我成就的人，這本書是無法面世的，至誠感恩！

目次

目錄與簡介

第一講　人生與佛陀教育

內容：簡單介紹佛教的來龍去脈及在中國的傳播與發展。今天，我們為什麼要瞭解佛教與禪宗？這一講著重辨析了佛教與一般宗教的不同，強調佛教是一種人生的教育和生活智慧，而不是對神靈的崇拜，破除迷信。

第二講　生命的輪轉：十二因緣

內容：十二因緣是佛教核心的哲學思想，佛陀把生命的現象總結為十二個因緣永不停歇的流轉，也是人生永恆悲劇的原因，修行就是要打破十二因緣的鏈條，得到生命的寂滅和安寧。這一講詳細解釋了十二種因緣的概念和相互關係，並且指出一般的修行之下手處就在「受緣愛、愛緣取、取緣有」這三個環節。佛陀教育大眾，從這裡出發，改善生命，進一步達到根本的解脫與自由。

第三講　煩惱人生與生死

內容：繼續十二因緣的理論，探討人生種種苦惱的真相，結合精神分析的知識詳細分析「業力」的概念，使這個抽象的問題變得形象化。學會反省「我從哪裏來，我為什麼是現在這個樣子？」人的情緒是怎麼回事？人受什麼支配？佛教認定，人的命運都是自己造作的結果，人要為自己的生命負起全部的責任。在這個認知的基礎上，簡要談談人生日常的煩惱和我們人人都有的普遍的弱點。

第四講　四念處與生命眞相

內容：佛教的四種基本的修行：觀身不淨、觀心無常、觀法無我、觀受是苦。介紹這四種觀法，以及《佛說譬喻經》中對人生的看法。前面四講主要是從總體上介紹佛教，尤其注重對小乘理論的介紹。因爲我感覺，當代對禪宗的講學對小乘的理論重視不夠，如此則大乘的根基不牢，容易發生種種誤解與偏頗，所以我花了專門的時間講小乘，並且試圖把小乘的基礎與大乘的超越融會貫通，也許是此書的一個特色。

第五講　菩提本無樹（行由品上）

內容：正式進入對《壇經》文本的解讀，第一品「行由品」上半部分，介紹慧能大師前往黃梅向五祖弘忍大師求學，解讀在此過程中慧能大師的故事表現出來的品質和智慧。慧誠大師雖不識字，但是表現出非同一般的志向，這是他之所以學佛成就之根本原因。討論禪宗史上最著名的公案，慧能的偈頌：菩提本無樹，明鏡亦非臺，本來無一物，何處惹塵埃。

第六講　應無所住，而生其心（行由品下）

內容：「行由品」下半部分。弘忍大師爲慧能講授《金剛經》，詳細分析師徒二人的對話，解釋「應無所住，而生其心」的涵義。慧能離開黃梅，前往廣東，遇到印宗法師，分析另一個著名的公案：「不是風動，不是幡動，仁者心動。」對這個公案的講法與前人不一樣。解釋何爲「不二法門」。

第七講　自性眞空（般若品上）

內容：「般若品」上半部分。解釋佛教所說的「空」的涵義，分析眞空和妙有之間的關係，不二與二和多之間關係。如何是迷，如何是覺？什麼是塵勞，什麼是智慧？介紹慧能如何從塵勞中得到解脫之法。

第八講　不見世間過（般若品下）

內容：「般若品」下半部分。主要解釋了慧能大師的「無相頌」。尤其著重分析爲什麼慧能說：「若眞修道人，不見世間過。」分析了在對無相頌的解讀中容易誤解之處。

第九講　見性是功，平等是德（決疑品上）

內容：「決疑品」上半部分。解釋了達摩大師與梁武帝之間會面的公案，如何超越自我中心主義，如何理解佛教中「謙虛」的品質，對「慢心」如何克服。《壇經》中格外強調克服「慢」，而不是「貪」，爲什麼？如何才能「見平等相」？解讀《莊子》「齊物論」中的一部分文本，與佛法比較互參。

第十講　隨其心淨則佛土淨（決疑品下）

內容：「決疑品」下半部分。討論慧能對「淨土宗」的評論，解釋「心淨則土淨」的問題，正確理解禪宗與淨土的矛盾。解釋慧能大師的另一首「無相頌」，尤其是第一句「心平何勞持戒，行直何用參禪」。探討禪宗如何看待戒律，破除一些常見的誤解。

第十一講　定慧等學（定慧品）

內容：「定慧品」。佛教常言：戒定慧三學，解釋三者之間的關係，慧能說定慧的關係與其他人之不同。如何超越「情執」，又不陷入「無情之物」的陷阱。引用《維摩詰所說經》解釋這個問題。如何理解所謂頓悟與漸修的關係。分析禪門心法：「善能分別諸法相，於第一義而不動。」

第十二講　外離相內不亂（坐禪品）

內容：「坐禪品」。慧能所言「坐禪」與通常所說的「坐禪」不同，不是一種特定的修行方法，而是始終保持在修行的狀態：外離相爲禪，內不亂爲定。簡單解釋了《心經》和《覺林菩薩偈》，作爲參照。

第十三講　懺其前愆悔其後過（懺悔品上）

內容：「懺悔品」上半部分。懺悔是佛門最重要的功課。解釋慧能所言懺悔，強調了「改過」的意義。分析了業力、戒律和懺悔三者之間的關係，人必須通過懺悔和戒律才有可能擺脫業力的控制。比較佛教的懺悔與儒家的修行之間的相通之處。解釋慧能所說的四弘誓願，人如何修正和堅持自己的志向。

第十四講　一燈能除千年暗（懺悔品下）

內容：「懺悔品」下半部分。三皈依以及慧能對三皈依的特殊理解。慧能所說的三皈依的啓示。皈依與懺悔的關係，如何改惡從善。修福與修道的關係。

第十五講　前念不生後念不滅（機緣品）

內容：機緣品。這一品主要是介紹了不少公案。在這一講中詳略不同地分析了從什麼角度看待這些公案，如何從這些公案中得到啓示。重點分析了法海與法達的公案。

第十六講　隨方解縛假名三昧（頓漸品）

內容：頓漸品。解釋志誠與慧能之間的對話。比較神秀大師與慧能大師的異同。解釋志徹法師與慧能大師之間的對話，分析慧能所說的「常」與「無常」。

第十七講　本自無生今亦不滅（護法品）

薛簡受武則天之命請慧能入宮，慧能拒絕。分析兩人之間的交談，看慧能大師如何超越「二元對立」。

第十八講　能善分別相（咐囑品）

內容：咐囑品。慧能大師在生命的最後時刻，如何安排身後之事，如何囑咐弟子弘揚禪宗。如何講法，隨方解縛。借助格雷馬斯的符號學矩陣幫助理解語言中的二元對立和人的價值觀問題，看慧能教大家如何超越價值觀對我們生命的控制與束縛。解釋慧能大師最後的遺言：《自性眞佛偈》。

附錄　俳句的禪意

內容：以禪宗的視角解讀小林一茶的俳句。雖然禪宗與俳句之間並沒有那麼直接的關係，但我卻想作爲附錄保留下來，可能是我有特別的偏愛，也可能是因爲我感覺這些俳句，尤其是小林一茶的俳句，呈現了一種不可思議的慈悲與無我的境界，希望通過我的講解，讓大家對這些優美而充滿智慧性靈的俳句發出會心的微笑。

第一講　人生與佛陀教育

　　這門課程的內容主要是《壇經》。《壇經》是中國禪宗裏最重要的一部經典，從禪宗來說，《金剛經》也非常重要，特別是在五祖和六祖提倡以後，《金剛經》基本上是禪宗最重要的經典，之前是《楞伽經》。中國式的禪宗是比較特殊的，一般有兩種觀點，例如龔鵬程先生有篇長文，題目是《論一些關於中國文化的胡說八道》，說禪宗是中國化的佛教。另一種觀點認為禪宗不是佛教。我的觀察是，佛門內部的人還是認為禪宗是佛教的，只是佛教的一支，根本還是在釋迦牟尼佛那裡。教外的，做思想史研究的學者，有時候會更加強調禪宗所謂中國化的一面，說中國化的改造已經把禪宗改造得跟原來不一樣了，不再是印度式的佛教了。我個人更偏向禪宗是佛教，所以我們在前面還是講一下佛教的概念。特別是要談一些小乘的基本內容。我個人認為，不管是實修，還是僅僅學習禪宗理論。如果小乘的基礎不好，要想在大乘上能取得多高的成就，達到多高的境界，是非常值得懷疑的。

　　從幾個方面來講小乘的重要性，一是小乘的思路和大乘不一樣，小乘是印度過來的，屬於印歐語系的經典，比較偏重於邏輯和論理，特別強調邏輯；而大乘，是偏於直截的，而不是通過邏輯的方式繞過去。尤其到了禪宗，更加直接，連語言都要拋棄了，從思路上來講是不一樣的。第二是小乘佛法和我們的常識不一樣，跟我們對生活的理解很不一樣，所以我們要先講佛教的基本知識，講講小乘，然後再講《壇經》。

　　現在我們來說一下佛是什麼，佛教是什麼。佛教給自己的定義，是關於宇宙人生根本真理的學習。佛是什麼人呢？佛是掌握了宇宙人生根本真理的人。根本的真理，不可能在一節課裏說清楚。大家即使把大藏經看完了，也

未必瞭解佛是什麼。這只是一個引子。如何是佛法大義？如果看中國古代的禪宗故事，有很多，按我們現在的說法，叫段子。古代叫公案或者語錄。像《五燈會元》就是專門記錄這種語錄或段子的。

定上座問臨濟：『如何是佛法大意？』濟下禪床擒住，與一掌便托開，定佇立，傍僧云：『定上座何不禮拜？』定方禮拜，忽然大悟。

看了這個公案以後，你悟了沒有？沒有悟！這就是禪宗學習的一個根本問題。同樣一個場景，同樣一段文字，你沒有悟，而他悟了。所以說，佛法根本的東西不在文字上面，尤其是禪宗。根本的東西在哪裏呢？悟這個詞，如果翻譯成英語，叫 Enlightenment。但是如果你看到 Enlightenment，想翻成漢語的時候，你會翻成「啓蒙」，「啓蒙」這個詞，就是這樣翻譯過來的。「啓蒙」的「蒙」是什麼意思？就是沒有光亮。這個時候有了一束光照進來，照進了你的心靈，把你照亮，你就被啓蒙了，這個其實就是悟。你看到一句話，或者突然想明白一個問題，都是 Enlightenment，都是悟。佛法裏經常講到開悟，開悟是一個非常了不得的東西。其實悟對於我們人生來講並不是非常罕見的情況。看了書明白了一個道理也是一種悟，一種 Enlightenment。當然也有小悟和大悟的區別，佛法裏會有一個根本的悟，到了根本的悟，就是徹底解決問題了，人生從此不再有大的疑惑了，這是一個根本性的悟。但並非只有這種根本性的悟才叫悟，我們總會有各種各樣的悟。我們前面講到佛是什麼？佛教是什麼？佛其實就是徹底明白的人。大家可能覺得這個比較簡單，一個徹底明白就叫大徹大悟了嗎？佛就是覺者，佛這個詞是音譯過來的，之所以音譯，是尊重不翻，這也是玄奘大師確定的一個翻譯的標準，保留這個音。佛的意思就是覺者，覺悟的人。覺悟的人就是明白的人。我們可能會感覺「明白人」這個詞說的很簡單，我們可能會覺得佛教很神聖。但我們回過頭去看我們走過的生命，看我們自己是不是有很多的迷惑？幾乎所有的人都會有迷惑。這些迷惑不是很容易解決的。

我們每個人，都有兩個大問題，一個是會迷惑，另一個是會痛苦。人和動物之間的區別在於人是有智慧的，動物比較沒有智慧。但是我們有了智慧，就真的把這個世界看明白了嗎？其實沒有，隨著我們對這個世界的理解，知識越多，我們的疑惑也會更多。一隻貓，一隻狗，它可能沒有什麼太多的迷惑，吃飽了就沒什麼問題了。但對於我們來說，迷惑很多。我們對很多問題都不明白，每個人都有很多糾結的地方，每個人糾結的地方也都不一樣，這

說明我們每個人都是有問題的，每個人都是需要開悟的。佛教裏把人做一個基本的劃分，一種是覺悟的人，一種是不覺悟的人，不覺悟的眾生。我們每個人其實都充滿了迷惑，而佛是沒有迷惑的覺者。佛教，就是要通過佛的教育，使有迷惑的人沒有迷惑，把這個世界看明白。

禪是佛教的一個分支。我不認為禪宗把印度佛教中國化之後就不是佛教了。佛教有三個要素，就是佛法僧。佛就是覺者，也有翻譯成，無上正等正覺的，就是最高的覺者。法在佛教裏有兩個解釋，一個就是佛講的道理，一種規矩，你要按著這個道理去修行學習，某種意義上講就是教材，當然這個教材可以是印成書的，也可以是嘴上說的，甚至還可以是不說的，只要通過一種方式傳達出去，對方接收到了，就是佛法。另一個意思是東西，基本可以這樣理解，當然也不完全相符合，如果翻譯成英語可以是 things。為什麼法會指這樣兩個我們覺得差異很大的東西，一個是規則，laws，另一個是東西。我的體會是，每一種東西都會有它的規律，佛教最根本的就是它對整個宇宙人生的規律的瞭解，佛就是瞭解了宇宙人生，所以每個事物的規律他都知道。每個事物都有每個事物的規律，就像這個手錶一樣，它會轉，它這個法有它的規律規則。每一個東西都有它相應的規律和法則，法則和東西本來就是聯繫在一起的。僧就是修法的團體，僧團，僧在以前也不一定確指出家人，就是跟著佛學習的人。在中國，我們特指出家人。這裡面還有更深的內容，我們以後會講。

接下來一個很重要的問題，是宗教的問題。我們中國有所謂三教的說法，佛教、道教、儒教。現在有這樣一種認識，這三教跟西方對應比較，會覺得它們和基督教或者伊斯蘭教是同類的。我不太贊成這個觀點，我認為這是翻譯帶來的問題。解釋一下宗教這個詞。宗這個字最初就是祖的意思，在甲骨文裏，㊁字是這麼寫的。裏面這個部分到後來就轉變成「示」了，最早就是擺在那裡供奉的靈食，所以我們在漢語裏跟「示」有關的部首都是跟神和祖先有關係的。宗最早是尊祖的廟。宗尊雙聲，宗和尊的意思幾乎是一樣的，所以中國有一個詞叫宗師。宗師就是最值得尊敬的老師。教，就是上所示，下所效也。朱熹認為教的這邊就是個效，其實朱子不一定對。教的右邊其實是一個手拿了一個棍子，教就是拿棍子打，挨過打就會有體會。教育，在中國古代理解，體罰是教育中一個應有之義。爻這個字和教也是很有關係的，教（平聲）、教（去聲）和爻都是同一個音部，同音必同義，所以它們的意思

都是相關的。這個爻，實際上就是交通，感應。教學，實際上是老師和學生之間的交通，相互之間的一個關係。下面這個子就是小孩子了，老師還拿著教鞭，跟學生發生了一種交流的關係。如果我們講宗教的意思，佛教的意思，就是覺悟的人教給沒有覺悟的人，讓沒有覺悟的人變成覺悟的人，這是一個典型的教育模式。教本質上就是教育的意思，所以中國古代講佛教、道教和儒教，都是從教育的意思上去講，雖然這裡面也許會涉及到神鬼的一些東西，但本質上是教育的事。佛教裏釋迦牟尼佛的根本稱號是「本師」，佛其實是老師，其他的叫弟子。所以這其實是一個老師和學生的關係。佛門裏有一個稱呼叫「和尚」，我們現在經常把剃了光頭的人都叫和尚，其實和尚是不隨便用的，和尚的意思比較接近於我們大學系統裏的博士生導師或碩士生導師。這個詞也是音譯過來的，本來的意思就是導師的意思。佛教是一個教育系統，寺廟裏的僧職，例如首座，住持，都是教學的意思，首座相當於我們學校的教務長。

接著解釋「宗教」的問題。教，就是教育。儒釋道三家都是三種特殊的教育，在佛教裏，有禪宗的概念，還有教下的概念。所有的學術都會分很多流派，在中國，佛教也分了很多流派，例如華嚴宗、天台宗等等。當然，在中國發展最好的流派，尤其在唐朝，毫無疑問就是禪宗。在中國佛教裏，禪宗是宗，因為它最厲害，其他的流派就歸為教。有一個詞叫「宗門教下」，宗門就是禪宗，其他所有流派就叫教下，這樣合稱宗教。但是後來當西方的基督教進來以後，在翻譯的時候就有了問題，西方用的是 religion 這個概念，religion 的翻譯後來在佛教裏找到了「宗門教下」這個詞，然後拼成了宗教，用這個新造的這個詞，來翻譯 religion 這個詞。因為用 religion 來翻譯了宗教，而宗教這個詞又是從佛門裏來的，所以就把佛教稱為宗教。中國古代說到佛教的時候，明顯是以教育為中心來講的，是 education 的意思。但是我們的翻譯，現在用了 religion，現在會把儒釋道三教認為是三個 religion。因為西方話語佔據強勢以後，我們多是用西方的這種概念來指稱各種社會現象，所以我們用 religion 來理解中國的三教，尤其是佛教。所以我們會把佛教和基督教、伊斯蘭教看成是一類的，但實際上他們的差別非常之大。

這個非常之大的差別主要是在兩個地方。伊斯蘭教和基督教的根本教義，一個是世界是神創造的，第二個是人和神之間有根本的劃分，就是人是永遠不可能成為神的。人是不可能變成上帝的，不管你是什麼樣的人，即使

你做的再好，你也不可能變成上帝，你可以成為一個聖徒。但聖徒還是聖徒，聖徒是絕對不可能成為上帝本身的。如果有人說我能夠變成上帝，那麼從基本的教法上來說，這是嚴重的褻瀆。這裡是有一個絕對的劃分，不是相對的劃分。但在佛教的教義裏，人或者其他的眾生，不是佛創造出來的。佛和眾生之間的關係，不是一個創造者和被創造者的關係，而是一個老師和學生之間的關係。第二，因為只是老師和學生之間的關係，所以人是可以變成佛的。套一句話，不想當老師的學生不是好學生。佛教的講法是一樣的，不想成佛的弟子不是好的佛弟子。所以佛教不是一個典型的宗教。宗教裏，神和人是截然分開的，人是不可以通過自己的努力變成神的，人是需要神的拯救的。你個人再怎麼努力，最終你還是要神去拯救你，沒有神的拯救是不行的。不管是基督教還是伊斯蘭教，都是這樣的，這是一神教的特徵。但是，在佛教系統裏，不是必須要有佛來拯救。比如學生學知識，需要上課，老師可以幫助學生，但是從理論上來說，學生不用到學校裏，也是可以學會的。只不過是學校會讓學習更方便一點，學校可以提供更多的條件，學生可能會學得更快點。但不是說，你不到學校來就絕對學不會。在佛教的體系裏，人要學會，要開悟，明心見性，佛的幫助從理論上來講，不是絕對必須的，當然事實上如果沒有佛的幫助在這個時代是幾乎不可能成功，即使有了佛的幫助也不一定能成功。但是這在理論上，不是絕對條件，這跟基督教是完全不同的。基督教的教義裏，人是必須絕對依賴神的，人對神是一種絕對的依賴關係。我一直認為，佛教和無神論是可以相通的，佛教不是一種有神論的佛教。當然佛教裏有提到神、鬼，但神鬼在佛教裏屬於六道眾生，神仙在佛教裏叫天人，天人還有不同的層次，一共三十三重天。但是在佛教裏，天人並不是很高級，他們還是迷惑的，只是比地上人稍微多一點覺悟，還沒解決問題，到阿羅漢以上才解決問題。佛教裏，神也只是六道眾生之一，跟佛完全不在一個境界上，是還沒有覺悟的狀態，沒有明心見性。佛和眾生之間的關係，包括和人和天人之間的關係，都是老師和學生的關係，不是創造和被創造的關係。

做一個無神論的佛教徒是沒有任何問題的。六道輪迴也是不需要神的，是自己走的，不是上帝的安排。基督教裏，你死了以後，是上帝給你安排，讓你去天堂或者去地獄，還有煉獄。其實煉獄不是很糟糕，漢語翻譯過來好像是個恐怖的地方。佛教裏講六道輪迴，但是這個輪迴到哪裏去，是你自己做主，這個路是你自己選的，不是佛給你選的，也不是菩薩給你選的，不是

佛讓你上天堂下地獄，是你自己決定的。我認爲佛教與無神論之間的距離，和與基督教的距離比起來，要更近。

我們最大的一個誤解，就是因爲種種翻譯的關係，又因爲西方話語的強勢，導致我們對佛教認識不清楚，其實對三教都認識不清楚。中國的三教基本上是一個無神化的世界，儒釋道三家都是沒有造物主的。當然會有一些神秘的東西，但佛教道教裏神秘的內容和基督教裏神秘的東西完全不一樣。我們的神秘，是個人通過修煉達到一種能力，但這都不是依據於外來的力量，都不是靠造物主這樣一個完全外在的一個角色來決定的。中國的儒釋道三家都相信一個道理，命由我造，福自己求。命不是上帝決定的。佛教裏，命不是佛造的，道教和儒教也一樣認爲命就是自己造的。這是一種非常自信的教育，人要靠自己，人必須靠自己。這當然是很好的，但從另外一個角度來說，這也非常沉重：我們沒有責任可以推卸！尤其是把佛教的道理學得比較明白以後有一個最基本的好處，就是不太會去埋怨別人，至少埋怨會比較少。因爲眞的明白人的命運，人的路，都是自己走出來的。不去責怪別人，當然是好事，但同時就意味著你沒有任何責任可以推卸。往往會說命不好，都是因爲爹媽生的不好，或者是社會不好，或者是被誰騙了，被誰傷害過，但在佛教裏，都是自己的責任，從本質上來說，你可以依靠的只有自己。當然，佛教裏也有理論說，你可以依靠佛，依靠菩薩幫你，但這些都是緣分。兩個東西，一個是因，一個是緣，因是你自己，緣是周圍各種各樣的緣分和環境。這裡我們要強調的是，佛教不是宗教，尤其不是 religion。

Religion 在英文字典裏的解釋是這樣的：a set of beliefs concerning the cause, nature, and purpose of the universe, especially when considered as the creation of a superhuman agency or agencies, usually involving devotional and ritual observances, and often containing a moral code governing the conduct of human affairs。這裡的 superhuman 就是上帝。當然，基督教和佛教也有相通的地方，例如勸人爲善，有儀軌，有戒條，有各種勸誡，這是神教裏教育性的一部分，但這個教育性的部分不是 religion 裏所特有的，學校裏的無神論教育也一樣有這樣的內容，例如要做好學生，不要做壞事，有規則，不要違反校紀校規，這個部分不是 religion 所特有的。Religion 所特有的根本本質的東西，是相信一個 the creation of a superhuman agency or agencies，這個是它根本的東西。佛教沒有這個。這一點一定要搞明白，因爲在這方面我們已經糊塗了很

多年了，或者說我們大多數人對這個問題都是不明白，包括主流的東西，很多教材上的內容，都是不對的。

下面我們討論一下，為什麼要學佛教。佛教的學習分兩個，一個是內部學習，一個是外部學習。首先講外部學習，外部學習相對比較簡單，就是瞭解東方的文化傳統。當我整體說東方，中國佔了很重要的地位，當然我們現在說佛教是從印度傳來的，這沒有問題（當然，我們知道釋迦牟尼的誕生地是在今天的尼泊爾，屬於廣義的印度文化圈）。但如果我們從文化傳承影響來看，傳統要有傳才有統，佛教在中國造成的影響更重要，佛教在印度實際上已經失傳了，沒有這個傳統了，現在印度學佛是從中國反哺回去的。印度人很長一段時間以來，都不知道他們有佛教，他們是要看玄奘大師寫的書才知道，原來我們以前這裡是有佛教的。印度是一個不太喜歡歷史的民族，沒有什麼歷史的記載。因為文明中斷或者其他原因，當佛教消亡以後，伊斯蘭教入侵印度，這對印度打擊很大，把很多佛教聖地都消滅了，後來又有其他原因，印度教在整體上佔據了絕對優勢，所以後來印度就沒有佛教了。佛教後期的發展，幾乎全都在中國，所以瞭解佛教，尤其是大乘佛教的傳統，主要還是中國的傳承。印度佛教有另外一支，小乘的一支，在今天的斯里蘭卡、緬甸和泰國等地流傳，叫上座部佛教。中國的另外一個系統就是大乘系統，基本就是漢傳佛教。越南主要是受中國影響，日本也是。所以說瞭解東方文化傳統，主要是中國文化傳統。

佛教在很大程度上，已經參與到了中國的文化傳統中來。如果我們不瞭解佛教，我們是不夠瞭解中國的文化史的，尤其是隋唐以後的文化史。很多名人，其實都是學佛的，比如白居易、蘇東坡、林則徐，我們可能都不知道他們是學佛的。所以如果不瞭解佛教的話，是很難真正瞭解中國傳統的，這是從文化上來說。另外一個方面，大家都知道中國從宋朝以後有理學，理學很大程度上是受佛教影響的。當然這些理學家，不少都學佛之後又反對佛教，不管是朱熹還是王陽明，都有這樣一個過程，但是雖然他說他反對佛教，其實他們的思想基礎很多都受佛教影響。我們要看到宋明理學和早期的儒家之間的差別還是比較大的。我自己從學法語和法國文學轉向中國傳統文化，是從佛教入門的，回頭再看儒家的東西，最初基本上全是理學的路子，後來才發現先秦的儒學和後來的理學很不一樣。早期的儒家是比較偏重情的儒家，理學，當然就是偏向理的方向。

　　如果不瞭解佛教，在很大程度上無法瞭解中國傳統文化的整體脈絡，尤其是唐以後。佛教從兩漢就進入中國了，到了唐朝，特別是禪宗發揚光大以後，所有中國古代的讀書人，是沒有不讀佛經的，每個人下的工夫多少可能不一樣，相信的程度不一樣，但沒有不讀的。佛經就是一種基本讀物，特別是唐宋以後。中國五四以來我們離傳統文化就比較遠了，所以很多讀書人都沒有正兒八經地讀過《金剛經》，甚至都沒有正經地讀過四書，這個現象很普遍，包括文科的老師。這確實是非常悲哀。不過，我們現在正在逐漸地好轉，隨著中國對自己文化的自信增強，我們至少要回過頭去瞭解一下我們現在的文化是從哪裏來的。所以儒釋道三家的經典都要讀。現在儒家的經典在國家層面已經推廣得比較好了，道家的經典大家會知道《道德經》和《莊子》，但是對於佛教經典，大家的瞭解還是很不夠的。佛教在很大程度上參與了中國的文化建設。很多概念，像「世界」、「作業」這樣的詞都是從佛教裏來的。有很多成語也都是來源於佛教，比如「一絲不掛」，當然它跟我們現在的理解完全不一樣，「一絲不掛」是一個禪宗的概念，是要明心見性以後才可能一絲不掛，當然它指的不是穿衣服，它指的是你的心裏沒有任何的牽掛，擺脫了執著，擺脫了痛苦，叫一絲不掛。我們的心裏都是有絲有掛的，我們總是覺得自己活得累，就是心裏掛的東西太多，所以很重。你心裏如果一絲不掛，就會很輕鬆。禪宗是很輕的一種哲學，當然它也有重的地方。重的時候很重，輕的時候非常輕。

　　還有一個名詞，叫「方丈」，剛才已經解釋過「和尚」了。方丈什麼意思？就是一丈見方的意思，一丈是多少？是三米三。這個三米三是周長，三米三周長的房子是一個非常小的房子。什麼叫方丈呢？就是他住在這個小房子裏。方丈就是住一個小房子，他和別人的不一樣的是他單獨住，其他僧人是合住的。方丈要單獨住，是因為他要處理一些事務，但是他只能住這樣一個小房子。佛教裏有一個很重要的觀念就是以苦為師，是反對奢侈，反對享受的。從佛門自己的教育來說，是提倡比較艱苦的學習。所以方丈，一寺之首，他只住一丈見方的小房子。

　　再解釋「寺廟」這個詞，就更能體會什麼叫教育。中國古代的「寺」，我們現在可能會覺得就是寺廟的意思，就是出家人用的這個場所，但如果你們有比較多的歷史知識，就會知道中國古代的「寺」是一個行政機關，衙署，很多官署的名字都有「寺」，帶「寺」的都是皇帝直屬的機關，比如大理寺，

還有一個叫鴻臚寺，相當於現在的釣魚臺，就是外交接待機構，最早印度的僧人到中國來傳法，就是住在鴻臚寺，後來又要造一個白馬寺，所以寺是皇帝給的一個衙署，實際上是一個教育機構，皇帝的老師呆的一個地方。在後來的傳承裏，中國古代皇權下面做寺的機構變少了，鴻臚寺延續比較久，到清末才取消。我們現在沒有什麼國家機關叫「寺」了，只有寺廟才叫做寺。如果我們不懂這些歷史知識，就會以爲這個寺，是一個特別的相當於教堂一樣的東西，其實它是一個國家設立的機關，開始是爲了教育。以前出家是要考試的，玄奘法師當初出家的時候年紀非常小，非常特殊，才十三歲，別人問他爲什麼要出家，他說要「紹隆佛種，繼佛慧命」，大家看他志氣這麼大，就讓他出家了。所以，佛寺在早期是被看待成學校的。因此，我們再次強調佛教是一種教育。這是講外部學習。如果不瞭解佛教，我們對自己的文化傳統很難有深入的瞭解。

第二個是內部的學習。前面講的還是知識，內部的學習就是要開啓心靈的智慧，就是我們之前講到的「悟」的問題。人生是需要悟的，開啓心靈智慧，大家的經歷和感受是很不一樣的。我介紹一下我自己的經驗。我也不是真的就開啓心靈智慧了，就是比以前強一點而已。我就介紹一下我學佛的因緣。那個時候我在法國留學，心裏頭掛的東西比較多，比較沉重，生活有種種的煩惱，學業的壓力比較大，感覺前途比較渺茫，做博士論文很辛苦，而且我對博士論文的價值本身也發生了懷疑。在比較迷惑的時候看到一本書，叫《了凡四訓》。《了凡四訓》其實不是佛教經典，它是典型地表現了儒釋道三家合流的一本書，其實，如果站在學術研究的角度來看，它的層次並不高。但我看了這本書，是有一個悟的過程。這個悟，一個核心的東西，就是有光明，恍然大悟的時候就發現自己原來是錯的。所以，人生覺悟的一個核心，就是發現自己以前是錯的！如果你這一生都是對的，那只有一種情況，就是你這一生都不會有任何進步。你原來知道這麼多，到死還是知道這麼多，你就不會覺得自己以前錯了。我們現在學的很多知識，也許不會發現自己以前錯了，那是因爲我們學習的主要還是以外在的東西爲主，就是看社會，文科的看社會，理科的看物質之間的關係，這樣的研究，不太會讓你覺得自己錯了，你今天突然發現一種新的化學反應，你只是覺得增加了一個東西，你並不容易覺得自己過去就是錯的，更多的是覺得增加。但是關於人生的知識會不一樣。關於人生的理解，可能會有更加切己的體會，當你發現原來人生是

這麼回事的時候，你可能會體會到過去是有問題的。我學佛最大的一個體會，或者說一個好處，就是發現自己有很多的毛病，問題都在自己的身上，這種種的痛苦和毛病和問題，都是由自己引起的，不能歸咎於別人，歸咎於社會。這是內部的學習，可以開啓心靈的智慧，這是一個覺悟的過程。

儒釋道三家，都有開啓心靈智慧的作用，不管是讀《論語》、《大學》、《中庸》，還是讀佛經，都是一樣的。還有一個問題，這也是龔鵬程先生提出來的，他覺得中國的儒家（佛教的道理差不多），在晚期墮落了，墮落的原因是這種學問和學術都變成了一種外部的學習，就是增加知識，但是儒釋道三家的本質是要開啓心靈的智慧，人生的東西要真的體會，是要跟自己緊密結合的。

其實我在看《了凡四訓》之前也看過一些儒釋道的東西，而且我也覺得很好，讀《論語》讀得很喜歡，讀《道德經》很激動，讀《金剛經》也很激動，但我讀完之後就放下了。我們絕大多數人絕大多數時候讀書都是這樣，讀完一本書，覺得很好，學了不少知識，然後就放手了。這裡的問題在於什麼呢？這些書不能說你完全沒有讀懂，你既然很欣賞它，就說明你在某種程度上懂了一點，但是你並不真懂，所以你沒有辦法把它和自己的生活結合起來。其實儒釋道三家講的就是生活，但是你讀了以後沒有和自己的生活結合起來，因為太高了。比如說，讀完《金剛經》之後，普通人很難把《金剛經》和自己的生活聯繫起來，除非你真的是高人。像我這樣比較低的人，是不會結合的，我只會覺得這書真好，寫得真漂亮。我們現在讀很多哲學書，比如西方的哲學書，道理是一樣的，很難跟自己的生活比較切實地結合起來。

跟大家分享一下我的個人經驗。在法國留學讀博士期間，因為學業的壓力和孤獨感，我一度對前途命運充滿迷茫。年輕時的我，傾心於自由理念，熱愛先鋒叛逆的哲學思想，對道德教化頗多質疑，以為那不過是束縛人的教條，傷害了人性的自由發展和豐富的人生美感。自己猶如不繫之舟，習慣於跟著感覺走，然而卻失去了人生的方向。只是一味憤世嫉俗，對社會現實持強烈的批判態度，同時又找不到自己的問題，這種心理狀態在很多關心社會的青年學子身上都有或多或少的體現。一個下午，我偶然在網上看到淨空法師講解《了凡四訓》的文字記錄，端坐在電腦前一整天，一動不動全部看完。那猶如夜空中的一道閃電，劃過心靈的昏暗，震撼之餘，我開始重新思考自己的人生，反省自己的弱點。人生之覺悟，發端於對自身之迷惑與錯誤的認識。我突然明白，一個覺得自己什麼都對的人是沒有希望的，因為他已經無

法改變；而一個能夠反省自身錯誤的人，才眞正充滿希望，因爲從此時起，他能夠有意識地修正和改善自己，有一個更加光明的未來。

第二講　生命的輪轉：十二因緣

　　關於佛教，很容易引起的一個爭議，就是所謂迷信的問題。我們小時候經常聽說一個詞叫宗教迷信，佛教到底是不是迷信？或者說佛教裏有沒有迷信，佛教和迷信有關係嗎？這是我們要討論的一個問題。另外一個問題是因果，同樣也是談到因果的時候，很多人很容易想到迷信，很多人也認爲因果的說法是佛教是迷信的一個特徵。我們應該怎麼看？

　　第一個問題，信是什麼？現在有一個說法：中國人沒有信仰。信仰到底是什麼？「信」其實是我們生活中很重要的一個問題，我們如果沒有信，是很難生活的。當你說我信什麼的時候，你是怎樣的一種精神狀態？有同學說信是心裏的精神支柱。信有很多，比如老師給你講數學的公式定律，你是信還是不信？那有人給你講，你來生會上天堂或者下地獄，你是信還是不信？我們現在可能沒有搞清楚什麼是迷信，一般會把一些比較神秘的比如鬼神或者講到來生的問題，統統稱之爲迷信，其他的東西就不是迷信。但實際上，我們來仔細看一下迷信這個詞。就是我們在一種迷惑的狀態下去相信，就叫迷信。所以迷信與否的問題，不在於你信的對象，你信了什麼。我們經常會碰到網絡上很多虛假的知識，你稀裏糊塗就相信了，這個時候其實就是一種迷信。對於一種你不瞭解的知識，你的相信就是一種迷信，並不是一種真實的相信。現在社會上就有很多虛假的知識，比如說中國發展的五階段論，我個人認爲這種劃分是不對的，但是這樣的知識也流傳了很多年，很多人都相信，那爲什麼我們不把這個東西叫做迷信呢？迷信的根本不在於它的內容是什麼，而在於我們對這個問題是不是思考得很清楚，這是我們對待這個問題的一個核心。

　　無論是我們遇到了宗教也好，某一種說法也好，某一個命題也好，最關鍵的你要通過自己的思考，把這個問題想清楚。當然我們現在的時代是一個知識爆炸的時代，我們沒有那麼高的能力和那麼多的時間。我自己是學文科的，雖然我對科學問題也有點興趣，我現在就沒有時間和精力投入《古今數學思想》這樣的書。有很多問題，我們不一定有那麼多時間和精力去一一想明白，所以我們必然就會處於一種半迷信的狀態。比如有些科學的命題，它為什麼是對的，其實我不是很清楚，那沒辦法，我只能相信權威。權威說了，大家也都認為是對的，那我也就姑且認為是對的吧。其實對於很多問題，我們都是這樣來看待的。當然，這是可以理解的，每個人的時間精力是有限的，但這的確就是一種半迷信的狀態。我們有切切實實的相信，有些東西我們看得很清楚，是經過深思熟慮弄清楚的，但對於有些問題，我們是處於半迷信狀態的。還有，就是對於有些問題即使我們想得很清楚了，也未見得就一定是正確的。比如科學的發展，尤其是重大科學的發展，都是在推翻前面的一些公認的定理的基礎上發展的，不管是伽利略、牛頓還是愛因斯坦，都是推翻了前面公認的定理的，前面那些東西大家也是認真想過的，並不是稀裏糊塗相信的。那些極端聰明的人，他們認真思考和研究的結果，但實際上可能還是有錯。我們不要輕易認定一個東西是迷信，還是不是迷信。這作為一種結論，意義並不是很大。最重要的，是我們考察自己的問題和精神狀態。我們對這樣的說法和命題，我們有沒有認真思考，去認真驗證。這個才是迷信這個問題的核心。

　　有的人說佛教是迷信，有人說佛教不是迷信，我覺得這都說的太簡單了。從根本上，我當然認為佛教是非常理性的，有道理的，不過在佛教裏特別是佛教的活動中，同樣也充斥了大量的迷信，因為很多人是沒想清楚的，這麼一說，大家都稀裏糊塗的。有騙錢，甚至有騙色的，新聞裏也有報導。那為什麼會出現這樣的情況呢？這都是因為迷信的心理狀態所造成的。科學界裏也有騙人的情況，這也是一種迷信。不同的領域裏有不同的辦法解決問題，科學界裏有科學界的方法來解決問題。

　　第二個更加複雜的問題是因果。因果也常常被說成是一種迷信，這個解釋起來可能比較簡單。所謂因果的道理，一個根本的思維就是，世界上的一切事情都是有原因的，還有就是你所做的任何事情和行為，都是會有後果的。這個話說起來其實很簡單，但仔細想，也很有深意。任何事情都是淵源有自

的，我們很多時候看一個事情，並不清楚它的原因是什麼，但是它一定有原因。所以你要是說佛教講因果是一種迷信，其實是說不通的。因為從本質上來說，不管是哪個學科，主要研究的東西就是這個學科裏的因果關係。比如，數學題裏也都是「因為所以」，「因為所以」其實就是事物之間的因果關係。不管你是研究物理的，還是社會學的，本質上你都是在研究因果關係，都是在研究這樣一個行為可能或者必然導致怎樣的一個結果。區別只在於這個研究成果對還是不對，研究者對這個因果的描述是正確的還是錯誤的，可能這個因果關係的描述是不對的，而不可能否定因果關係的存在。關於因果關係有不同的說法，種種理論其實就是在對不同的因果關係進行描述。不論是馬克思主義還是佛教，都是一個因果關係。不論是物理還是化學也就是一個因果關係，只是怎麼來看待這些因果關係的問題。

　　在佛教裏，我們講因果，是講善因善果，惡因惡果，善有善報，惡有惡報，那這個是不是一個正確的描述呢？其實這並不是佛教所特有的，看儒家的經典，《易經》裏說積善之家必有餘慶，積不善之家必有餘殃，道教和佛教也是一樣的。關於因果的問題，基本上就是秉承善因善果，惡有惡報。當然也有人不服氣，說有的人道德很好，可是到最後很倒楣，有些壞人最後好像過得還不錯。佛教裏有兩個解釋，從現世來看，把眼光放長遠，不是只看短期的情況，你看到底是好人有一個好結局的多，還是壞人有一個好結局的多？以我活到四十多歲的經驗來看，還是好人有一個好結局的多。壞人，可能張狂一時，但從整體來看，要得到一個好結果，不容易。這個道理很簡單：一個人的幸福或是人生的成功，最重要的是人與人的關係，不管是社會上的關係，還是家庭成員的關係，父母子女的關係。其實所有人都喜歡好人，包括很多壞人也是喜歡好人，這是很簡單的道理。比如一個騙子，他一定不希望別人騙他，他只希望他把別人騙到。所以，世界上所有的人都會喜歡好人，也許會有好人吃虧，但這是要看長遠的。當一個好人，所有人都喜歡他的時候，他這一生不會太差。一個壞人，那討厭他的人就太多了，他這一生就不會太好。道理是一樣的。

　　當然這裡的問題比較複雜，複雜的原因是，剛才講的好人壞人只是一個簡單的二分，稍微成熟一點的人都會知道，這個世界是很複雜的，不僅僅是社會上有很多人所以複雜，而是說一個人本身就很複雜。每個人身上都會有善的種子，我們凡人的特點就是有善的思想和行為，同時，你還會有不好的

思想和不好的行為，同一個人在不同的因緣下所表現的善惡是不一定的，不一樣的，尤其是我們的內心更為複雜，有句話說知人知面不知心，這個時候你在觀察善惡的時候就不一定準確，那在梳理因果關係的時候就不容易梳理清楚。這個問題需要大家自己進一步去認真思考，包括怎麼認識善惡，怎麼認識自己的內心，我們不光是對別人的善惡認識不清楚，其實我們對自己的善惡也不容易認識清楚。一個人要正確認識自己是一件很困難的事情，我們每天跟自己在一起，我們應該是最瞭解自己的，但實際上，大多數人其實並不一定看得清楚自己到底是怎麼回事。這裡的原因有很多，一個是我們不知道看自己的方法，另一個是我們內心總有很多負面的東西，不堪回首，所以有時候我們會不太願意誠實地面對自己，一個人要真誠面對他人不容易，其實要真誠面對自己也非常不容易，如果我們不把人性的真實看清楚，我們是不容易看清因果的。

第二個問題比較複雜，我們剛才講的是這一生的因果，但是佛教是講三世因果的，三世就是前世、今生和後世。世界這個詞，是從佛教傳進來的。前世，只是一個簡單的說法，並不是講我們這一生是前生而來的，很有可能從前很多世來。佛教裏的說法，我們到現在，都是經過多少億次的輪迴，六道我們基本上都已經去過了。以前的種子都會發芽，所以說，有的人這一生也許做的不錯，但是因為他前世造的惡業比較多，所以這一生結果並不一定好。有些人這生幹了不少壞事，但是因為以前積攢的福報比較多，所以到這世還沒用完，還可以接著用，就會顯得比較好，這其實有點像銀行存款的道理。前面我們講的一世裏的因果，是從概率論的角度講的，儒家不太講三世，所以講概率更大一些。但是佛教講的是三世因果的道理，所以就不是概率論，就是必然性了。

當然關於我們是不是有前世後世，我提供兩個思路給大家思考。第一個就是所有的孩子生下來就是不一樣的，你們可以去觀察，孩子出生不一樣，一方面是生理上的不一樣，另一方面所有的小孩生下來性格就不一樣。有個說法說小孩生下來是一張白紙，不同都是後天的教育，當然我不否認小孩的可塑性比大人是要強多了，但是小孩生下來絕對不是一張白紙，他一定是帶著某種品性生下來的。那這個品性是從哪裏來的呢？這是一個問題，大家可以思考一下。另一個問題，就是人走的時候，如果觀察人走的時候，差別是很大的。這個不一樣分兩種情況，一種是客觀上的不一樣，比如是生病走的，

還是被車撞了，還是老到歲數到了，無疾而終，這在每個人是非常不一樣的；另一種是心理狀況的不一樣，有的人走的時候非常恐懼害怕，有的人非常安詳，有的人是知道他要什麼時候走，我外公走的時候就非常清楚他自己要走了，他知道自己當天晚上要走了，就把被褥放在地上了，因為當地的風俗是人不要在床上走的。一般來講，清清楚楚走的人會比較安詳。每個人走的時候是不一樣的，為什麼呢？這跟他要去什麼地方是很有關係的。這個問題你們可以下去慢慢思考，這和我們普遍的常識不太一樣。

還有一個討論很多的問題，就是佛學和學佛的問題。這個問題尤其是在佛教研究專家和佛門內部人的一些爭議。龔鵬程先生談到過這個問題，他說他當年皈依佛門，佛門裏的人強調你不要搞佛學，要專心學佛，所以書不要讀得太多，讀兩三本就可以了。理論不要學太多，關鍵是要實踐。他也聽從了，不讀書，只是實踐。這是他學佛的一段。另外就是佛學的一段，佛學要是一直讀下去是可以讀一個博士出來的。中國也有這樣的專業，以前很多人是去日本讀佛學的博士，因為那個時候中國的佛學院開的比較少。但日本其實已經幾乎沒有出家人了，不過日本的佛學是很發達的，做考據，資料收集整理工作，長期都沒有斷過。中國有一段時間積貧積弱，整個國家陷入危亡，佛學的東西更是沒人研究了。日本是有佛學，還有很多的寺廟，但日本的寺廟裏的和尚他們都是結婚生子的，很多寺廟都是家傳寺廟，就是父親傳兒子，兒子傳孫子，不過禮佛敬香法事都還有，但是這個和傳統佛教裏說的出家已經完全不一樣了。

那我們怎麼來看待學佛和佛學的問題？我個人認為，首先不要把它們倆對立起來，研究佛學的覺得學佛的普通出家人沒文化，覺得你考據不夠，不紮實，學術的根底不夠，其實現在也有些很有文化的出家人，比如北京的龍泉寺，那裡的出家人有不少博士。反過來，學佛的就批評研究佛學的都是一些知見，知見越多煩惱越多，學的都是些沒有用的。我覺得最重要的是不要對立起來，這兩方面其實是可以相輔相成的。從本質上來說，理論都是為了實踐，如果我們把這個問題想明白，就會發現我們沒有必要對立起來看佛學和學佛。實踐和理論從根本上是相互促進的，關鍵是你的態度是互補還是執取一邊。

下面我們來講一下佛與禪的問題，先看一個故事：

爾時大梵天王即引若干眷屬來奉獻世尊於金婆羅華，各各頂禮佛足，退

坐一面。爾時世尊即拈奉獻金色婆羅華，瞬目揚眉，示諸大眾，默然毋措。
有迦葉破顏微笑。世尊言：「吾有正法眼藏，涅槃妙心，即付囑於汝。汝能護
持，相續不斷。」時迦葉奉佛敕，頂禮佛足退。《大梵天王問佛決疑經》

　　這就是拈花微笑的故事，主角就是釋迦牟尼佛和迦葉尊者，迦葉尊者是
頭陀行第一，就是苦行第一的。從這裡我們可以看到，印度禪宗和中國禪宗
有些不一樣的地方。剛才那段話裏有一個最關鍵的東西就是**默然毋措**，就是
沒有話說。吾有正法眼藏，涅槃妙心，即付囑於汝。拈花微笑是不說話的，
以心印心。迦葉一笑，佛陀就知道他知道了，其他人都是不知道的。佛陀講
法，每次都是要說些什麼東西的，即使在《金剛經》裏說佛無法可說，但是
還是要說一些，說了一部《金剛經》。就是在這一會上，佛陀是一句話沒說，
迦葉微笑，明白了佛陀，這就是禪宗的開端。這一支就是傳給迦葉尊者的。
釋迦牟尼佛有很多弟子，每個弟子都有自己的特長，每個弟子都傳他的一種
法門，迦葉尊者就是傳這個不說話的法門——禪宗。我們來看看什麼叫做不
說話，我們來看禪宗故事：

　　如何是達摩西來意？

　　學生來問香林禪師：如何是達摩西來意？香林禪師沉默良久，道了句：
久坐成癆。

　　其實他這個說法，和不說話是一樣的。

　　我們再來看禪宗與佛教的關係。禪的梵語是 dhyâna，禪，最早音譯為禪
那、馱衍那、持阿那，意譯為靜慮。寂靜審慮之意。指將心專注於某一對象，
極寂靜以詳密思惟之定慧均等之狀態。

　　坐禪、打坐，它的意思不是佛教唯一的。作為一種法門來說，大乘小乘，
外道凡夫都是可以用的，儒家也是要修打坐的。宋明理學的二程，周敦頤，
都打坐。打坐是一種很普遍的修行方式。所以修禪不等於禪宗，或者說禪坐、
禪定不等於禪宗。

　　在大乘中，禪是六波羅蜜第一，禪波羅蜜，波羅蜜是到達的意思，到達
彼岸就是修行成功了。六波羅蜜是布施、持戒、忍辱、精進、禪定、般若波
羅蜜，簡單說就是菩薩要做六件事。布施持戒的意思很明白了。忍辱的核心
就是忍，梵語裏就是忍，中國說忍辱，原因是對於中國人來講，最不能忍的
就是辱，辱都能忍了，就沒有什麼不能忍了。梵語的本意就是忍，一切都要
忍，順境逆境都要忍。其實，逆境還好忍一些，順境才更難忍。精進，就是

勇猛向前進。再就是禪定，最後是般若。般若這兩個字不要念錯了，應該念般若（bōrě），這也是古音，是音譯過來的，音譯的詞很多都是要讀古音的。禪定的修行，是很多宗派都要學的，禪宗跟禪定不一樣，它是教外別傳，不立文字，這是它跟普通教派區別的地方。普通的教比較強調經典的學習，禪宗是教外別傳，在經典之外，以心傳心，不依經典文字，專以坐禪及棒喝等方法，令眾生悟其本來面目。

接下來，我們再講一下小乘和大乘的問題。佛法內部可分為一些流派，一種分法就是分小乘和大乘，另外還有一種五乘的分法，五乘就是分的比較細，分為人乘、天乘、聲聞乘、緣覺乘和菩薩乘。乘指的就是車，看這個車把你運到什麼樣的一個地方。人乘，就是你能夠生而為人。天乘，就是這個車可以把你運到天上，你就可以昇天。聲聞乘和緣覺乘，這兩個是小乘。人天乘屬於凡夫。在佛法裏，昇天其實還是凡夫，所以天乘其實還是地位比較低的，不屬於聖乘。佛法裏說成聖，最起碼是要到聲聞乘，聲聞乘成就阿羅漢，阿羅漢才叫聖人，阿羅漢以下都還是凡夫。怎麼才能到人乘呢？人乘就是要三皈五戒，五戒就是不殺生、不偷盜、不邪淫、不妄語、不飲酒。這五條做到及格，就可以做人。天乘就是有十善，十善是不殺生、不偷盜、不邪淫、不惡口、不兩舌、不妄語、不綺語、不貪、不嗔、不癡。十善做到多高，決定你昇天的層次有多高。聲聞乘就是修四諦法門，緣覺乘就是修十二因緣，就是通過十二因緣可以了悟人生的道理。聲聞和緣覺了悟人生的方法不太一樣，但都是從知苦來的，都是從苦集滅道來的。聲聞和緣覺相對來說強調自度，是智慧的一個方面，強調解決自己的問題，自己的痛苦。最後是菩薩乘，菩薩是不僅要解決自己的迷惑，還要救渡一切眾生，這個乘就比較大了，因為不僅要放下自己，還要裝載眾生超越三界六道，菩薩乘是大乘。菩薩是強調悲智雙運，福慧雙修，聲聞乘緣覺乘主要在求智慧上。這就是五乘，一乘一乘向上。一般從行為上來說，一二三四五這些階段是順序走的，從明理上來說，也許可以走得快一點。比如真空妙有這樣的道理，要是從理論上想一想，並不是特別難，但如果要在行為上走到，我個人覺得還是要一層一層上去，很難說前面做不到，後面的能做到。

小乘，比較尊重的一個說法就叫上座部佛教。漢傳是大乘。下面我們講一下小乘的教義。漢傳佛教一直都是大乘，所以很多人會對小乘比較疏忽，漢傳最早的流派裏還是有小乘，比如俱舍，後來在漢傳佛教裏小乘就基本沒

有了，可能西雙版納那邊還有少數小乘的寺廟，其他基本上都是大乘。爲什麼會有這種情況，可能有兩種原因，第一個是跟中國的氣質比較有關係，中國本土的思想是儒家和道家，儒家從來都是胸懷天下的，我們講修身、齊家、治國、平天下，以天下爲念，這是比較符合大乘的慈悲的。這是大乘在中國得以弘揚的一個很重要的原因。第二個是小乘爲什麼後來非常不被重視呢？有一個原因是，我們傳統上有一個道教的思想。道教的超脫思想與小乘有很多相通之處，有了發達的道家思想，對小乘思想似乎就不那麼急切了。

從小乘來說，基本的教義是四聖諦，就是苦集滅道，這四個字其實是一整句話，就是我們六道輪迴中的生命是痛苦的，這個痛苦是從哪裏來的呢？是集出來的，就是種種因緣集合出來的，你就有了痛苦。有了痛苦，也看到它是由因緣和合造成的，所以就要去滅苦，怎麼能滅掉痛苦呢？就是通過修道。這就是層層推進的四句話，首先是明瞭痛苦，知痛苦是因緣所集，欲求滅除痛苦，所以要一心修道。

那首先我們來看一下人生的苦的問題。對於人生，我們一般有兩種看法，大多數的看法是從樂處去看的，一般的解讀都會講人生的美好、快樂，包括如何去爭取幸福。我們一般會認爲人生的底色是幸福和快樂。痛苦呢，是一種奇怪的事情，怎麼就跑到了我這裡來？它不應該來的，人生不應該有痛苦的，但是它怎麼就跑來了？跑來了怎麼辦？那我得想辦法把它弄走。其實，我們靜下來想想，現在網上流行的心靈雞湯有一個最大的特點，就是會把人生的底色描繪成是快樂的。那些苦的，不好的東西呢，都是一種意外，是我的錯誤或者這個世界的錯誤造成了意外，使我們痛苦。

然而，從佛教的看法來說，是不太一樣的。看看佛陀出家的故事，喬達摩‧悉達多，是一個王子，住在王宮裏，很幸福。原來有人預言他要出家，他父親很怕他出家，就把他的生活安排得很好，很舒適。但是有一天這個王子溜出了王宮，走到了市集上，他看到了一個人死了，送去火葬。他就問這是怎麼回事，手下人告訴他這是有人死了。他就問人能不能不死，回答說不能，人都是要死的。然後他又往前走，又看到一個人年紀很大了，彎著腰，頭髮花白，走路走不動了，他覺得這個人好可憐啊，這就是老了。他又問身邊的人，人有沒有可能不老，回答說不可能啊，每個人都會老的，你父親也會老。他又往前走，看到一個人病了，躺在地上，病的很重，王子覺得這個人好可憐，他再問人有沒有可能不病，回答說不可能。再往前走，看到有孩

子出生，小孩子生出來都是哇哇哭的，爲什麼哭啊？因爲很痛苦啊，一方面母親很苦，要經受很大的痛苦才能把孩子生下來，，另一方面出生這個過程對於孩子來說也很痛苦，這是必然的。他就問隨從說，我也是這樣生下來的嗎？回答說對啊，人人都是這樣生出來的，你也不例外。這個時候，悉達多王子就想，生老病死都不可避免，人生的痛苦怎麼解決？所以後來他想各種各樣的方法修道，然後出了家，想解決生老病死的問題。生老病死，如果用我們世間種種的方法，都是無法解決的。

　　佛法裏講八苦，剛才說到的生老病死是其中的四種，另外四種是愛別離、怨憎會、求不得和五陰熾熱。我們人生都會有愛別離苦的，不愛別離是不可能的。也許你們會說，也有幸運的人兒，一輩子白頭偕老。這是錯的看法。這輩子白頭偕老，到死亡到來的時候還是要別離的。白頭偕老是最好的情況了，那其他的情況會更糟糕。愛別離除了夫妻之間，還有兄弟姊妹，父母子女，這樣的愛別離更加無法避免。離開了自己的家，到遠方上學，某種程度也是愛別離。我們要知道，我們周圍的親人，總有一天是會逝去的，不管什麼原因，這就是愛別離。還有怨憎會苦，愛別離是你喜歡的人，你想讓他們在你身邊，但是不在你身邊。怨憎會就是你不喜歡的人，你不想讓他們在你身邊，偏偏在你身邊。這也是人生之常態。還有一個是求不得，我們現在經常會有求。如果想要什麼就有什麼就不會去求了，沒有必要求了。我們現在經常會出於一種祈求的狀態，那是因爲沒有，所以就求不得。有求而求不得，其實是人生的一個普遍狀態，這個狀態分兩種情況，一種是處於極端貧困中的求不得，吃不飽穿不暖，另一種是你人心有求，就必然是求不得，比如有人說如果我有 100 萬，就什麼也不求了，其實一定不會這樣的，等有了 100 萬，他會想再來 1000 萬更好。你馬上就會有新的祈求，人心就是如此。我們如果能夠靜下心來想，我們的心裏時時刻刻都在求一些東西，你如果能夠比較認眞地觀察自己，你就會發現我們的心根本靜不下來，因爲時時刻刻都在求一個東西，當然有的東西大，有的東西小，比如吃點什麼喝點什麼，誰跟我說說話，這些在佛法裏叫攀緣心。我們的心，總是在攀緣，總是要去抓一個東西，根本就停不下來。有時候東西本身可能是微不足道的，但在那個時候，你沒有抓到，會不舒服。這個攀緣心之所以會有的根本原因，不在於你抓到這個東西是什麼，有時候這些東西並不是很重要，因爲你拿到了馬上你就無所謂了，但是你不去抓它你心裏就不舒服。觀察自己的方法就是讓自己

安靜下來，你說我現在什麼也不想要，什麼也不想有，你一靜下來，你就會發現自己的心在轉，就會想要個這個想要個那個，當然大的攀緣心更明顯，日常生活中的攀緣心比較細微。比如希望那個人多喜歡我一點，那個人對我更好一點，希望別人誇獎我，或者我喜歡某個東西，這也是攀緣心。這些種種攀緣心，它們在心裏是不停的。

有個比喻說凡夫的心象個猴子，猴子最大的特點就是到處抓，樹枝上跳來跳去不停，這就是求。當然有些細微的求不得，你可能無所謂。但是當你遇到比較重大的求不得，你就會很痛苦。還有一個叫五陰盛苦，五陰就是色受想行識，就是我們的感覺，五陰盛苦是比較根本的，我們的很多感覺是我們的身體造成的，道家講一句話，我有痛苦是因爲我有身體（吾有大患，在吾有身），說我如果沒有身體我就沒有痛苦。這是八苦，這八苦是固定的，只要你是凡夫你就跑不掉。還有未定的苦，水、旱、火災，地震，刀兵，這些不是一定會碰到的，要是福氣好一點就不一定會碰到。這些是一定的苦和不一定的苦。這是佛教對苦的描述。

接下來就是苦集滅道的集，集就是因緣，就是貪、嗔、癡、慢這些惡的因緣，就集成了苦。我們先把惡的問題講清楚。無論善還是惡，大多數時候都是一種相對的概念。如果去查字典，查善，它一定會告訴你是惡的反義詞，查惡，它一定會告訴你是善的反義詞，好壞，上下，都是如此。善惡有兩種解法，一種解釋是，相對於一般的人來講的道德水平，這個水平之上的我們就認爲是善，這個水平之下的我們就認爲是惡，這種善惡的劃分是比較穩定的。第二種解法是，善惡都是相對法，不是一個絕對的東西，在這樣一個意義上來說，我們前面講到五乘，如果一個人能做到人乘，其實就是一個好人，但是相對於天乘來說，他就是惡的，對於小乘來說，天乘是惡的，爲什麼呢？因爲相對於小乘，天乘還有貪心沒有解決，雖然天乘的貪心已經很薄了，比人乘的貪心要淡的多。對於小乘來說，天乘是惡的，這個地方你就知道什麼是集的問題了。對於菩薩道來說，小乘也是惡的。對於佛來說，菩薩也是迷惑的。這是一層一層的，不是絕對的，都是相對而言。我們爲什麼要強調這個層級呢？對於普通人來講，其實天人已經沒有罪惡了，你就看不清楚這個「集」的問題了。從佛教的角度來說，天人還是有「集」的，他還是有惡的因緣的，只不過相對人來講少很多，但他還是有集，所以他還有苦，所以天人都是會墮落的，因爲他內心的罪過沒有徹底拔掉。

　　然後是「滅」。聲聞、緣覺的這個涅槃，小乘的涅槃，就是滅，清淨寂滅，滅了就什麼都沒有了，這些苦的東西都沒有了。要是想達到滅境界，就是要得道。涅槃，現在一般都用得比較泛，好詞一般都容易用得比較泛。前面我們講到和尚這樣的詞就用泛了，涅槃也是一樣。現在很多時候，出家人走了都叫涅槃，事實上不是所有出家人走了都是涅槃的。得道了才叫涅槃。人的涅槃不是死了才涅槃，是活著的時候就涅槃。要先到滅的境界，死的時候才能涅槃。如果活著的時候還有煩惱，死了以後還是會有煩惱，就不是涅槃。有煩惱的話，六道輪迴出不去。這就是苦集滅道。

　　下面十二因緣，這個道理比較深。苦集滅道其實也很深，只不過我們講的比較簡單。十二因緣在小乘佛法裏是非常重要的概念。十二因緣是一個圓，一個環環相扣的輪轉的圓，就是到了第十二，然後會再回到一，我們的人生就像一個圓。

十二因緣

　　十二因緣首先是無明，無明就是我們一念不覺而有煩惱，簡單說就是我

們沒看清楚。第一講我們講過覺悟，我們無明，才需要覺悟，才能把人生看清楚。我們還是有煩惱有疑惑的，我們凡夫能夠感知的無明是很粗大的無明，細微的無明我們是不容易感受到的，還沒有能力感受到，我們現在只能從粗大的無明推測我們還有很細微的無明。

有了無明，就有行。因為你有無明，有煩惱，就會推動你做一些事情，就有了表現，這就是所謂「有為」。行了就有識，有了運動，就有識。我們現在這個講法是從變易生死的角度來講的，還有分段生死，我們現在受無神論的影響，一般不太相信前生後世，所以我們現在更容易接受的反而是變易生死，所以我們先從變易生死的角度來講。

我們有了行，有了運動之後就會有所識別，識別之後就會去區分這個世界，識的根本就是去區分。我們對這個世界其實有很多的識。《莊子》裏有一個人叫混沌，沒有眼睛、鼻子、耳朵等五官，他朋友就說他看不見聽不見，覺得他太可憐了，就把他的眼睛鼻子嘴巴敲出來，然後混沌就死了。我們對這個世界就是用識。我們說認識是人的一種能力，人比動物更高的地方就是有更強的認識能力，對這個世界分辨的更多更細，這是一種能力。但是我們轉過頭來想，人有沒有可能不識？就是暫時讓認識停下來。整天識別來識別去也很累，那你有沒有可能停下來？你是停不下來的！你只要一看到東西，馬上就會有一個識別，這個識別它會推動你往下一步運動。

識別這個功能，我們自己是無法停下來的。所以它不僅僅是你的一個能力，在某種程度上來說它也是你的一個牢籠。人是這樣的，你控制了一個東西，其實它也同時反過來控制你了。因為表面上是你控制了它，但實際上你又是擺脫不了它的。如果一個東西，我可以控制它，又可以隨時離開它，那我對於這個東西來講是自由的。打個比方，我可以用這個杯子喝水，我也可以不用這個杯子喝水，某種程度上來講，我對於這個杯子來講是自由的。但是人對於識，不是這樣的，人是沒有辦法擺脫識的，所以你腦子裏的想法總是轉來轉去，停不下來。某種程度上來說，是你決定認識，你在用識；然而反過來說，就是認識決定你，認識控制你，識在用你。你的身心都是隨著識轉，受識的左右。某種程度上來講，你把認識當工具，其實認識也把你當工具。這就是識。

識了就有名色。一個人分別了之後呢，就會有一個名色。五蘊的色受想行識，以受、想、行、識四蘊為『名』，色蘊為『色』。因此，『名』相當於精

神作用，『色』相當於肉體。名色是有名有色，色是微妙的可以有感知的肉體，佛法講的這個色是最廣義的色，不僅僅是視覺的，最終名色是導向六入的。六入是眼、耳、鼻、舌、身、意。眼、耳、鼻、舌、身都是色，意是跟名相關的，所有的感覺。還有就是名，名是精神，而人類的精神活動中，占很重要地位的是語言，佛教中說是名言。在這裡我們看到佛法的道理是非常深刻的，深刻在哪裏呢？佛法對語言的認識跟我們現代語言學的認識是一樣的。現代的語言學認爲，語言是人的先天能力，不是後天能力。這在語言學上曾經有過爭論，就是關於語言是先天還是後天。喬姆斯基認爲語言是人的先天能力，皮亞傑認爲語言是人的後天能力，他們有爭論，最後實際上是喬姆斯基贏了，雖然皮亞傑沒認輸，但大家多數是贊成喬姆斯基的觀點，就是語言是人的先天能力。佛法就認爲語言是天生的能力。名言的問題很複雜，對名言的理解就更加困難，就是人先天就有的一種能力。我們現在回不到胎兒的階段了，我們反省一下我們現在的狀態，其實是不斷的有名，腦子裏面的語言你是停不下來的。

　　我們之前講到打坐，在禪修裏，就會發現一個主要的問題，就是你無法擺脫語言的困擾，腦子裏總會有話在說，連睡覺都停不下來，夢裏都充滿著說話，醒著也停不下來，它總在轉，這就是名言的意識。名言是很屬害的，我們在這個世界怎麼做，很多時候是由概念決定的，你把它定義爲好或壞，優雅或低俗，綠的或藍的。我們都是根據這種名言來行爲的。我們有命名概念的能力，我們之所以能比動物在很多方面強得多，是因爲我們人會使用語言，語言是一種強大的工具。沒有語言的話，我們不可能積累今天這麼多的知識。但是我們要知道，所有的東西都是兩面的，一方面它是強大的工具，另一方面它也強大地控制著你。你仔細想想，我們的生命多大程度上是受語言控制的？比較粗的語言就已經控制我們很屬害了，比較細的都不算，我們心里語言的轉速非常快，很多時候你都是意識不到的，這是我們的精神活動。精神活動加上眼耳鼻舌身，就是名色。或者以色受想行識來說，受想行識是名，色就是色，合起來是名色。

　　有了名色，就到六入，就是眼耳鼻舌身意六種感覺。我們有精神和肉體，就接受外部的信息，這就是六入。我們都有眼耳鼻舌身意，但是我們聽到的看到的都不完全一樣。不同的人在同一個環境裏，感受不完全一樣的。我們到同一個地方去，每個人感受都不同，甚至有時候差別還是很大的，有的人

可能感覺很舒服，有的人可能感覺很奇怪。從眼耳鼻舌身到意，意的差別就更大了。眼耳鼻舌身就已經會有不一樣了，同一個環境，有人會覺得熱，有人會覺得冷，同一個東西，有人覺得好吃，有人就覺得不好吃，不同的人感覺是不一樣的。這些不一樣從哪裏來？天生就有小孩子生下來感覺就不一樣。這個先天的東西從哪裏來？按照佛法的解釋，是識不同，導致的名色不一樣，就是你的思想觀念不一樣，因為思想觀念不一樣，所以決定了你生出來是這樣的，他生出來是那個樣子。因為你的業識決定了你接收到的東西是什麼。

這個講起來可能有點玄，但如果你反省一下，觀察自己，觀察別人，漸漸就能夠體會到這樣的道理。因為我們的觀念系統不一樣，識不同，於是名色不同，所以我們對這個世界的感受是不一樣的。世界觀有很大的世界觀，有用命題表現出來的世界觀，其實也有很小的世界觀，比如很小的觀念就決定了你喝紅茶用這個杯子，你覺得是這個杯子好還是那個好，這就是很細微的觀念的差異。這些觀念都決定了我們的生活，只是有的決定大的方面，有的決定小的方面，統統都是由識做主。你在做任何決定的時候，背後都有一個識中的名言在指引你。比如我買這個東西，我覺得這個東西好，那個東西不好，便宜或者貴，都是定義，當然有些事很細微的，它不一定浮現到你的意識層面上來。如果你們學過一點弗洛伊德的心理學，精神分析，可能會對這個問題認識比較深刻，就是我們有大量無意識的東西，進入到意識層面的東西是很少，大量的東西都是被壓抑到無意識層面去了。按弗洛伊德的說法，我們看得到的自己的思想，只是我們整體思想的冰山一角，水面下的東西最多了。那些東西其實也都是意識的存在方式，常常也都是以一種語言，也就是說名言的方式存在，只是沒有表現出來的語言方式，這個語言決定了我們的六入。有這樣的名言，就有這樣的六入，所以你會發現人天生不一樣。精神不一樣，容貌也不一樣，所以天生的六入不一樣。

但是如果你的意識觀念發生了很大變化，這一生你的世界觀如果經歷了比較大的顛覆的話，這個世界在你面前呈現的狀態是不一樣的，它會作用到你的感覺系統，它不僅僅是一種概念性的東西，你的感覺就會不一樣。你再看到同一個東西，你的感覺會不一樣，第一反應就會不一樣。按照我們普通的理解是：因為我是這樣的一個人，所以我有這樣的思想觀念；佛法的理解是：因為你有這樣思想觀念，所以你才投胎成現在這樣一個人。就是識緣名

色，名色緣六入，這是從識到名色到六入。十二因緣一環扣一環。

有了六入之後，就有觸。觸就是我們的感覺，我們有了這六入的能力，眼耳鼻舌身意，然後就對應外面的色聲香味觸法，你的感覺就有了內容。這就是六入緣觸，這個很好理解。

觸到了，就有受，就有一種感受，在你的神經系統裏就有一種感受，傳遞到你的大腦，這就是觸緣受。

下面我要講的東西很重要。有了這種感受之後，你就會有愛，也就是說眼耳鼻舌身意，有了感受的內容之後，就會對這個內容有所判斷，好不好？喜歡不喜歡？我們隨時都在做這樣的判斷，這個菜好吃，那個難吃，這個風景好看，這個男生很帥，那個女生很美，這個地方舒服，那裡太熱或者太冷。這些種種的判斷，我們對於「受的內容」覺得樂還是苦，喜不喜歡，這就是所謂受緣愛。

這個愛是這樣的，我們講過，相對的概念其實都是一體的，愛和恨就是一體，你恨，其實是愛。例如，你討厭太熱，那是因為你喜歡更涼一點；你討厭太冷，是你喜歡溫暖一點。恨其實是愛的派生物，所以，當十二因緣裏面說到「愛」的時候，實際上是包括「恨」在裏面的。假如你恨那個人離開你，那是因為你愛他在你身邊。恨是愛生起來的，所以恨和愛是一回事。你最愛的人可能成為你最恨的人。我們要知道我們的愛和恨是一體的，用一個愛字就概括了。佛法裏講愛，是連恨一起講的。

愛了之後就會要取，取是什麼呢？簡單說就是你想要，有了感受，喜歡的就愛就取，不喜歡的就要排斥它，厭棄它，這就是所謂的取。取捨的道理跟前面愛恨的道理一樣，捨就是取。例如，捨棄一件衣服，那是因為取了另外一件。甚至，脫光了，捨棄衣服的同時，取了脫光的形象。取捨的對立，其實也是一體。所有的對立，其實都是在一體基礎之上的對立，二元的分化，都是從那個「一」裏面生出來的，對立的兩面的關係在本質上是一體的。

有了取，就會有有，有就是執著下來，固定下來，它在你的生活裏佔據了一個重要的位置。這就是有。

有了之後就有生，這個東西就會生出來。這個東西的觀念在心裏生出來。

生了之後就會有死，任何東西都是有生就有死，來了就會有離開。

十二因緣，如果我們講變易生死的話，從一到十二，這一長串發生的過程，我們講的挺長的，但這個過程在我們腦子裏的運轉，就是一剎那！一剎

那可能不到百分之一秒的時間,這十二因緣的一圈就走完了,然後接著再走一遍十二因緣,一遍一遍,中間是不停的。這個不容易有體會,因為這要工夫很高了以後才能真的看得清楚,這十二因緣是怎麼一個一個出來的。我們觀察一下我們的腦子裏,種種念頭冒出來,其實我們是觀察不清楚一個念頭是怎麼出來的,因為我們的腦筋裏已經是自動化了,這個自動化就是我們之所以控制不住它的原因。

佛法裏講業,這十二因緣所描述的就是業力,這個業在我們腦子裏出來是自動的,它的輪轉形成一個力量,這就是所謂業力,凡夫的生命就是自身的業力出來的。我們現在觀察它的時候,因為我們的能力不夠強,所以觀察得不是很清楚,我們是處於一種模模糊糊的狀態。簡單的東西我們是可以看到的,但是細微到從有到生,就看不到了。觸、受、愛、取,這是我們相對能觀察到的。那個觸可能不是一會兒,如果用儀器電流來看,這個頻率是很快的,你腦子裏反映出來的受或愛,其實是一個一個的。我們看它是連續的,其實它是分段的。但因為我們看不清楚這個分段,所以我們以為它是延續的。我們現在能力不夠,所以只能用小一點的分段,能看到一個個的受、愛和取。我為什麼在這裡特別強調受、愛和取呢?因為我們在對自己進行觀察的時候,前面的那幾個環節,就是無明、行、識、名色、六入、觸、受到愛,這一段是非常快的,相對來說業的力量是很強的,基本上我們對它是無能為力。一般的修行是從愛著手的,或者是愛到取這個環節著手的,其實控制自己不愛也是很困難的,從愛到取這個環節下手的更多一些:雖然喜歡,但是我把自己管住,不去做,這就是持戒,戒律的問題。你們可能對業力沒有體會,,但對情緒很熟悉,每個人都有情緒,你們誰能說你能絕對控制情緒的?沒有。情緒是業力的一種,很粗的一種。我們會感覺到情緒是一種力量,它會推動你做一些事情,或者它會阻擋你,不讓你做一些事情。人的感情是有力量的,情緒是有力量的,煩惱也是有力量的,這個就是業力,每個人身上都有業的力量。我們每個人都能感覺到所謂情緒的力量。例如在愛人離我們遠去,我們感到悲傷的時候,即使我們理性地發現這個悲傷過分了,沒有意義,想要控制它,也會發現很難,因為你的精神深處是有一股力量要推著你往這個方向走,如果你的自控能力強,可以慢慢地調整,但是不可能說止就止。就像李白的詩:抽刀斷水水更流,舉杯澆愁愁更愁。打個形象的比方,這個業力就像水流一樣。每個人的業力之流各有其特點,方向不同,流速不同,裏面

流的水不同，這形成了所謂的「性格」，性格就像河道一樣，業力就像河水，我們每個人有相對固定的性格，就像業力在每個人身上，總是以類似的方式流動。爲什麼說「江山易改本性難移」，就像河流要改道一樣不容易。精神分析常常用的一個詞，是「精力貫注」，其實意思很接近，也就是說我們每個人的力比多，欲望，在每個人身上都是以類似的方式激發、變形、昇華和發洩。力比多壓抑和發洩方式的不同，就使每個人形成不同的人格。

說到業力的問題，我想起我自己曾經受過的一個啓發。有一次，我路過西苑交通樞紐，當時還沒有完全建好，這個交通樞紐，就是有好幾條地鐵線路和很多公交線路都匯聚在那地方，從地下到地上有好幾層。看到這個交通樞紐的時候，我忽然想，交通樞紐在法語中應該怎麼說？是 complexe。突然我靈光一閃，想到在精神分析中，很常用的一個概念，就是所謂戀母情結，戀父情結的「情結」，情結在法語中也是 complexe。爲什麼這兩個詞在法語中都是 complexe？有什麼關係嗎？

實際上，我以前，包括很多對精神分析有一些研究的人，對情結的理解是不夠透徹的，或者說不能以一種很形象的方式，把情結到底是什麼意思說清楚。那時從這個問題中我受到了啓發，所謂情結，就是我們精神系統中的交通樞紐站，是我們不同的，甚至矛盾的衝動、情緒和價值觀相互交匯之處。人生充滿糾結，爲什麼呢？因爲你不是只有一種價值觀，如果以十二因緣的術語說，你不是只有一種愛，如果人生只有一種愛，那就不會有什麼糾結之處，你就順著這個愛取的方向走下去就行了。但是人生很複雜，複雜的原因就在於你愛取的東西很多，而這些愛取之間是會有衝突和矛盾的。例如，一個人愛錢，但是他並不能什麼錢都去拿，如果去銀行搶錢，他的生命會受到威脅，可能坐牢甚至槍斃，那這個愛錢的欲望就跟愛生的欲望發生衝突了；再比如準備考試的時候，你有考高分上個好學校的欲望，但是在學習的時候，你可能也想去玩，去娛樂的欲望，這兩種欲望就會衝突，你滿足其中一個，就會傷害另一個，人生爲什麼充滿糾結，就是如此。所謂俄狄浦斯情結，就是戀父的欲望與其他的欲望（壓抑也可以說是一種欲望，不可欲是因爲有其他的可欲，戀父之所以被壓抑，是因爲有得到承認或者生存的欲望）構成了衝突。因爲你的要求有很多，愛取有很多，它們並不是衝著一個方向去的，就像交通樞紐一樣，每條線路都是去往不同的方向，在這裡匯聚起來，線索越多，方向越多，就越糾結，你就越難以辨明方向，你自己精神內部對這些

愛取的算計就更加複雜，在我們的精神系統內部，有一些地方形成了這樣匯聚之所，這就是精神分析所謂的情結。所謂的匯聚，其實也就是矛盾和衝突的地方，就像兩條河流交匯的地方，例如我的家鄉武漢，那裡漢水和長江匯合，漢水流入長江的地方叫龍王廟，會游泳的人都不敢去那裡，每年淹死很多人，因爲那個地方有很多的漩渦和暗流，不小心人就捲進去了。我們精神中也有很多的漩渦和暗流，就是在業力，或者說我們的欲望、愛取相互衝突，壓抑之處，就會形成漩渦和暗流。這一下子就對精神分析的情結概念理解得很形象了。

當然，我這裡說的還是非常簡單，沒有詳細的分析，尤其是我剛才舉的例子，都是很簡單的，浮在意識表面的例子，而眞正複雜的情結都在我們精神深處的無意識中，可以讀一下弗洛伊德的書，精神分析學明白了，你更容易理解佛法，反過來也一樣，佛法的道理懂了，看精神分析的書也會很容易。你就會明白前面所說的業力之流，並不是一條固定方向的河流，而是一片河流的網絡，相互交叉，衝突，這是我們痛苦的重要原因之一。人生的痛苦，多半都是源自我們內心的這些衝突。我們都是爲了追求「樂」而形成愛取，但恰恰是這些愛取，使我們的心靈痛苦不堪，傷痕累累。

我們剛才講變易生死，還有一種生死叫分段生死，前面講是一個一個念頭，分段呢就是我們這一生完結，就是老死這個環節，然後就還是無明。老死之後，從唯識來講，就是阿賴耶識，人死了，但是你的識沒有完，這個識的一種力量，識和業識，業識一個最粗淺的理解就是業力，死的時候，這個業的力量並沒有結束，它就會推動你去投胎。最大的力量是往哪裏的，就會牽引你去哪裏投胎。這就是從無明，就跟著你的業力造成的認識去投胎，然後是父精母血，長出六入。有一部經叫《佛說入胎經》，和弗洛伊德在後來的講法基本上是一樣的，裏面講了俄狄浦斯情結的內容，一般是愛父親就投胎爲女兒，愛母親就投胎爲兒子。也有可能弗洛伊德是看了佛經，受到啓發，才得出他那一套理論。

第三講　煩惱人生與生死

　　今天我們講生死。佛教裏講兩種生死，一種叫分段生死，一種叫變易生死。分段生死比較好理解，我們有生有死。好像我們對生比較瞭解，但事實上從分段生死來說，也就是從生命開始來說，到死亡，雖然我們都活著，但是我們對生其實是不夠瞭解的。我們對活著的現象是清楚的，但是對於生還是不太知道，估計沒有誰能夠回憶起他生的時候的樣子。死，我們也不清楚；生，我們也不清楚。對於生，我們不是意識到的，而是通過觀察別人知道的。當然，這並不意味著我們的意識裏是沒有的，或者說是無意識裏，無意識是我們思想中的一個部分。生對於人生來講是一件很大的事情。我們從母體中脫離出來，是一件很重大的事情。只不過在我們的意識層面，我們記憶不到它，沒法重新想像出來。前面我們談到八苦，生也是其中之一，也是很痛苦的一件事情。這個痛苦有很多方面，一方面，懷胎的過程很痛苦，因爲空間很小，不好活動，另一方面，脫離母體的過程同樣非常痛苦，那是完全不一樣的環境，但是我們對這個生的痛苦已經不知道了。不過這個痛苦在我們的無意識裏面存在，精神分析學對這個也有一定的分析，認爲我們的無意識層面肯定是有記憶的。佛教裏有一個詞叫阿賴耶識，第八識，是儲存我們的記憶的，我們所有的一切心靈的經歷都會記錄在阿賴耶識之中。你經歷的生的痛苦也是存儲在其中。

　　再來看死。這一生，我們現在還沒死，但是通過觀察別人的死，來想像自己的死。我們的死亡也是不可避免的，或早或晚。

　　根據佛法的講法，生死應該反過來講成死生，因爲佛教有一個輪迴的觀念。大家一般會覺得我們活著過一生，死了就結束了，如果眞的是死了就結

束了，那事情並不麻煩，只不過我們會覺得比較虛無，人死如燈滅，就再沒有需要去考慮的問題了。但佛法裏講輪迴的觀念，死了以後再生，這是一件很麻煩的事情。也就是說生命永遠都是沒有結束的，無窮無盡地下去，就是所謂的生死疲勞，實際上是死生疲勞。因為你沒有解決，每次死以後還會生，所以會疲勞，而且你永遠沒有辦法解決種種的痛苦、種種的憂慮，沒辦法跳脫出來。這是一個很疲勞的過程。佛法就是要解決這樣一個疲勞，就是不再受這樣的疲勞。所謂輪迴之苦呢，就是輪迴之疲勞。只要你跳脫不出去，就永遠在這個疲勞之中。這個疲勞的原因就在於你總是會生出來，還有就是你生到哪裏去，不是由你自己做主的。如果生到善道，稍微好一點，惡道就會非常痛苦。惡道裏我們看的見的就是畜生道，就是動物，當然還有地獄和餓鬼，但是這兩個我們看不到，所以有人會不相信。

這就是分段生死。還有所謂的變易生死。

變易生死，莊子講「方死方生，方生方死」，就是這樣一個過程總是在變，每一次變易就是一次生死。如果我們從世界唯心的角度來講，這個世界在變，其實是人的心在變，心裏接觸到的東西在變，人的反應也在變，心裏的想法也在變。這個變，是無法控制的。有死就會有生，道理就是我們之前講的十二因緣。從無明開始，無明緣行，行緣識，你只要還在十二因緣裏，你死了一定還會有生，因為你的無明還在。無明是一定在推動著你的，所以你停不下來。佛法總是在強調，只要你還沒有解決這個問題，那麼你的生命就不是由你做主的。所以在禪宗裏，經常會問一個問題，你的主人是誰？沒出生前主人是誰？父母未生前本來面目是什麼？我們的一般觀念中，除非我們是在經歷重大痛苦的時候，比如生了很嚴重的病，或者癱瘓了，你會有比較強烈的不能做主的感覺，或者說你要面臨死亡了，不管是因為何種原因，你看到自己要死了，但是你又無可奈何，沒有辦法。凡人都希望生，貪生怕死，我們面對死亡的時候必然會有這樣一個過程。在這個時候，你才容易感覺得到，你是不能做主的。但是我們難道僅僅是在重病的時候不能做主嗎？或者是快要死的時候，不管是自己要病死老死，還是要被別人殺死的時候，才是不能做主嗎？可以做主的狀態，怎麼就變成了不能做主的狀態呢？如果人能夠做主，怎麼會把自己從能夠做主的人變成不能做主的人呢？這裡難道沒有問題嗎？

佛法認為，我們凡人從來都是不能做主的。我們每個人都有一定的體會，

只不過看我們怎麼去想。體驗一下情緒，或者打坐的時候讓自己安靜下來，卻做不到。這就叫生死如瀑流！變易生死，就像瀑布一樣，水沖過來，其實就是我們的念頭，我們的思想，就像瀑布一樣，就像黃河水沖過來一樣，根本就攔不住它。所以瀑布推你到哪裏，你就到哪裏，你的生命是受這個東西的推動和衝擊的。其實不管根據儒釋道哪種方法，還是西方的方法，不管哪一種倫理學，你要改變你自己，如果你有過比較強烈的自我改善的要求的話，你就更容易感受到剛才講的生死如瀑流。這個力量是非常強大的，當你想改變自己的時候你才能體會得到。你不想改變的時候，你為什麼體會不到呢？這時候你就像一片樹葉一樣，被這個水流衝著走，你跟業力完全是一體的，所以你沒有感覺。如果說你想改變，不隨著這個瀑流走，就要停在這個地方，或者改變生命的方向，抵擋這個瀑流，不隨它走，自己做主，當你一開始抵擋，你就會發現這個瀑流的力量非常之強大。這個瀑流從我們一般的意識上來講，就是習慣。我們有一句話：江山易改，本性難移。這裡的本性不是真的本性，就是你的習慣，它是非常難以改變的。這個瀑流不是物質上的，無論是從佛法的角度，還是一般的角度，沒有道理說我一定只能是這樣一個習慣，為什麼不可以是另外一種習慣呢？我為什麼不能更好地去生活呢？我們有的時候會有這樣的想法，當我們看到我們非常欣賞的一個人，想跟他一樣，如果我們從本心的角度上來說，沒有任何理由說你不可以像他一樣生活。但事實上為什麼會很難呢？這裡就是業力的問題。所謂業，就是你所有做成的事情，事業、作業，你做過了，就有了業。作業現在翻譯成英語是 homework，但以前這是一個不太好的詞。你做了任何事情，都會在你心裏有一個動力，如果按精神分析的講法呢，就叫做精力貫注。你如果有一個精力貫注在這個地方，它就每次都要從這裡走，這就是心理上一個強大的勢能。佛法裏講，我們的業，不是這一生才有的，而是生生世世都有。所以它在反覆的變易生死中反覆地變化。業造的越多，力量越強。這就是變易生死中的業力。

有無明，有一整套的思維習慣，然後它不斷地浮現。這裡死的問題，關鍵不在於死，關鍵在於生。你為什麼會把它生起來。因為你的習慣會推動它去生，每個人生的東西是不一樣的，我們每個人生起來的念頭是不同的，就是因為我們的業不同。我們共同的，就是我們都會有這個生。所以，方生方死，方死方生。這個變易生死的過程是非常快的。當然可能不同的經典講法不完全一樣，但佛法基本上的講法就是幾十萬分之一秒就有一個念頭，這就

是我們的思維運動很多時候都是自動化的，非常快，根本停不下來。所以佛法裏講，生死我們是做不了主的。之所以我們的分段生死不由我們做主，是因爲我們的變易生死，就是我們生活的每一刹那，你都沒有做主。表面上，我們身體比較健康的時候，你以爲你是在做主的，其實你有相當大地程度是不做主的。你自己做主的感覺其實是一種幻覺，它其實只是一個業力的顯現。如果你能隨便地改變你的習慣，在某種程度上來說，你就是做主了，你的自主程度比較大，但我們想想，我們能隨便改變自己的習慣嗎？

你說今天我像甲一樣生活，明天我像乙一樣生活，後天我像丙一樣生活，根本就做不到。所謂覺悟的人，所謂菩薩和佛，有一個很重要的特徵，他們其實也可以跟我們凡夫一樣的方式來生活，你如果達到了佛菩薩那個境界，那你的生活和凡夫最大的區別，不在於你會一些神變，而在於你沒有業力。如果你沒有這個業力，那意味著什麼呢？意味著生活對於你來說是一種表演。演員是可以去變的，今天演一個好人，明天演一個壞人，今天演皇帝，明天演乞丐，都沒有問題，而我們就比較困難。當然，演員只能在舞臺上做，他會把自己化入一種情景，作爲一種職業，並不是說演員的境界是菩薩的境界，一般的演員在生活中還是按照凡夫的模式來生活的，他的日常生活還是按照業力的推動來走的。如果說到菩薩，那他可以是任何一種樣子，因爲他不受業力的支配，這個時候他想是什麼樣子，就是什麼樣子。

菩薩爲什麼會有神變？從邏輯上來說，我們現在的身體之所以是這個樣子，是因爲我們有這樣的想法。我們有這樣的想法，我們有這樣的名言（觀念）、結構、反應方式，形成了我們現在這樣一套神經系統，所以我們變成現在這樣一個人，所以人和人不同。菩薩沒有業力，沒有業力的障礙，所以他他需要變成什麼樣，他就變成什麼樣，他想具有什麼樣的形象，他就會有什麼樣的形象，這個和演員的道理是一樣的。演員可以演一個年輕人，也可以演一個老人，演一個急躁的人，或者一個平和的人，好的演員有這樣的能力。佛法裏形容菩薩有一個詞叫遊戲神通，生命對於他來說是一種遊戲的狀態，是一種眞正的遊戲的狀態，就是擺脫了生死障礙的狀態。生死或者死生的問題是佛法裏的一個根本問題，我們先說到這裡。

接下來講煩惱。煩惱的道理和變易生死的道理很接近，我們有種種想法，其實就是因爲有煩惱。煩惱是歸結起來的一個分析，業是一個總稱。我們心中有種種的煩惱，日常用語說的煩惱是比較粗的，一般在明顯的很不舒服的

時候說我有煩惱，。從佛法的角度來說，快樂的時候也是有煩惱的。這個煩惱，本質上來講是業，是不受控制的，所有的不受控制的東西都叫做煩惱，而不是簡單的高興或不高興。有人給你一百萬，你就不由自主地感到高興，從佛法角度，會認爲這是煩惱。因爲同樣的心理機制會讓你在失去財富的時候感到痛苦，當年因爲得到而不由自主感到快樂的時候，將來因爲失去而痛苦的種子已經種下了。不受控制的東西就是煩惱。根本的煩惱是貪。佛法裏講貪嗔癡慢疑，根本的就是一個貪，貪就是愛，十二因緣裏的愛，愛有外貪、內貪和遍一切處。外貪就是對外在事物的一種貪，這一點上，所有的凡夫都是有比較強烈的貪，當然每個人貪的程度不一樣，貪著的東西也有高低之分，有的人貪的低下一點，有的人貪的高一點，但都會貪。這裡的貪就是五塵，五塵就是眼耳鼻舌身，我們所有的貪就是眼耳鼻舌身的貪，貪的東西可能各種各樣，但這些東西，你之所以會去貪，是因爲它們能作用到你的感覺，然後你又喜歡這樣一種感覺，你要求這樣一種感覺。還有男女身份，貪裏面最厲害的就是男女色的貪，因爲我們人都是從這裡生出來的，所以我們這方面的貪也是最強烈的，也是最難以解決的一個問題。這是外貪。

內貪，就是對自己的貪，比如希望自己是什麼樣的一個人，對自己境界的一種要求，這也是一種貪。外貪比較好理解，內貪大家也有體會，就是要固定住我要是這樣的，我不要是那樣的。之所以我們不能成爲另一個人的樣子，就是因爲我覺得我眞的就是這樣的或者說我應該是這樣的，不這樣不行，這也是一種貪。

貪還可以遍一切處。任何一個東西都可能引起我們的貪，任何一種外境都可能引起我們的愛。總體上來說，我們怎麼分析貪呢？本質上來講就是一種攀緣心。有的人可能會說我不太貪心啊，我這個人挺知足的，從世間的角度來說，有些人可能還是比較知足的，比如在錢財上要求不是很高，但是從佛法來說，如果要解決所有的貪的問題，需要解決一個比較重要的問題，靜下心來就能體會的到，就是攀緣心的問題。這個必須要自己去體會，可以通過打坐、靜坐去體會，否則平常我們的心太亂了，很難體會。稍微安靜一點，就能體會到我們的攀緣心。我們的心，隨時隨地都想去抓東西，當心裏沒有抓住一個東西的時候，你是很不習慣的，很難接受的。你隨時隨地都在抓東西，你沒有停下來的時候，這個就是攀緣心。

所以，在貪心這個問題上，如果覺得自己不是很貪，其實就是對自己缺

乏認識。仔細分析的時候，你就會發現心裏總是在抓東西，一般來說，這五欲六塵，這眼耳鼻舌身都在貪。另外還有一個識，就是對境界的貪，就是說有時候眼耳鼻舌身的貪不是很強，但是意識裏想像一個東西出來，然後你再去貪。有的時候是，坐在那裡，你就已經很貪了。你坐在那裡，沒有去抓一個具體的東西，但是你的內心給自己創造了一個東西，然後你去貪著它。就是不打坐的時候，你仔細觀察也會發現。你打坐的時候很煩躁，不是你平時不煩躁而只在打坐的時候才煩躁，實際上是你平時沒發現自己很煩躁，自己已經跟煩躁是連在一起的了，平時你的貪心很強，你也覺得這個貪心很正常，所以你就順著它走了，就像那片順著漂的樹葉，所以你感覺不到這個河流的力量。只有當你要停一下的時候，你才會感覺到這個貪心，這個攀緣心。你平時是隨時隨地都在攀緣，但你已經攀緣習慣了，看看這個，想想那個，你覺得這沒有什麼問題，變易生死，生死疲勞，你總在這樣動。一旦靜下來的時候，你身體上的安靜和心裏的躁動形成了一個反差，你才能感覺到。所以，不是你打坐的時候才煩躁，平時你都是處於煩躁之中的，打坐的時候才把它顯現出來。我們的煩惱都很重，但是因爲習慣了，不知道有煩惱，平常都隨著煩惱走了，貪了這個貪那個，我們都覺得這很正常。人要安靜下來才能觀察自己，就像湖水一樣，像是一面鏡子，湖水波浪很大的時候，你是看不清自己的，只有風平浪靜的時候，你才能照得出自己的樣子，觀察到自己。所以我們要通過安靜下來的方式來觀察自己，就是要通過打坐和觀照，來看自己的念頭，你就會看到自己的念頭到處在抓東西。我們不觀察，就不知道自己在抓東西。佛法裏講人的根本煩惱都是貪，其他的東西都是從貪裏生出來的。如果從修行的角度來講，主要是從貪入手。

第二個是嗔。嗔，包括非理嗔、順理嗔、諍論嗔，嗔就是恨心。非理嗔，就是沒有外界的煩惱自己有嗔，無名之火，自己心裏老動。順理嗔就是自己覺得有道理，比如有人居然在背後偷偷說我壞話，被我發現了，或者他偷了我的東西，或者他借了我的錢不還，我就恨他，這就是順理嗔。諍論嗔，就是因爲爭論是非而產生的嗔恨。比如辯論的時候，常常剛開始是探討問題，到後來就覺得有氣，很多時候就變成維護面子，不是在討論問題了。諍論嗔主要是不直接跟利益相關的，比如氣候問題應該怎麼解決，離你比較遠，大家爭論起來，有時候也會生起嗔心。嗔心跟貪也是一樣的，你很難克服，這個嗔心不知不覺就出來了。當然，修爲比較高的人他比較能夠控制自己，嗔

心出來了以後，我不發作，或者我發作的時候是有一個限度的。有些人可能就沒有辦法控制自己，那水平就比較差。有些人可以調服自己的嗔心，有了嗔心之後說服自己：生氣沒用，傷自己害別人。但是，如果你沒有明瞭，沒有徹底覺悟，嗔心的生起是很難解決的。當然能夠控制自己也不錯了，從凡夫的角度來講，如果你完全不能控制自己，那是很可怕的。

癡分兩種，俱生無明和分別無明。俱生無明，我們講過人之所以會出生，是順著十二因緣。人出生的時候，就帶著無明，就會有分別。分別無名，佛法裏講癡，不是說人沒知識、沒文化、沒讀書，佛法裏講癡，是十二因緣能夠讓你生起來，種種的貪嗔，種種分別，讓你會有無明緣行，行緣識，識緣名色，名色緣六入，六入緣觸，觸緣受，受緣愛……這一套東西能轉起來，所以根本不在於有知識還是沒知識，沒知識也是一種癡，有知識也是一種癡，這個基本上不是靠知識來解決的，所以這裡講分別無明。成長過程中受到的污染和學習到的知識，我們現在的整個學習是建立在語言和邏輯的基礎上，語言和邏輯體系本身是建立在無明之上的。

語言是建立在二元對立基礎上的，其中最基本的就是主客觀的對立，語言裏一切的東西都是二元對立的，上和下，高和低，好和壞，語言的使用，也要把世界分為主客觀兩個，否則混成一體是沒有語言的，一定要有所分別才有語言。語言本身就是和人的區分結構混合在一起，所以不同的語言本身表達的區分是不一樣的。如果英語學得比較好就會發現一個很大的問題，就是英語和漢語之間的翻譯是一件非常困難的事情，這是語言本身造成的，而不是譯者水平造成的。英語學得最好的人，中文學得最好的人，依然會發現在翻譯的過程中，有很多是完全無法翻譯的。之所以會完全無法翻譯，是因為這兩種語言對世界的切分方式是不同的，是不一樣的分別，所以就沒有辦法去翻譯，尤其是當你們嘗試去翻譯詩歌的時候，就會體會得更加明顯。這涉及到語言學的根本問題。我們會認為對這個世界的分別是理所當然的，但其實不是。每一種特定的文化，都有特定的一個劃分和理解世界的框架，學會了這樣一種語言，尤其是拿這種語言當作母語的時候，就學會了用這樣一種框架來區分世界，那麼它就固定下來了。這個區分的框架，決定了人思考世界和感知世界的方式。

所以，你就被框起來了。你以為你看到了真實的世界，而實際上是經過了你的思維和你的框架加工以後的一個世界。這就是無明，無明就是沒有看

清楚這個世界。為什麼沒有看清？因為加工過了，就是經過了一個有色眼鏡，你看到的這個世界就會有所變化，就不是它本來的樣子。有些有色眼鏡是很難取下來的。比如說，像語言這樣的有色眼鏡，就很難取下來。語言和知識這樣一種眼鏡，幫你看到了很多東西，並不是完全負面的，要完全是負面的，那它根本就不會存在了。我們人類的偉大文明雖然也是啓蒙，讓我們看到了很多東西，但也還沒有解決無明。我們整個燦爛的文明，現在能夠創造這麼多東西，有了不起的發明，這麼多知識根本的基礎，其實還都是建立在無明之上，並沒有真正解決問題。

《道德經》裏說「為學日益，為道日損，」是「英雄所見略同」，當然不是說老子和釋迦牟尼佛完全一樣的，《金剛經》裏說「一切聖賢，皆以無為法而有差別」，就是高人都差不多，都能看到無明的地方。老子講，「為學日益，為道日損，損之又損，以至於無為」。我們現在普通的學習就是為學日益，不斷地增加知識，不斷增加新的理論，這就是為學日益。但要看到這個本質的道，是要損的，就是去除無明，去除種種煩惱，然後才能見到道，這個方式就是為道日損。損之又損，以至於無為。這就是有為法和無為法。我們現在是有為的狀態，有為就是攀緣，想要這樣一個東西，就去做這個事情，有為法其實是不自主的，業力推動的。

老子的理想，釋迦牟尼佛的想法，都是要無為法，從佛法的角度來說，所謂無為法就是無業之法，你沒有業，就是無為的。有業在推動你，就是有為。

第四個是慢。慢就是驕慢，慢的一個根本，就是要我比別人好，就是自我意識在各方面的表現。貪嗔癡慢疑其實都是自我意識，都是有一個「我」的。有我要貪，有我會嗔，有我就會慢，就是要把自己看的比較重要，比較美，比較高。慢也是先有一個區分，就是我和其他人區分開，然後希望我比別人高。有了我比別人高這樣一個想法，就會有很多的派生，輕視不如我的人，我比你們高；跟我差不多的人呢，我也沒必要恭敬你；對於勝過我的人呢，反而會說我比他強，因為他雖然這個方面比我強，但是我其他方面比他強啊，這個就是夜郎自大，就是看到高人的時候，我們去找他的缺點。因為每個人身上都有缺點，所以世界上所有的人都不如我。

我慢是根本的，我慢之後，還有增上慢，這個比較厲害，就是沒有證得聖人的境界和神通智慧，而妄說自己已經證得了，這樣的情況主要是在修行

人的群體裏比較多。沒有證得羅漢和菩薩的境界，我說我自己證得了，就是增上慢，這個在佛法裏罪過是很大的，一是欺騙人，二是這個欺騙會讓人走入邪道。

接下來是卑劣慢，就是有的人比我強很多，我只覺得他比我強一點點。還有是自甘卑劣、自暴自棄，這其實也是一種慢。這個可能不容易理解。這個世界上有傲慢的人，有些人傲慢是比較容易看得出來的。

有人會自卑，可能自卑的程度不一樣，點不一樣，但是每個人或多或少都會有一些自卑。自卑不完全是一般意義上講你表現很差，比如你成績很差，做什麼事情都很失敗，所以你才自卑。其實並非如此。有一些非常優秀的人也經常會感到自卑。從某種程度來講，克服自卑感，也是他前進的一個動力，他可能一直都非常勤奮，成就也很不錯，但他還是說他心裏會有自卑。比如施一公先生，他成就很大，他也是一個非常誠實、誠懇的人，他在一次訪談中袒露自己的問題和缺點，說他從中學開始就比較有自卑感，有比較強烈的不安全感，當然他也是非常努力的人，成就斐然。我們從外人的角度來看，他應該是一生很順利的，中學成績就很好，高考上了清華，美國名校的博士，著名教授，現在是清華大學生命科學院的院長。我們可能很難想像像他這樣看起來一帆風順的人也會有自卑感。其實在每個人身上，都會有或多或少的自卑感，它對我們的作用力也會不一樣，效果會不一樣，有時候會讓有的人自暴自棄，有時候會推進人去努力奮鬥，但是它依然還是一個弱點。從佛法來說，你的努力是不應該由自卑感來推動的。當然，像施一公先生這樣的人已經都做得非常好，很了不起了。

那麼人會自卑的原因在哪裏呢？人會自卑的原因就是我們會傲慢。

傲慢和自卑，其實是一體的，這跟佛法裏講因果的道理是一樣的，貪心越多的人越會感到缺乏，傲慢就會引起你的自卑。因為傲慢的一個基本的心理動機就是重視跟別人的比較。我要比別人好，比別人強。所以當你發現別人比你強的時候，這對你來說就是一個打擊。如果你傲慢心很重，你又沒有辦法處理好這個問題，尤其當你遇到挫折的時候，你會發現不管自己如何努力還是不能比別人強，而你不能接受這個事實，這個時候有些人就會自甘墮落，自暴自棄了。這就是自卑的運轉機制。所以，有的人建議用驕傲的方式來克服自卑，其實這是不對的，會適得其反，自卑的原因恰好是傲慢，傲慢越重的人，越有可能自卑。

　　這就是慢的問題。有一首歌裏是這麼唱的，「只要你過的比我好」，歌裏唱的都是理想，而現實都是不理想。對一個普通人來說，你很難生起這樣的心。也許你對一個特定的人，對你特別愛的人，能生起這樣的心，例如母親對自己的孩子。但是要對所有人生起這樣的心，是非常非常難的。你如果能對所有人生起這個心，就是菩薩了，就已經克服了「我」這個問題，你把「我」這個東西放下了。我們是很難放下「我」的，我們最大的煩惱就是有「我」，有「我」，就會有痛苦；沒有「我」，就不會有痛苦。沒有「我」，誰痛苦呢？只要有我，就自然會生起種種痛苦，不自覺就會有我貪我嗔我慢有針對我的種種要求，包括希望我比別人好，有一個強烈的自我意識。關注在「我」上，就會有種種煩惱。凡夫總是希望我比別人好，這就是一個很大的煩惱，仔細想想生活中很多煩惱，都跟這個有關係。這種煩惱是非常強大的，是根本煩惱。根本煩惱埋藏得非常深，不容易拔除。

　　我給大家講講我自己的體會，這個體會是我學習《弟子規》以後發現的。順便提醒大家不要輕視這種看上去很簡單的東西，在實際的修身過程中，這種簡單易行的教育更能夠實踐。《弟子規》裏有一句話，叫「聞譽樂，聞過怒，損友來，益友卻；聞譽恐，聞過欣，直諒士，漸相親。」意思就是如果喜歡聽好話，別人說我壞話我就生氣，那麼正直的朋友就會離開我，而不好的朋友，會怕馬屁、會做表面文章的朋友就會跟我比較好；如果我聽到別人誇獎我，我心存畏懼，我仔細想想我真的有那麼好嗎？聽到別人對我的批評我就很高興，我又有新的地方可以改進了，如果這麼想呢，好的朋友就會靠近，身邊就會有正直的朋友，他們會跟我說真話。這個道理不難理解，只要有一定的社會經驗，就完全能夠理解，這是非常有道理的。我覺得我應該按照這個去做。然而，我真要想這麼去做的時候就發現其實很困難，別人一說自己好話，馬上就高興，這個反應速度非常之快，它是直接的。因為人的名言系統，包括人的思維系統，它實際上跟我們的神經系統已經連在一起了。我聽到別人說好話這個聲波，只要識別系統辨別出來，馬上就高興了，它會影響感覺系統的活動，心跳都會有變化，呼吸也會有變化，速度非常快。當別人說我不對的時候，馬上心裏就不舒服，也非常快。我們講認識煩惱，就要從這裡來認識，它是非常自動化的。你可以試一下去做到這句話，會發現其實非常困難。

　　《弟子規》並不簡單，小孩背誦這本小書只是種種子，人這一輩子都未

必能達到它的要求。從修身來說，《弟子規》這樣的書，不是要求你在第一念能夠做到的，如果你能在第一念就做到，那你就是羅漢，就是菩薩。從世間的角度來看，當時你能夠發現自己念頭不對，能夠反省，就很不錯了。我聽到別人講好話很高興，但是回頭一想，能不能這麼高興？能夠回頭想，就是不錯的修行。或者別人批評我的時候，我覺得不舒服，但是回頭一想，別人是為了我好，我接受這樣的批評，對我自己的修身有好處，應該感謝他。只要能夠回頭一想，做到，就很不容易了，對人的成長大有裨益。從儒家的要求來說，就已經達到了。儒家要求你是一個賢人，你在第一個剎那生起煩惱之後，能夠回頭一想，能做到聞譽的時候，不是當時恐，但是轉念就知道恐，知道畏懼；聞過欣，轉念能夠欣然接受別人的批評，甚至嚴厲的批評。從儒家的修身來說，這就已經很不錯了。世俗當中，如果有人能做到這一點，就是很好的人，大家一定會對他有一個比較高的評價。

佛法要求更高，它要求的是最終能夠解脫，要徹底解決問題，就是在第一剎那都不生起情緒，就是完全沒有「我」這個觀念，所以別人誇獎的是誰，我也不知道，批評的是誰，我也不知道，沒有一個「我」。這個就是羅漢的境界。

現在講的這些煩惱，包括貪嗔癡，是很難從這裡下手一下子全部解決的，如果說覺得貪嗔癡這些煩惱不好，我如果沒有「業」，那該多好，從今天開始我徹底的不要「業」了，把「業」徹底解決掉，我既不貪，又不嗔，又沒有癡，又不生起慢心，根本就做不到的。不光是做不到，其實連下手的方法都沒有，因為這個業的力量非常強大。對於普通人來說，煩惱的力量非常強。就像築一個水利大壩一樣，是不可能一天就修起來的。我們現在說的這些內容都是漸教的系統，不是禪宗，漸教是一個臺階一個臺階上的。

還有一個邪慢，就是自己沒有道德，但是卻認為自己修養很好，而且還輕視聖賢，認為聖賢的道德不過如此，何必恭敬禮拜他們呢。這個邪慢是從慢心來的，是慢心進一步的發展，就是因為有一個很強的自我意識。我們人看到道德高尚的人，一般會有兩種反應，一種是我認為他很好，我要向他學習，也有的人覺得，就是他很好，我還做不到，他好就是他好，我就這樣算了。第二種就是，你們都說他好，他憑什麼好？憑什麼我不如他？我就認為他不好！因為我要表現出我更好。當我要表現我更好的時候，我需要一些理論來支撐。我們現在學習很多理論，各種各樣的知識，其實有一部分思想，

可能是幫助我們克服自己的弱點的，另外有一些理論，是被我們用來爲自己的弱點辯護的。我年輕的時候比較接受叛逆的思想和哲學，當然它能講出一套理論，還是有一定道理的，但當我仔細反省自己的過去時，我會接受這樣一些思想的原因，其實很大程度上在於，這些理論和思想可以爲我的弱點辯護，我用這些思想理論爲自己辯護了，就會顯得我自己比較高，就可以批判別人。

　　舉個比較典型的例子，比如善有善報、惡有惡報的思想，如果說那個人做善事是因爲他想要善有善報，所以其實他還是自私的，那這樣說來他還是不行，沒什麼可學的。這個思路有沒有道理呢？其實也不是完全沒道理。如果是爲了要有善報，所以現在做善事，這個確實有私心在裏面，境界不夠高。但是，我後來反省：當我這麼分析和評判他的時候，我是在超越他嗎？是我能夠做到無私，從而超越他這個爲了善報的私心嗎？其實不是的！我那樣批評他，是基於我要保護我的另一種私心而去批評他的私心：爲什麼現在有福不享呢？爲什麼眼前有好處不撈呢？他現在不撈是爲了將來有好處，那我是現在就要有好處，實際上是在爲自己的私心辯護。這個批評的思想其實比前面那個爲了善報的私心，當然是更低的，我假裝我自己站在一個更高的地方來批評，然後使自己的私心顯得合理。「好像你是高人，實際上我們都是低人。」那我就不用付出努力了，我也不用改變我自己，不需要修行。這就是邪慢。現在的社會，邪慢越來越多，因爲現在大家理論學得更多了，理論思維能力也更強，所以更容易找到理論來爲自己辯護。書讀得少，不一定道德水平就高，但是書讀得少，編不出這樣一套理論來爲自己辯護，書讀得多，然而思想境界還不眞正高的人，就可能編出一套理論來爲自己辯護。

　　接下來是疑。疑分幾種，一個是懷疑自己，這是根本性的懷疑，就是懷疑自己的潛能和能力，從佛法來說，人人都是佛，你只是一個暫時糊塗了的佛，人和佛是沒有本質區別的，佛法認爲每個人都能成佛，每個人都可以覺悟，人人都可以成聖成賢。但是我們會認爲自己不行，會認爲自己做不到，會認爲聖賢的境界和我沒有關係。有一句話形容這個想法，叫「高推聖境，自甘墮落」。當你說別人很高的時候，你覺得他跟你沒關係，你認爲這中間有不可跨越的鴻溝，這其實也是給自己的弱點找藉口。他是聖人，我是凡人，我就只能做到這樣，就算了，這就叫「高推聖境，自甘墮落」。第二個是疑師，懷疑老師是否眞的有學問。這裡的師是指眞正的佛菩薩老師。師也是有很多

的，有眞老師，也有假老師，有水平高和水平低的老師，甚至還有心術不正的老師，這裡講疑師，不是讓你絕對不去懷疑，而是讓你正確地懷疑。疑法，懷疑所學法門，這裡說的懷疑都是說你對眞的東西產生懷疑，所以會是問題，如果你懷疑一個有問題的東西，那是沒問題的。學問有一個很重要的東西就是懷疑，不光是大家現在的學問，佛法裏也強調小疑小悟，大疑大悟，不疑不悟，沒有疑惑，是不可能有進步的。思想的進步都是建立在懷疑之上的，不是說你不可以去思考，但是如果你對正確的老師、正確的法門產生了懷疑，那就構成了障礙。

接下來是不正見。首先是身見，這個比較重要。身見就是執著身體是「我」，我們每個人都有一種「我」的觀念，其中有一種比較強烈的就是執著身體是「我」，有一個眞正的「我」。從理論上來說，我們借用一下英語，幫助我們理解這個問題。就是 I 和 me。當你在說「我」的時候，這個「我」，永遠都不是「I」，永遠都是「me」，即使你會說「I want」或者「I will」什麼的，當你說出這個「I」的時候，你觀察這個「我」，有這個「我」的意識，當你用這個意識觀察這個「我」的時候，這個我已經是「me」，不是「I」了。「I」這個東西，在一般的主客體分離的狀態下，是永遠觀察不到的。只要進入主客體分離的這個結構，觀察到的永遠都是「me」的東西，然後你還會以爲這是一個眞實的「我」，其實不是，這只是由你的意識構建出來的。

包括我們的身體，我們的身體隨時隨地都在變，我們以爲是固定的，但是它只是表面上看起來不變，不僅是我行爲上的變化，身體裏的細胞隨時都在死，都在新陳代謝。一般過了兩三年，我們會覺得人變了，年輕的時候可能不明顯，如果到了一個年齡的坎兒，會比較明顯。你發現過了兩三年變了，難道是眞的過了這麼長時間才變的嗎？其實它是隨時都在變的。只不過我們普通人的心比較粗，我們的覺知能力和觀察能力有限，所以我們覺知不到觀察不到身體時時刻刻的變化，我們要到老了，過了比較長的時間才能觀察到。所以，並沒有這樣一個固定的我。但是我們用意識，虛假意識，構建出這樣一個「我」，然後強烈的依賴於這樣一個「我」。這就是身見。還有邊見、邪見、見取見、禁取見。接下來是隨煩惱。前面我們講的是根本煩惱，隨煩惱是跟著根本煩惱而產生的，分爲大隨煩惱、中隨煩惱和小隨煩惱。前面的五種根本煩惱，貪嗔癡慢疑，只要不解決是不可能不生起的，它們是隨時隨地生起的，後面的這些煩惱不一定隨時隨地會生起，它是依據外界的狀況而生

起的。第一個是不信，不信因果，不信聖賢。還有懈怠、放逸、昏沉、掉舉、失正愛、不正知、不知正法散亂。前面的字面意思比較好理解，我們也會發現自己或多或少都會有這樣的問題，程度可能不一樣。

我們現在講一下「失正愛」的問題。佛法裏說愛是一個大的問題，就是要解決這個愛的問題，十二因緣要斷掉，是不要有愛的，那這個地方爲什麼又講正愛呢？後面還會講到正法欲、正法愛，這是怎麼回事？這是一個階段性的問題，佛法的修行是分階段的。或者說，佛法裏講人要無欲，但是無欲這個東西你不會，那就要學習，在這個學習的過程中，你要有一個很重要的階段就是要「欲求無欲」，這個是漸教法門。爲了達到無欲，要先有一個欲求，這個欲求就是欲求無欲，這個欲求要非常強烈，你才能達到一定的境界。你到達一定境界之後，就是你把其他的欲望都基本放下了，就是你只剩下這個欲求無欲的欲望了，這個時候你再來放下這個欲求，才算解決了。禪宗可能不太一樣，它是屬於頓教法門的，它是要跨越這個階段的，而漸教法門很強調這個階段，漸教法門在這個階段要下很大的工夫去學習。所以古代有些講法，在藏傳佛教裏強調的特別多（漢傳佛教不是沒有，程度弱一點）的是「前行」，要培養福德，就是增強這個欲求無欲的欲求。因爲按照漸教法門的認識來看，如果這個欲求無欲的欲求不夠強烈的話，是學不會。

其實這跟我們日常的學習是一樣的，如果沒有強烈的學習欲望，是學不好的，也就考不上好的大學。有一個比較強的學習願望，不管這個欲望是什麼原因生起來的，是因爲要上好大學，或是對科學知識很感興趣，（當然，這些願望往往都是混合在一起的，很少有人只有一種欲望），才能學得比較好，如果對學習的欲望比較薄弱，那就很難學好。所以，在漸教法門裏，是非常強調這個欲求的，而且這個欲求是要培養的。我們通常認爲欲望不是培養出來的，一般都以爲它是自然生起的，也就是順著業力而來的。培養一個新的欲望就是在修改你的業，修正你的業，培養這個欲望來解決其他欲望的問題，最後再來放下這個欲求。你欲求這個無欲才是正愛，其他的欲都不是正愛，你千萬不要失去正愛。後面我們講到《壇經》的時候會從另外一個方面涉及這個問題。這個失正愛的問題比較重要，很多人在這裡容易有疑惑。

下面我們講中隨煩惱。中隨煩惱就是無慚無愧。孟子是特別強調羞恥之心的，「羞恥於人大焉！」人沒有羞恥心，就跟動物差不多了。羞恥心和慚愧心的意思差不多。慚和愧，是分成兩個部分來講的。慚，是對自己的，是指

不尊重自己的人格和潛能，不管自己的境界如何，墮落就墮落，這是無慚。愧，是對別人的，做了壞事，還不怕對不起別人，這是無愧。無慚無愧是很厲害的，人的所有的進步，所有的希望，其實都在慚愧裏面。慚愧好像是一個負面的情緒，表面上看來是這樣，但事實上慚愧是可以對治其他一切負面的東西。一個人如果沒有慚愧的感覺了，就不會有進步了，實際上就沒有希望了，只能完全順著業力走了。一個人只要有比較強烈的慚愧心，那就一定會有希望。孟子曰：「恥之於人大矣。」羞恥之心就是慚愧。慚愧對應的是懺悔，有慚愧才會有懺悔，有懺悔才會有改變。沒有慚愧，你就不會有懺悔，就不可能改變。慚愧是非常重要的。

　　慚愧心，要解決它，有兩個辦法，一個是向上的辦法，一個是向下的辦法。向上的辦法是把它改正過來，比如我以前會犯這樣的錯誤，會傷害到別人，那我從今天開始把它改正過來。那關於這一點的慚愧就解決了。另外一種解決的辦法，是說服自己，我是不需要慚愧的，這就是我們前面講的邪慢，找出一種理論、一種說法，說服自己不用感到慚愧，獲得一種暫時的心安理得，這也是一種辦法，但是這個辦法會讓你徹底地墮落。而且這個想法如果不改變的話，你就沒有希望了。有時候我們也會覺得向下的路比較輕鬆，但我們要知道，人心是很靈敏的，有時候我們好像找一套理論、一個說法，把自己暫時糊弄過去了，但實際上你真正的心不是不知道。所有的惡業，所有的貪嗔癡慢疑，它有作用就會有反作用，這就是因果。所有的作用，向外有作用，相反方向也會有作用。作用到外界，外界就會反過來作用於你，你自己會知道。另外，自己貪嗔癡慢疑的加劇，它本身都是負能量，是會運作的，它的力量會作用到你的心裏頭，所以勸說自己可以不用慚愧，只是暫時解決問題，並沒有真正解決問題。我們每個人都會不一樣，絕大多數人都是兩種辦法同時用的，我們每個人都會或多或少地兩面都有，我們會有向上的一面，但我們也是很狡猾的，所以我們有時候也會用向下的一面。如果你不用向下的一面，只用向上的一面，你的進步和改變會很快。

　　佛法裏講，業力的力量很大，有一句話說「神通不敵業力」，就是你再會神變，依舊不能勝過業力的力量。這句話後面還有一句話是，「業力不敵願力」，它的意思就是願可以改變你的業。願從哪裏來？很大程度就是從慚愧心來。所以，如果真的不用向下的解決辦法，只是用向上的辦法，你有非常強烈的慚愧心的話，業力會改得很快。希望大家一定要注意慚愧的重要性，就

是要靠慚愧來抵擋業力。

　　小隨煩惱共有十種，即忿（心裏不平）、恨（心裏怨恨）、覆（隱藏自己的罪過）、惱（對他人發火）、嫉（嫉忌他人）、慳（捨不得財物，氣量小）、誑（欺騙他人）、諂（趨奉他人）、害（傷害他人）、憍（憍傲自大）。這些是枝末煩惱，因其性質比較粗和猛烈，也比較明顯，而且各別生起，範圍較小，所以叫做小隨煩惱。

　　下面講四念處或者說四念住。念就是一種觀念，四念住就是四種觀念。在小乘佛法裏，這四種觀念非常重要。住的意思是，我不僅僅有這個觀念，我認識到這個觀念，這是很淺的。是我學習了這個觀念，我認爲它有道理，我明白了，我要讓這個觀念安住在我的心裏，隨時隨地地想到它。四念住，一般的理解，一般的知道這四種觀念，不是很難，但是要住，是很難的，人很容易就散亂了。這四個觀念是觀身不淨、觀受是苦、觀心無常、觀法無我。

第四講　四念處與生命的眞相

　　先講四念處或者說四念住。念就是一種觀念，四念住就是四種觀念，身念處、受念處、心念處和法念處。在小乘佛法裏，這四種觀念非常重要。住的意思是，我不僅僅有這個觀念，我認識到這個觀念，這是很淺的。是我學習了這個觀念，我認爲它有道理，我明白了，我要讓這個觀念安住在我的心裏，隨時隨地地想到它。四念住，一般的知道這四種觀念，不是很難，但是要住，是很難的，人很容易就散亂了。這四個觀念是觀身不淨、觀受是苦、觀心無常、觀法無我。

　　先講觀身不淨。我們的身體，對我們來講非常重要，我們很多的痛苦或者快樂，都來自於它，因爲我們都是通過身體來跟這個世界打交道的。我們最大的問題也在身體上。年輕的時候可能不容易體會身體的重要性，因爲身體都很健康，可能就會覺得身體是可以浪費、可以消耗的，但是如果這樣下去，到了一定年紀，身體帶來的麻煩就會比較多。觀察身體有很多方法，比較重要的一個方法就是觀身不淨，這當然跟我們日常生活差別非常之大。觀身不淨，主要是出家人修得比較多，在家人會少一些。佛法裏對身體的看法和我們世間的看法恰恰是相反的，我們世間的看法，包括藝術的看法，一般都強調身體的美感，比如古希臘的雕塑，擲鐵餅者的健壯，或者斷臂的維納斯的優雅都是強調身體的美，而佛法是從另外一個角度來思維的，就是觀身不淨。我們的身體，看表象可能是美麗而漂亮的，但是如果一層層看進去就不一定了。比如人死了以後，看解剖圖，就會覺得組成人身體的東西其實沒有什麼美感而言。我們還可以看骷髏，身體的骨架，觀察白骨是什麼樣的，這個要是修好了，看到人就看到一具白骨一樣。《西遊記》裏有一個非常有名

的故事叫「三打白骨精」，基本上就是從這裡取材的，意思不完全一樣，不過通過白骨的觀法，看到我們的身體其實並沒有什麼可愛之處。我們一般的習氣，對人的身體是有所貪著的，一方面是對自己的身體有貪著，另一方面是對別人的身體有貪著，這個觀法就是要去除這種貪著，使我們不再去貪。這個觀法其實沒有那麼容易修成，我們人對身體的貪著是很強的，而且我們就是從這種貪著中生長出來的。簡單的觀一觀，難以達到厭離的效果。這個觀想是要比較長期地堅持訓練，要入定入得很深，才能看得到。所以不淨觀真的要做到改變自己的生活，是沒有那麼簡單的。這就是觀身不淨，主要是對治對身體的執著。這對出家人來講是非常重要的。

再看觀受是苦，就是受念處。我們普通人對感受的要求，是從快樂出發的。我們之前談到過，凡人對世界的感受會認為它的底色是快樂的，苦是一種不應該出現的特殊情況、偶然情況，這是我們凡夫的一般想法。但當你仔細去觀察，你會發現苦是必然的。你如果執著追求樂的話，必然就會有苦。你執著於樂，不管執著於色受想行識中的哪一個，它都一定會毀壞掉。一切因緣法，最大的特點就是，它不可以保留，一切無常，一切最終都會消失，所以你跟它的關係也會變，也會結束。比如說，你喜歡吃一種東西，如果你喜歡吃蝦，如果吃十隻蝦，你可能挺高興的，吃到二十隻的時候可能就沒感覺了，吃到五十隻的時候，就會覺得很難受了。這個所謂的樂的東西，只要你延續下去，它就會轉化了，這種轉化有兩種可能，一種是多了，就覺得不好了，就像叔本華所說，人生兩大痛苦，一個是你喜歡的東西你得不到，第二個是你喜歡的東西你得到了。受的這種緣分是不可以保持住的，你和外界的快樂的緣分總是在變化之中，這種快樂必然會消失，消失之後就會有苦。前面我們說到的八苦之中有五苦不可避免，即使我們偶然有了所謂的快樂，但它們都有一個特點就是一定會散去，因為因緣沒有了，你如果還想保持這個快樂，就會感到苦。對這個快樂的執著越強烈，越覺得不能失去，抓得越緊，那它失去的時候就會越痛苦，這就是所謂的壞苦。為什麼愛情會給我們造成很大的痛苦？因為愛情是你要抓住最緊的東西，所以當它失去的時候，你就一定會苦，而且這個東西從某種意義上來講，它是一定會失去的。即使你運氣很好，所謂白頭到老，到最後死亡的時候，還是會失去的。這個苦從佛法理論上已經證明了是不可避免的，但是我們總是會有種種的幻想。苦苦，就是本來就是苦，如果是有樂的情況下這個樂保持不住，那是壞苦。不苦不

樂相對好一些，這是比較平靜的一種狀態，但是普通人保持不住這樣一種平靜，最後還是會有感受上的波動。修行打坐的時候可能會比較安靜，我們講捨受，這個時候會好一點，但是這個捨受，如果工夫不到，六道輪迴沒出，業力來襲的時候，還是會苦的，這個叫行苦。這就是觀身不淨和觀受是苦。

第三個是觀心無常。佛法裏講無常觀，一切無常。無常，就是我們心裏隨時都在變。首先就是我們的心是無常的，我們的心總是在變，我們大概經常誤以爲自己是不變的。你觀察下自己，你就會發現你的念頭是定不下來的，你沒有一個固定的念頭。你這個小時跟上個小時想的不一樣，你這一剎那跟上一剎那想的不一樣。心念無常，心物一體，所以我們的心所對應的這個世界也是無常的，一切都是在變化之中。但是我們的攀緣心，希望這個世界是有常的，當我在一個比較好的境界下，比如年輕、健康，身體機能很好，精力很旺盛的狀態下，會認爲這是理所當然的。我現在才知道，它不是這樣的，很可惜我不是在 20 歲的時候認識到這一點的，而是到了 40 歲才認識到。但人的生命隨時都在變化，人都是會變老的，這是典型的一個無常。人都會病，小病可能大家覺得無所謂，但是以後也許會遇到大病。人還會死，死是最大的一個無常。無常是不可避免的。一切的建築，現在看起來很堅固，但是它一定會消失。很多的文物，我們用最好的方法盡可能的保護它，但我們知道，它是一定會消失的，不管你如何去保存，也只是在延緩這個過程。

這個變化不可阻擋。一切都是無常，沒有任何東西是可以永遠延續下去的。但我們通常都會相信一個東西是可以固定住的，我們要抓住一個東西，我們覺得它好，是因爲我們相信它是可以有常的，我們可以去享受它，不管是健康身體還是金錢，或是愛情的幸福，其實要知道，最多是時間長短而已，它最終都會消失。它看起來是經過了一段時間消失的，但其實，它每時每刻都在變化，就像清明上河圖放在恆溫恆濕的庫房裏，它也還是隨時在變化，只是它變化到一定程度的時候，我們才能觀察到。無常是必然的，不同的只是你觀察到了，還是沒有觀察到。觀心無常，我們的心貪求這個常，會用假相來想像這個常，所以有時候就會觀察不到這個無常。

我們稍微安靜一下，體會一下自己，心的念頭總是不斷的，變化的，而且這個變化的特點就是自己不能做主，我們的情緒是自己不能做主的，當然這是有程度的，修行工夫高的人做主的程度高一些，情商高就是自我控制情緒的能力強一點，有些人可能能力就比較弱，完全只能順著情緒跑，沒有辦

法控制自己的情緒，這就是情商比較低。不管情商高低，這種情緒上的波動，還是很難避免的。這個也很容易解釋，假使我們對心是可以做主的，那我們一定都是快樂的，一定永遠都喜樂，因為每個人肯定都希望自己是喜樂的，但事實上我們不是，當你有苦的感受，苦的念頭出來的時候，你是沒有辦法讓它消失的，它來了，你就很難受，當然它過一段時間也會走了，你可能淡一點，但是這個過程不由你說了算，所以說是不由自主的。這就是我們人生的悲劇，人生悲劇的核心就在於我們的生命，包括我們的念頭，想像，不是由我們自己來做主的。這也是佛法之所以要出生於世間，來幫助我們解決問題的一個原因。

接下來是觀法無我，這個無我，不是指人，是指一切東西，當然也包括我作為一個人的無我。比如一塊手錶，我們會認為它是一個固定的手錶，事實上它不是，它是因緣和合的，它有塑料，有電池，有指針，有金屬，包括生產廠家，在一個特定的時間，由於各種各樣的因緣，形成了這樣一塊手錶，這個因緣每時每刻又都在變化，塑料會不斷老化，到了一定時間這些因緣就會散掉，，所以這樣一塊手錶總是在因緣的變化之中，佛法有一個很重要的看法，就是一切都是從因緣生。一塊手錶是從因緣生，我這個人也是從因緣生，我的父親母親的因緣，家庭的因緣，包括社會的因緣，然後構成了我現在這個樣子，這個世間都在變，我的身體也在變，我的想法也在變，我跟以前不一樣，我現在是這個樣子，再過一段時間還會變，其實我是每天每時每刻都在變的，只是我沒有那麼強的觀察能力去觀察到這麼細微的變化。但是隔了比較長時間的變化，我們是能看到的，過幾年我們都會不一樣，這個不一樣是怎麼造成的？就是因緣造成的。一切都是因緣和合的，沒有一個固定的常態的「我」，但我們一般都會想像一個常態的「我」，這就是我們凡夫的妄想，我希望「我」是這樣的，還希望「我所」是不變的。「我」和「我所」的觀念我們在後面還要講。我們前面講過，我們的世界是一個分離的狀態，我們製造出來的是有一個「我」和「我」之外的世界，我們固定化了這樣一個世界。你相對於我來說，你是「我」之外的，我相對於你來說是你的「我」之外的。我所有的、我所看的、我所愛的、我所恨的、我們所有可以加上這個所的，都叫「我所」。這裡我們要看到，「我」和「我所」，這本來就是一種想像，並不是一個真實的現實。「我」和「我之外的」這種劃分，本來就是站在我個人基礎上的一個建構，不同的人有不同的建構，如果旁邊有一隻狗，

它的建構也會不同。「我」和「我所」，都沒有眞正固定，「我」是一個因緣假象的變化，對應出來的「我所」也是一個因緣假象的變化。所以我們看整個世界，也是一個因緣假象的變化。我們普通人的妄想就是，我希望「我」是固定的，常的，「我所」也是固定的，我所愛的人和東西我希望他們永遠不變。比如我現在過得很幸福，那我希望明天也是這樣，永遠都是這樣，那我所有的東西永遠都不失去。我們希望如此，但是這樣的希望是虛妄的，最終是一定會破滅的。事實上，不管是「我」也好，「我所」也好，都是因緣所生法，既然是因緣所生法，就一切都在變化之中，都保持不住。現狀是永遠不可能保持住的，這就是永遠沒有一個固定不變的「我」。其實，馬克思主義也強調一切永遠都在變化之中，不過他和佛教最後走的路不一樣。這是一個變化法，一切都像流水一樣，我們的念頭像流水一樣，我們的世界也像流水一樣。這就是四念住。

在漢傳大乘佛教裏，講到小乘，主要講的就是四念住。當然其他東西也講，三十七道品也講，但是對於四念住格外強調。大小乘都講信念、講精進，這些差別就沒有那麼大，差別比較大的就在四念住。大乘主要是從比較好的方面去講。我認爲，恰恰因爲如此，如果不學小乘直接學大乘，有時候容易出問題。實際上，小乘的基本理論和修行是大乘的基礎，大乘是包括小乘，而不是排斥小乘。如果一開始對四念住沒有認識，沒有打下一個根基，直接學大乘的東西，很容易出問題。禪宗裏後來出了一些問題，主要在於沒有四念住的基礎。四念住是非常重要的。在修行的過程中，要經常思維這四個事情。中國有些詩歌也會接觸到四念住，當然是用比較形象的方法來說，例如《紅樓夢》裏面《好了歌》。

還有王梵志的詩：

世無百年人，強作千年調。

打鐵作門限，鬼見拍手笑。

范成大的對聯：

縱有千年鐵門檻

終須一個土饅頭

這些意思都差不多，都是講人生苦短，或者是人生有限。人生苦短有兩種對應的思路，一種是今朝有酒今朝醉，花開堪折直須折。但是從佛法來說，人生苦短，是要去修行的。那我們就來看一下悲觀和樂觀的問題。按我的理

解，今朝有酒今朝醉，花開堪折直須折，才是真正的悲觀，因為認為這個問題是無法解決的，所以就過一天算一天，對明天是沒有希望的。佛法是要解決這個問題的，四念住都是人生之苦，它強調苦也好，強調人生的不自由也好，是讓你在認清這種苦，認清這種不自由，你才能擺脫這種苦，擺脫這種不自由。有一個故事，基本上是根據佛經轉化成白話文的故事：

在一個寂寞的秋天黃昏，無盡廣闊的荒野中，有一位旅人蹣跚地趕著路。突然，旅人發現薄暗的野道中，散落著一塊塊白白的東西，加以注意之下，原來是人的白骨。旅人正在疑惑思考之際，忽然從前方傳來驚人的咆哮聲，隨著一隻大老虎緊逼而來。看到這隻老虎，旅人頓時瞭解白骨的原因，立刻向來時的道路拔腿逃跑。但顯然是迷失了道路，旅人竟跑到一座斷崖絕壁的頂上。旅人在毫無辦法之中，幸好斷崖上有一棵松樹，並且發現從樹枝上垂下一條藤蔓。於是旅人便毫不猶豫，馬上抓著藤蔓垂下去，可謂九死一生。然而這隻老虎好不容易即將入口的食物，居然逃離，可以想像到它是如何的懊惱，而在崖上狂吼著。好感謝啊！幸虧這藤蔓的庇蔭，終於救了寶貴一命。旅人暫時安心了，但是當他朝腳下一看時，不禁「啊」了一聲，原來腳下竟是波濤洶湧底不可測的深海，怒浪澎湃著，而且在那波浪間還有三條毒龍，正張開大口等待著他的墜落，旅人不知不覺全身戰慄起來。但更恐怖的是依靠救生的藤蔓，在其根接處出現了兩隻白色和黑色的老鼠，正在交互地開始齧著藤蔓。旅人拼命地搖動藤蔓，想趕走老鼠，可是老鼠一點也沒有逃開的樣子。而且每當搖動一次藤蔓時，便有水滴從上面落下來，這是從枝上築窩的蜜蜂巢所滴下的蜂蜜。旅人由於蜂蜜太甜了，自己完全忘記如今正處於危險萬分的死怖境地，而陶陶然地吃起了蜂蜜。

這裡面有很多象徵：這個旅人就是我們自己，每個人都是如此，總有一天會遇到這個老虎，只是我們看得見或者看不見，要去看還是不要去看，老虎就是死亡，生命的危險。兩個老鼠就是白天黑夜，我們每過一天，白老鼠一口黑老鼠一口，我們生命就減少一天，藤蔓就是我們抓住的生命，下面這三條毒龍就是三惡道，就是餓鬼、地獄、畜生，對應的就是貪瞋癡。前面我們講過之所以會六道輪迴，核心的原因就是你有這樣的煩惱。我們心裏有貪瞋癡，外面就對應著餓鬼、地獄、畜生，餓鬼對應貪，地獄對應瞋，畜生對應癡。大海就是業海，這個波濤就是我們前面講的如瀑流，我們心裏的波浪，有貪瞋癡，所以我們將來就可能去三惡道。滴下來的蜂蜜就是人生中會遇到

一些快樂的事情。我們普通人都是這樣的，雖然面臨著死亡，知道將來會遇到各種各樣的問題，但是現在快樂來了，先就花開堪折直須折，先享受。普通人就是會去追求這個蜂蜜。修行人，出家人，有一個很重要的，區別於凡人的就是拒絕蜂蜜去修行。修行人首先要拒絕這個蜂蜜才能開始修行。這個故事其實是源自《佛說譬喻經》：

曠野無明路人走喻凡夫

大象比無常井喻生死岸

樹根喻於命二鼠晝夜侵

齧根念念衰四蛇同四大

蜜滴喻五欲蜂螫比邪思

火同於老病毒龍方死苦

智者觀斯事象可厭生津

五欲心無著方名解脫人

鎮處無明海常為死王驅

寧知戀聲色不樂離凡夫

這裡跟前面白話的有些不同，前面的老虎是這裡的大象，因為中國的中原很少有大象，古代老虎多一些，所以這個故事到了中國就變成了老虎。前面沒講四大，這裡講到四蛇同四大，四大是地水火風，蜜就是五欲的快樂，財色名食睡。這是對人生非常形象的描述，小乘佛法非常強調這個。小乘佛法有一個非常重要的觀念，就是厭離。如果你百分之百相信剛才那個故事，不僅是從理論上相信，真的是從心裏上相信的話，你一定會厭離。理論上相信，也會有一點作用。

西方也有類似於這樣的學派。比如斯多葛學派跟小乘就有類似的地方。第一個就是接受自己的命運，所以它對無常的認識比較深刻。第二個就是沒有任何事情是偶然發生的，每一件事物發生都有其必然性，因此當命運來敲你家大門時，抱怨也沒有用。所以斯多葛學派比較強調不要去追求世間的快樂，這些快樂是沒有意義的。犬儒主義也是如此的，但是犬儒主義比較極端。犬儒主義在古希臘羅馬的時候是強調一種禁欲的方式，一方面在生活條件上的禁欲，另外在生活上也跟社會習俗做對抗。不過到了現代，犬儒主義另一個概念是放棄道德追求，這個基本上是貶義的。不過這個是現代的意思，在古希臘羅馬時候不是這個意思，還是比較正面比較積極的詞。斯多葛學派認

為所有的外在事物是不重要的，所以要求比較冷靜，也是強調我們的心靈不要隨著外面的世界去波動。斯多葛學派也強調禁欲、理性和平等。這個跟佛教有類似之處。

接下來我們講四正勤。四正勤理論上講起來比較簡單。

（一）為除斷已生之惡，而勤精進。

（二）為使未生之惡不生，而勤精進。

（三）為使未生之善能生，而勤精進。

（四）為使已生之善能更增長，而勤精進。

以一心精進，行此四法，故稱四正勤。

四正勤，主要是對治懈怠的。我們每個人都有懈怠的毛病，尤其是當你有過比較強烈的修行態度，我這裡說的修行不僅僅是指佛法的修行，儒釋道的或者西方的，任何一種修行都一樣。當你要改變自己的生活習慣，比如你說從今天開始我要做一個新人，如果你曾經有過這樣的雄心壯志而且曾經做過一段時間，你就會體會到這個懈怠是很可怕的。因為幾乎所有人在修行的時候都會出現懈怠的情況。

有一句話叫「學如逆水行舟，不進則退」，我以前覺得太誇張了，我今天學了數學，明天不學，也沒有忘啊，沒有覺得我有那麼明顯的不進則退，只有很長時間不學了才會退，所以就覺得這句話只是一句鼓勵的話，沒有把這句話當成一個真實的描述。但到了我開始有一點修行的感覺的時候，就真的感覺到學如逆水行舟，不進則退。才知道古人強調的這個學是什麼意思。古人說的學，不是僅指的理論知識，就是以語言表達出來的知識。而主要是指實踐，雖然也講理論，但是理論是用來指導實踐的。這個學是指導實踐的學問。如果是在實踐和行為上的學問，如果你真的修行過，你一定會非常明顯地感覺到是不進則退。如果有一段時間你覺得自己學的還不錯，保持保持，你是肯定保持不住的。當你覺得學得還可以了，對自己比較滿意了，這時馬上就會開始退步了，非常快。這個時候你就能體會到古人不是一種誇張的鼓勵，它就是對事實的描述。這就是懈怠的問題，我們要用四正勤來對治懈怠的問題。

下面講四神足，指的是四種禪定，四種心理的狀態，「欲、勤、心、觀」是四種禪定。通過禪定四正勤，有四種善根，一種是喜悅，欲樂，出法界，第二是專精，一心正住，第三是精進，第四是思維正確，心不馳散。這些都

是禪定之後才會有感覺的。沒有禪定，也不會有體會。接下來簡單講講五根五力。五根是信根、進根、念根、定根、慧根，有這信進念定慧五根就會有五個利，是對應的，信、進、念、定、慧力。這五個是互相依存的，從邏輯上有一定順序。首先，你要相信這個東西，才會去修煉，相信一點就可以修煉一點，相信多就可以修煉的更多，最終根本上是要產生慧，由定要生慧。

下一個是七菩提分。菩提也是音譯，現在在漢語裏已經變成一個常用詞了，菩提本身是覺的意思。七菩提分就是七種智慧，一個是擇法覺，你能夠觀察到哪種道理是對的，有一個正確的判斷力。然後是精進覺，精進不退。第三個是喜覺，就是法喜充滿。法喜狹義來講是指修習佛法的喜悅，但其實每個人在成長過程中都會體會到某種法喜，這個法喜就是當你覺得某種道理很正確的時候，一下子把一個事情看清楚了，內心一定會充滿一種喜悅。佛法講最高的道理和最高的喜悅，但是世間普通的道理，包括自然學科和人文學科，當你發現某一種道理講得很正確的時候，你一定會充滿了法喜的。讀一本好書，一定會法喜充滿，學習本身是充滿快樂的，每個人都能感覺到的所謂學習的快樂。這種學習的快樂就是法喜。佛法是更根本的道理，就會有更多的法喜。第四個是除覺，就是你意識到你的煩惱之後，能把它除去。第五個捨覺，就是世間貪戀的這些東西從本質來講沒有意義，一切境界如夢如幻，明白之後就要捨。第六個就是定覺，前面三個修好之後就容易有定，我們之所以不能定是因為不能捨，你有貪著你就不定，你喜歡的東西多，這些一變你就跟著跑了，如果能捨就相對能定一些。佛教裏講戒定慧，戒才能生定，定才能生慧。最後一個是念覺，念覺很重要的就是觀照。觀照就是佛法修行中的自我觀察，無論大小乘都一樣，要隨時隨地自我觀察。當然人心比較定，才能觀察得到，它也有一些技巧，寺廟裏有一些觀照的方法。我們絕大多數人對自己的行為是很缺乏觀察的，一般來講我們只能觀察自己一個點，比如講課時最多就知道在講課，可是身體的每個部分是怎麼運動的，是不知道的。佛法裏的觀照訓練，就是要訓練到能逐漸地觀察到自己的每一個行為是怎麼做的，比如一杯水我是怎麼喝下去的？我從宿舍到教室的路是怎麼走的？觀察到我走路的每一步是怎麼邁的，會把自己的行動慢下來，然後一步一步走，一步一步觀察自己。時時刻刻觀察自己，煩惱你才能看得見，問題才能逐步得到解決，所以要擺脫這種業識。業有一個很大的特點是自動化，首先要觀察到這個自動化的行為，然後才能從這個自動化的行為中擺脫

出去。剛才講的觀察走路，是一種訓練方式，目的不是觀察走路，而是要觀察這樣一個一個念頭是怎麼過去的。坐著也是一種觀察，我們練習打坐也是一種觀察。走路叫行禪，做事的時候也可以觀察，工夫最高的人他隨時隨地都是在觀察自己的，他是非常清楚的。要達到這個境界很不容易，我們現在坐著都做不到觀照，坐著都是打妄想的。你坐下來幾分鐘就想到別的事情上去了，你就觀察不到自己了，不過還可以再把念頭拉回來，再觀察。工夫高的人，不管他做什麼樣的事情，他都很清楚這一剎那自己在做什麼，我們的心基本上都是投向外面的，都在我所上面，我所要做的事情，我所希望的結果，我所愛的，我所恨的，我們的注意力都在外面。工夫高的人可以把自己的注意力放在觀察自己內心裏面的念頭起伏的變化上。人要認識自己，首先得觀察自己。世界是一本書，你自己就是一本書。這個就是觀照的工夫，大家嘗試一下就是知道一下怎麼回事，要真的有比較高的工夫，那是需要各方面嚴格訓練的。七菩提分就講到這裡。

下面是八正道分。八正道分就是八種正事要做。正見，正確的見解；正思維；正語，就是不妄語，不惡口，不兩舌，不綺語；正業，就是身不犯殺盜淫；正命，出家眾戒五種邪命（詐現異相、自說功德、占相吉凶、高聲現威、說得供養），所以如果出家人靠算命賺錢是算犯戒的，這個戒犯的還比較大，在家眾是不惱害眾生，不迷惑眾生，簡單說就是不要害人，要做好的職業。我們現在的職場裏有一部分職業是有問題的，有的就是靠坑蒙拐騙來掙錢的，不要做；還有正精進、正念、正定。

下面講五戒十善。五戒是對在家眾的一個要求，比丘戒的內容就比較多了，有兩百多條，比丘尼戒更多，因為在佛法裏認為女眾的煩惱更重一些，所以戒律更多一些。對在家眾的五戒是不殺生、不偷盜、不邪淫、不妄語、不飲酒。十善是從正面的角度來講，一不殺生，二不偷盜，三不邪淫，四不妄言，五不綺語，六不兩舌，七不惡口，八不貪，九不嗔，十不癡，其實跟五戒差不多，前面差不多，後面比較難。十善做到了是可以昇天的。十善裏講口的比較多，一共十條，講口的就四條，所以，語言是很厲害的。不妄語、不綺語、不兩舌、不惡口。後面三個比較抽象一點，是最難的部分，不貪不嗔不癡。這裡就看你到什麼程度了，因為這個要做到一百分是很難的，一般的說法是，如果能打八十分，昇天應該沒問題了。

前面就是給大家介紹了一下佛法的基本常識，後面我們選讀一點《阿含

經》的內容。小乘經典最主要的就是《阿含經》，《阿含經》有《長阿含》、《雜阿含》。《阿含經》全部的份量還是比較大的。

如是我聞。一時佛住舍衛國祇樹給孤獨園。

佛經開頭一般都是「如是我聞」。「如是我聞」這四個字要仔細講內容是很豐富的。佛法裏一個根本的東西就是要如是啊，如是就是如其所是。大家會有這樣一個體會，就是我們的生活，我們看到的世界，都不是如其所是的，不管是我們看自己還是看外面，我們都不是如其所是地理解和看待這個世界的，基本上都是生活在顛倒妄想中。如是我聞，是一個證明，佛經不是佛寫出來的，而是佛說的，佛說然後弟子記下來，所以叫如是我聞，記這個工作主要是阿難尊者做，因為阿難尊者是佛弟子中記憶力最好的。當時佛已經滅度了，弟子們結集，成就了羅漢果位的弟子們一起來開會，把以前師尊講的內容記載下來，由阿難尊者主筆，大家一起來回憶佛陀是不是這麼說的，確定了的就寫下來。

在佛經裏，「一時佛住舍衛國祇樹給孤獨園」，這個是經常出現的，大乘小乘經典都是以此開頭的。

爾時世尊告諸比丘

比丘的一個意思就是出家人，還有一個是乞士，乞士的意思就是他們的食物都是乞討而來。如果現在去東南亞小乘佛教國家，會看到出家人都不在寺廟裏做飯，廟裏沒有廚房，不準備糧食，每天吃飯的時候就到街上去乞食，他們是日中一食，一天只中午之前乞一頓飯，一天如果出去乞三頓飯，好像有點不像話。當地佛教比較興盛，所以大家對出家人很尊重，很多家庭都是做好了飯先給出家人，然後自己才吃。乞食主要是為了去除財物的觀念，自己不要去佔有財物，也是給眾生培福的機會。我們會有一種不安全感，比如說，今天發現自己沒糧食了，而且又沒有錢買糧食，就會有一種非常強烈的不安全感。佛法就是要克服這樣的不安全感，所以就要乞食，不佔有財物，不通過佔有財物的方式來獲得安全感。第二層意思是，對食物無所挑選。你要是自己準備食物，那你一定是挑自己喜歡吃的買，如果是乞食的話，那就是別人給什麼吃什麼，這個時候就無所挑選，一切平等。然後就是吃飯只是日中一食，一天只吃一頓飯，盡可能降低生存的要求，而且一天吃一頓飯其實對身體是很好的。不過現在漢傳佛教，基本上乞食的很少，有少數寺廟，一年之中會出去乞食一段時間，這種做法已經非常少見了。遼寧的大悲寺是

每年中秋節完了以後出去乞食一段時間，但其他時候還是在廟裏做飯的。他們出去乞食，是走很遠的路，過一段時間才回寺廟，他們不但是乞食，而且夜晚都不在房間裏住宿，而是在野地裏睡覺，佛陀那時候是樹下一宿，樹下睡覺而且還不能連續兩天在同一棵樹下睡覺，因為這會使人產生貪著心。印度是一直都有乞食的傳統，婆羅門裏有一部分苦修就是要乞食的。在漢地，乞食是讓人瞧不起的，印度僧人進入漢地的時候，是作為皇帝的老師、尊貴的客人過來的，所以給予的待遇很高，中國又沒有乞食的傳統，所以漢地乞食很少，後來就形成了自己耕作的傳統。小乘的佛教裏基本上是禁止從事生產的，這是有些變化的，佛教中國化主要是在一些生活方式和修行方式上有了一些變化，但基本原則還是一樣。

當觀色無常，如是觀者，則為正觀；正觀者，則生厭離；厭離者，喜貪盡；喜貪盡者，說心解脫。

《雜阿含經》開始基本上是講厭離。觀色無常，心無常對應的就是色無常，色就是外界的一切，你感覺到的一切，你的感覺都是無常的，都是會變化的。你如果觀察到無常，就是正觀，你如果認為它是常，那就是顛倒想。我們一般是很容易顛倒想的，我們都認為是常的，家也是常的，工作也是常的，外在這些環境都是常的，包括我們的身體。我們現在有一個健康的身體，我們認為它是常的，尤其是年輕人，從來不認為這是一個問題，但是到某一天它一定會出問題的。

如是觀受、想、行、識無常，如是觀者，則為正觀；

如果你正確地觀察到了無常，隨時隨地看到無常，那麼你就會厭離生死。小乘的修習，一個非常重要的東西就是厭離。因為我們普通人的習慣是貪著的，我們都要抓東西的，要是沒有抓到任何東西，心裏會有極大的不安全感，會覺得很難受，抓住東西了就覺得安了，有一種快樂。就像剛才說的，滴一滴蜂蜜下來嘗一嘗，就很甜，吃了第一口還要吃第二口，這是普通人的習氣。前面我們講過十二因緣，那段就是受緣愛，愛緣取，取緣有，有緣生，整個十二因緣連在一起，這個鏈條要打斷，這個從無明緣行到生緣死，從理論上來說，從任何一個環節打斷，都可以終止這個循環，但是事實上，其他的環節很難打斷，在意識層面，你可以進入它，而且可以開始著手，一般都是從愛緣取這個地方著手的，相對容易一些。因為其他的環節更緊密，更迅速。無明緣行，行緣識，識緣名色，名色緣六入，六入緣觸，我們凡夫都無

法下手，從愛到取，主要從戒開始下手。戒的根本，就是你愛的東西你不可以取，至少從一部分你愛的東西開始練習，你原來要取，現在就不取了。練習多了，這個從愛到取的連接就會慢慢鬆動，不是說戒了馬上就解決了，剛開始只是削弱。第二個是要培養厭離，之所以要厭離，因爲我們的貪著，都會帶來苦，因爲所有貪到的東西到最後都會無常壞滅的，貪到的快樂都會轉過頭來變成痛苦，歌裏唱的很好，「愛有多銷魂，就有多傷人」，其實就是這麼回事，你貪著的感覺越強，當時感覺到的快樂越大，到失去的時候你就越痛苦。你的痛苦和貪著的強度是聯繫在一起的。所以要修厭離。厭離的核心不在於我對事物本身抱有一種仇恨的心，事物都是平等的，這個厭離主要是對治自己的貪著的。厭離，是要討厭自己的貪得無厭。

　　正觀者，則生厭離；厭離者，喜貪盡；喜貪盡者，說心解脫。

　　佛法強調解脫，貪著就是一個鉤子鉤住，我們的心現在就是用鉤子抓別的東西，其實當你用鉤子抓別的東西的時候，你也同時被它抓住了。你鉤在它上面，所以它跑的時候，你跟著跑。你鉤它，和它鉤你，實際上是一回事。說心解脫，就是如果不貪著，就可以解脫。我們現在之所以不能解脫就是因爲我們貪著。這個問題不在外面，所有的一切問題都在自己的內心裏面。這裏講色，色就是我們的感受感覺到的，如是觀受想行識，我們也貪著受，所以也要厭離這種感受，厭離這種想、這種行，然後厭離我們的識。如是觀者，則爲正觀。你就會厭離，你就不會貪著。所謂厭離就是去除掉貪著。厭離者，喜貪盡；喜貪盡者，說心解脫。如是比丘，心解脫者，若欲自證，則能自證，你要是能自證，佛法裏理論是指路的，但是指了路，你不一定能到，就像我們看地圖一樣。拿到一份正確的地圖是走路的開始，但是地圖本身不是真的到達，自證就是拿著正確的地圖，走到了正確的地方。那是不是走到了正確的地方呢？它有一個正確的標準，就是我生已盡，梵行已立，所作已作，自知不受後有。如觀無常，苦、空、非我，亦復如是。自證的標準就是我生已盡，這就是前面講的十二因緣裏面那個生。就是「愛緣取，取緣有，有緣生」的生，生才緣死，生沒了，念頭沒有了，不生了，就是梵行已立，就是一個無欲的狀態，那麼你自己就知道。所作已作，就是業力所有可以做的事情已經都做完了，這個時候業力已經停止了，不再有新的業力發生了。自知不受後有，所以才不會有後有，不會再入六道輪迴，不會再被無明帶著走。如觀無常，苦、空、非我，亦復如是。這樣就證明自己能夠脫離六道輪迴。你到

了那個境界，自己的心理狀態自己知道。

小乘經典的重複是非常多的，大乘經典裏篇幅比較長，重複也很多。《法華經》裏的內容就重複很多，其實重複的部分就相差一點點，跟我們的詩經比較像，詩經就是一段到一段，就改幾個字，經常是一句話改一個字或者兩三個字。佛經裏這樣的情況也很多。這裡就是一個例子，講觀色無常。

觀色無常如實知者

就是說觀色無常不是停留在一種理論上。像我現在講的，都還是一種理論。我自己也只是在理論上的體會，而不是真的實知。實知就是你如實知道，就是這個道理對你來講不是推論性的知識。我現在講無常、無我，都是用推論的方式告訴你，你用推論的方式、用邏輯的方式來接受。這個不是實知。實知是你真實的感受，比如觀身不淨、觀受是苦，你真的是感受到所有的受都是苦，還有觀法無我，真正感受到一切都是因緣法，沒有一個固定的「我」。要經過一段比較長時間的修行，實知才會有真實的效果，才能達到厭離和解脫的效果。不實知，那就只是一個開始，就是剛才講的只是一個地圖。

觀色無常如實知者，於色欲貪斷；於色不知、不明、不斷、不離欲，則不能斷苦。

那你就會斷掉，就是剛才說的解脫。

根本的問題是一個苦樂的問題，大乘佛教有一個非常有名的經典，叫《地藏菩薩本願經》，它對佛陀的一個形容，說佛是「知苦樂者」。我們普通人都不是知苦樂者，我們都是感苦樂者，有苦樂的感受，但是我們並不真知苦樂，所以我們沒有辦法滅掉苦樂。我們很多人認為自己是知道苦樂的，我們有那麼多苦樂的經驗，而且是親身的體會，不是別人來騙我，也不是從書本上學來的，我們以為自己不會騙自己，其實我們都是自己在騙自己，而且還不知道。如果我們真的知道苦樂，我們就能夠解決它，我們之所以沒有解決它，原因就是我們不真知它。所以不知、不明、不斷，不能離欲。不離欲則不能斷苦。而佛陀是知苦樂者。這個世間所有的高人都在談論同一個問題，古典的學者們非常直接地討論人生的幸福和痛苦的問題，現在的學者好像間接一些。不管是儒釋道，還是蘇格拉底、柏拉圖，核心的問題就是苦樂的問題，我們要怎麼來解決它。佛陀是知苦樂者，所以告訴你苦的原因在哪裏，怎麼來解決這個苦，苦的原因就是不知、不明、不斷、不離欲。如果你斷了，你就能夠開樂斷苦。

於色不知、不明、不斷、不離欲，則不能斷苦。如是受、想、行、識，不知、不明、不斷、不離欲，則不能斷苦。

比丘，於色若知、若明、若斷、若離欲，則能越生老病死怖。

爾時世尊告諸比丘：「於色愛喜者，則於苦愛喜；於苦愛喜者，則於苦不得解脫、不明、不離欲。」

我們人生最大的問題，就是生老病死，對生老病死的怖畏。我們都是於色愛喜的，我們認爲這是能得樂的。爲什麼佛法裏總說凡夫是顛倒想呢？就是因爲我們相信從色中是能夠感受到快樂的，我們認爲色是快樂的源頭之一，就是前面講到的懸崖上的一滴蜂蜜，我們都相信自己的感受，認爲這些事快樂的，所以我會愛某種特定的色、特定的感受、特定的想法、愛自己的某種意識狀態。但是，恰恰是這種愛喜導致了我們的痛苦。愛取有生死，會苦。所以從本質上來說，一切都是自找的。因爲你看不清楚，所以你自找的歡樂變成一種痛苦。

有一個問題重點提一下。佛法告訴你該怎麼做，包括種種的戒律條法，各種各樣的要求，在家人的要求少一點，一般是五戒十善，但是這個要全部做到也不容易，出家人的要求更多。在家人除了五戒之外，還有一種可以受的戒叫菩薩戒，菩薩戒是很複雜的。比丘戒更複雜，不過作爲在家人是不允許看比丘戒的，我們大概知道比丘戒有兩百多條比丘戒基本上是戒行爲的，哪些事情不能去做，菩薩戒更難，是不可以去想，想到就犯戒了。比如你說那個人眞討厭，我不理他了，就犯戒了。佛教裏種種的戒律的一個最大的特點，這些戒律的要求，這些教條，事實上都是以「知」爲基礎的。前面我們講到，你不知，所以你犯錯，可是若知、若明、若斷、你就不會犯錯。所以這些要求都是以「如是知」爲基礎，對倫理的要求是建立在眞實的基礎上的，所以它是從眞到善的。這些行爲規範是來自於對世界眞實的理解。我眞實地瞭解到世界是這樣的，如果要達到樂的狀態，滅除苦的狀態，就必須這麼來做。這裡，推而廣之，佛法的邏輯結構就是這樣，所有的人都不希望苦，既然眞實的世界如是，就應該這麼做，才能滅苦。所有的比較高級的說法，包括儒釋道三家，其實都是如此。我們可能會認爲那些規定僅僅只是道德的戒條，其實它的背後都有眞實的原因，問題在於教條的學習相對比較容易，但如果要去認識這個眞理，再從眞理推導出教條出來，就比較難了。所以一般人是不知道這個眞實的原點，所以高人告訴你應該這麼做，比如要孝順父母，

不要殺盜淫妄，這個相對比較容易。戒律背後的道理，一般人是不瞭解的，講解相對少。任何要求的背後都有對真實世界的理解，然後基於這樣一個真實的理解，接下來才有道德的教訓。我們今天有一些對問題的理解可能是有偏差的，我曾經也認為這些教條都是人為的規定，是沒有真實性根據的，後來才理解它背後都有真實性的根據。當然，這些真實性的根據，可能在不同的時代下會有不同的顯現和變化，比如，古時候父母生病兒女要替父母先嘗一下藥的，現在不可能這樣，湯藥可以嘗一下燙不燙，現在主要是藥片，不能嘗。具體的方式可能會有一些變化，但裏面的原理原則是相對穩定的，是有真實基礎的。有時候，你以為那些道德教條是一種沒有道理的硬性要求，是一種迷信、一種簡單的外在約束，其實只是你理解不到背後的深意，因為太難了。

第五講　菩提本無樹

從今天開始我們正式進入禪宗的學習。前面講小乘是打基礎，不經過小乘的學習，大乘的部分不容易懂，對禪宗的理解容易出問題。禪宗對中國的文人影響非常之大，中國文人主要講大乘的禪宗，對小乘一般不太說，不太重視也有一個原因，就是小乘的內容跟道家比較相通，如果你把道家的東西弄得比較熟了，那麼就很容易理解小乘。

先介紹禪宗。佛教所有的宗派都是從釋迦牟尼佛傳下來的，禪宗初祖叫摩訶迦葉，葉字古音讀 shè，迦葉是音譯的。二祖阿難尊者，然後在印度一直傳了 28 代。這位祖師非常有名，他叫達摩，武俠小說常常提到他的名字，當然都是附會和傳說。達摩西來，達摩尊者到中國來傳法，之後就是禪宗在中國的傳承了。中國禪宗的二祖是慧可，三祖僧璨，四祖道信，五祖弘忍，六祖慧能，慧能大師後面就一花開五葉，比較多了，也不再傳衣缽了。禪宗在中國最早是衣缽傳法，達摩祖師來中國的時候是有一個缽，還有衣。缽，大家都知道缽是僧人乞食用的工具，缽在佛教裏要做成什麼樣子是有規定的，一般是會比較大，因爲以前出家人是日中一食，而且有可能會要裝各種各樣的食物，比如玉米就會比較大，所以不可能用一個小碗。這個缽是一個傳法的信物，這個信物傳到慧能大師就不再傳了，也就是不再傳衣缽了。中國的禪宗就是在慧能大師之後發揚光大，前五祖都是單傳，而六祖之後就沒有七祖了，是一花開五葉，分了五個宗派：臨濟宗、曹洞宗、潙仰宗、法眼宗、雲門宗。《壇經》主要講慧能大師的故事。

我們先介紹一下迦葉尊者。迦葉尊者是佛陀的十大弟子，前面我們講過一個拈花微笑的故事，拈花微笑的就是迦葉尊者。迦葉尊者在印度的佛教裏

是頭陀行第一，頭陀是苦修的。住樹下，住在野地裏，或者住在墓地。晚上出門需要歇息，要選哪裏睡覺比較好呢？要睡在墓地裏。這麼做的目的其實就是要超越生死，一方面是用死亡來提醒自己的修行，因為我們很容易就會忘記了死亡。佛教的修行是向死而生的，面對死亡去感知這生的意義，死亡其實是個提醒。後來中國有一位佛教大師叫印光大師，印光大師在自己的屋子裏，寫了一個大字掛在牆上，那個字就是「死」，就是用死來提醒自己，另外也幫助自己克服對死亡的恐懼。

頭陀行還要行腳，走很遠的路，還要乞食，頭陀行對穿衣也有很嚴格的規定，不能穿漂亮的衣服，要穿百衲衣，都是用不同的碎布頭拼起來的。所以說，頭陀行是苦行。迦葉尊者頭陀行第一，就是苦行第一。迦葉尊者是禪宗的初祖。從迦葉尊者傳到達摩尊者是第 28 代了，達摩尊者到中國來傳法，所以在中國達摩尊者是中國禪宗的初祖。達摩尊者當時是從海上過來，先到了廣州，同來的還有一個印度的僧人叫菩提流支，當時有很多印度僧人到中國來，他們之間也有所謂的競爭。達摩尊者來中國的時候是梁武帝時。梁武帝是中國歷史上最推崇佛教的皇帝了，「南朝四百八十寺，多少樓臺煙雨中」描述的就是當時的情形，梁武帝修了很多寺廟，供養很多的僧人。梁武帝好幾次把自己賣給寺廟，然後讓國家拿錢把他贖出來。他做了很多的善事。梁武帝接見達摩，就問他，說我做了這麼多事，有沒有功德？達摩回答說「並無功德」。梁武帝聽了就不高興了。所以後來達摩離開了梁武帝，去了嵩山少林寺。他剛去的時候信眾很少，傳法並不順利，所以就在少林寺面壁了九年，現在那個面壁的洞還挺有名的。

達摩傳法給慧可，慧可是南北朝人，俗姓姬，武牢人，早年精於儒道，通老莊易學，後來依寶靜禪師出家，為求無上大法，立雪斷臂，師事達摩。求法有兩個特別有名的故事，一個是立雪，一個是斷臂。慧可當時去找達摩祖師，外面下著大雪，慧可就在外面等，雪越下越大，都到了膝蓋了，這說明一動不動等了很長時間。達摩出定，問慧可的來意，慧可回答說我要求法，求無上正法。達摩就說，這個法很高深，不是你說要求就求得到的。慧可為了證明自己求法的決心，就拿刀把自己的手臂砍下來了。達摩就問，你付出這麼大的代價，你要求什麼？慧可說我就求個心安，弟子心不安。達摩說你把心拿來，我幫你安。慧可一下子就開悟了。在座的各位和我都沒開悟啊，為什麼沒有開悟呢？是因為沒有立雪，沒有斷臂。慧可為什麼開悟了呢？就

是因爲前面有立雪，有斷臂，那這個話就不是白說的，就有效果。慧可後來繼承了達摩的衣缽。

那時候還經歷了周武宗的滅佛，中國歷史上曾經有過三次滅佛運動，但是慧可還是想辦法把禪宗保存了下來，傳法給了三祖僧璨。三祖向二祖學習的時候還是在家人，後來出家，也經歷了佛法衰微的時期。三祖有一個著作，名字叫《信心銘》。三祖後來傳法給四祖道信，道信俗姓司馬，很年幼就出家了，傳法的地方是在湖北，湖北黃梅有四祖寺和五祖寺。五祖是弘忍。禪宗幾祖，達摩初祖最重要，五祖也重要，五祖之所以重要是因爲五祖發現和培養了六祖。五祖也是童貞入道，十三歲就剃度，很早就跟四祖學習，所以四祖寺和五祖寺距離很近。五祖的著作是《最上乘論》。這就是禪宗的五位祖師。

六祖慧能，俗姓盧，祖籍范陽（今河北涿州），生於唐貞觀十二年（公元638 年），三歲喪父，與母親相依爲命。他跟他母親當時是應該生活在廣東那一帶，嶺南。現在南方經濟文化是很發達的，但是在唐朝的時候還是比較荒蠻落後。當時大臣得罪了皇帝，，很多被流放到嶺南。有一次慧能大師聽到客人讀《金剛經》，他就開悟了，就去黃梅拜五祖爲師，六祖後來培養了很多後繼之人，建立了不同的宗派。他的教法有一本書，就是我們要講的《六祖壇經》。《六祖壇經》是所有佛經裏最特殊的一本。

前面我們講到過，佛經都是佛說的，能被稱之爲經的都是佛親口說的，其他的高僧大德的著作都叫論。大家都知道唐三藏。三藏就是經、律、論三藏。高僧大德的著作都不能稱爲經，而是叫「論」。唯一一本稱之爲經，不是佛說，而是僧人言論的書，就是六祖壇經，由此也可見這本書的地位。

在禪宗裏，比較重要的經典有這樣一些。禪宗比較早期重視的經典是《楞伽經》，全稱《楞伽阿跋多羅寶經》，也是音譯。達摩祖師傳給慧可，從慧可一直到四祖，都是以《楞伽經》爲主的。我們現在《楞伽經》講的很少，不過這部經典還是非常重要的，篇幅比較大，難度也比較大。還有一本重要的論著叫《百法明門論》。現在漢傳佛教裏講《百法明門論》的比較多，《楞伽經》講的少，《百法》的篇幅比較短，但是眞的要學明白也很難。《百法》其實是世親菩薩根據《楞伽經》造的，世親菩薩是覺得《楞伽經》太難了，百法就相當於《楞伽經》的一個超級縮寫本。《楞伽經》相當於佛教的心理學。

佛法裏有一個叫做唯識的流派，這個非常重要，唯識，簡單說就是根據佛法裏一個根本的說法，唯心所現，唯識所變。什麼叫唯心所現呢？就是這

個世界的一切都是由你的心造出來的，你的世界本質是來自於你的心的，所以叫唯心所現。世界上所有的問題都是心的問題。一切東西都是心的現象。沒有心之外還能有一個世界的，這叫唯心所現。還有就是唯識所變，我們好象生活在同一個世界裏，我們上課好像在同一個教室裏，但我們聽到的，學到的，理解到的，看到的東西都是不一樣的。為什麼不一樣呢？因為我們的識不一樣。我們的思想結構不一樣，我們的價值觀不一樣，我們的感情結構不一樣，這些都是識變。你跟別人不一樣，你自己現在跟過去也不一樣，識都在變。《楞伽經》和《百法明門論》就是佛教的心理學，就是研究心理活動。《楞伽經》對人的心理分析非常細緻，《百法》就是把人的心理活動歸結為100個東西，眼耳鼻舌身，色受想行識，分析人的精神活動，《楞伽經》裏講了600多種，因為太多了，太難，所以世親菩薩把這歸納了 100 種，成為《百法明門論》，讓大家比較好記好學。但是《百法》太精練了，所以玄奘法師又給《百法》做了個注，現在漢地佛教講《百法》講的比較多，《楞伽經》講的比較少。

為什麼禪宗在五祖之前是以《楞伽經》的學習為主，後來變為了以《金剛經》的學習為主呢？這個差別是很大的。《楞伽經》和《金剛經》，都是佛說的，也都是最高的道理，但是講法是非常不同的。《楞伽經》主要是講人的迷惑的問題，普通人的心都是迷惑的，不安的，《楞伽經》主要就是詳細地分析你有哪些迷惑，你有哪些煩惱，你有哪些不安，然後通過這種詳細的分析，就知道我自己有哪些問題，然後就可以迷途知返。這個是《楞伽經》的主要思路。《金剛經》不一樣，幾乎不講迷惑，主要是講真。這是一體兩面，我給你講迷惑之後，是以真為參照的，然後我才說你是迷惑的；同樣，講真的時候，你也能知道什麼叫迷惑。但這兩個突出的重點是不一樣的，《金剛經》是直接講果地的，《楞伽經》主要是講果地之前的修行，你有什麼樣的毛病，這些毛病怎麼能夠克服。《金剛經》就是直接講，成就是什麼樣的，直接講阿耨多羅三藐三菩提是什麼樣的，無上正等正覺。《壇經》也是這樣一個思路，主要是直接講果地的，不是講修行，不是告訴你有什麼毛病，應該怎麼解決，也有涉及，但是不多，更多的是告訴你「真」是什麼。

《壇經》是六祖滅度以後，弟子們記錄下來的，簡稱《壇經》、《六祖大師法寶壇經》，全稱《南宗頓教最上大乘摩訶般若波羅蜜經六祖惠能大師於韶州大梵寺施法壇經》。壇經大約有十一個版本，主要是四個版本，這四個版本之間的差別比較大，它們是敦煌本、惠昕本、契嵩本、宗寶本。一般流傳的

是宗寶本。我們還是採用這個流行的版本。宗寶本也有些細微的字詞的差別，但是對於我們學習義理來講，幾乎沒有影響。

行由品第一

時，大師至寶林，韶州韋刺史與官僚入山，請師出。於城中大梵寺講堂，為眾開緣說法。

師升座次，刺史官僚三十餘人，儒宗學士二十餘人，僧尼、道俗一千餘人，同時作禮，願聞法要。

大師告眾曰：「善知識！菩提自性，本來清淨，但用此心，直了成佛。善知識！且聽惠能行由得法事意。」

《壇經》的文句比較簡單。這裡提到「善知識」，這個詞是佛教裏常用的一個稱呼，意思就是我能從你這裡學到好的知識。這句話也是在提醒我們，在日常生活中，有沒有注意學習善知識。善知識不僅僅限於是佛教的範圍，各個方面都有善知識。知識，對我們的影響也不完全是一樣的，有可能是善的，也有可能是惡的。我們要注意分別，誰是善知識，誰是惡知識。「菩提自性，本來清淨，但用此心，直了成佛。」這個說法就是我們剛才說的，直接講「真」。佛教裏有一個說法，人人本來成佛，人人都有佛性，大家都聽說過了。我們每個人本來是有佛性的，每個人跟佛沒有本質的區別，在心的本體上來說，我們和佛是一樣的。區別就在一念無明，就是我們前面講的十二因緣的無明。我們因為有了那一念無明，就有了後面的種種迷惑和煩惱。你如果沒有無明，就可以直接成佛，所以佛教的根本修法，就是做減法。這個跟道家裏說的「為學日益，為道日損」是同一個道理，「損之又損，則近道矣」。問題的關鍵不在於我們的心裏少了什麼，而在於我們心裏多了什麼。我們心裏的識變，在這個地方出了問題，我們到底多了什麼東西？如果我的眼睛看你們看不清楚，可能是因為我的鏡片上多了灰塵，如果我把灰塵擦乾淨，那就看清楚了。所以看不清楚的原因是因為多了東西，而不是少了東西。

我們一定要知道，我們的心裏本來是清淨的，那些煩惱，不是心裏面本來應該有的。我們種種的煩惱，種種的毛病，從理論上可以想通的。我們的煩惱是必然有的嗎？比如，我貪一個東西，或者我對某人生氣，我是必須貪嗎？必須對某人生氣嗎？這些相對於我們的心來講，是一個外在的衝力，就是業力。它到底是外來的業力還是心中本有，這個大家可以試著觀察一下。從禪宗的理解上來說，業力不是心所本有的，我們的心本來是乾淨的。我們

換一種講法，我們看這個世界，從外面講，我們覺得這個世界有種種的問題，我們看不清楚，我們對心的理解有不清楚的地方。我們認為這種不清楚是本質的東西嗎？我們難道不應該是能夠正確地看待這個世界嗎？例如大家都在同一個教室裏，但是每個人是不一樣的。可以想像一下，如果我是正確地看待了這個世界，難道我們看到的不應該是一樣的嗎？我們之所以看到的是不一樣的，是因為我們每個人的迷惑不同。如果我們戴有不同的有色眼鏡，我們看到的景象就不一樣。假設，這個世界上我們沒有戴有色眼鏡，那我們看到的不應該是一樣的嗎？沒有有色眼鏡，我們就能看到真實。所以我們最大的問題就是我們戴了有色眼鏡。所以佛教裏說：「佛佛道同」，佛跟佛是一樣的，人跟人都不同，原因就在這裡。這句話先解釋到這裡，這句話很重要。

接下來，慧能大師就說我要講講我的故事。

時有一客買柴，使令送至客店。客收去，惠能得錢，卻出門外，見一客誦經，惠能一聞經語，心即開悟，遂問：客誦何經？客曰：《金剛經》。

慧能大師是不識字的，從他出家到他最後成為祖師，都是不識字的。所以他自己沒辦法讀《金剛經》，是聽到別人讀誦，他一下就開悟了。

復問從何所來，持此經典？客云，我從蘄州黃梅縣東禪寺來。其寺是五祖忍大師在彼主化，門人一千有餘。我到彼中禮拜，聽受此經。大師常勸僧俗，但持《金剛經》，即自見性，直了成佛。

慧能大師聽到這個之後，就立刻安頓好了自己的母親，還有人給了贊助，他自己一路走到了黃梅五祖講法的地方求法。我們現在學佛，包括學別的知識，都比古人容易的多。現在一上網什麼資料都能查到，什麼書都能看到，有各種講座和課程，但也正因為獲得這些信息非常容易，所以這些信息對於我們的效果就會打折扣。前面我們講了程門立雪的故事，為什麼二祖能夠有所成就？原因是當他要求法的時候，他的心志和心願是不一樣的，他必須要有非常大的志向，非常強烈的願望，才能做成這件事情。六祖當時從廣東走到湖北，這是非常不容易的。他到了黃梅，五祖就問他，是什麼地方人，你要求什麼。

祖問曰：「汝何方人。欲求何物？」

惠能對曰：「弟子是嶺南新州百姓，遠來禮師，惟求作佛，不求餘物。」

慧能大師這個回答是非常了不起的一句話！當然，如果是讀了這書，再學著去說，那沒什麼太了不起。但是慧能大師當時能這麼回答，非同一般！

現在大家都上大學，有沒有問過自己上大學幹什麼？當慧能大師回答說「惟求做佛，不求餘物」，意思就是我惟求一個真理，其他都不要。這很不容易。如果我們上大學的時候，只有一個想法，我只要真理，別的什麼都不要，那你的大學生活和你們現在過得會很不一樣的。實際上這樣的人很少，所以我們就知道爲什麼大師很少，原因就在這裡。慧能大師的回答就是，我只要真理，別的都不要。

佛是什麼？佛就是真正體驗到真理的人，不僅是語言上的真理，靠語言是無法獲得真理的，語言只是一種工具而已。佛的生命和真理是一體的。慧能大師說，我只要這個，別的都不要。這就是慧能大師能成就的原因。一開始，志向就不同。《大學》說「大學之道，在明明德，在親民，在止於至善。知止而後有定……」這裡的「止」不是指知道界限，不應該逾越，而是指知道止於何處，就是知道目標在哪裏。不到目標，就不能止，到了目標，才可以止。所以你的志向確定之後，你才會有定，而不是不違反界限則有定。這個「止」指的是志向。《大學》的止，按照儒家的理想，就是齊家、治國、平天下，你做到了，這個才是你的止，叫止於至善。在佛教裏，惟求做佛，才是止。你有這個止，才會有定，後面才會有慧。所以無論哪一種學問，高級學問最核心的就是立志，志向不立，萬事不成。慧能大師在這裡回答說「惟求做佛，不求餘物」，這句話擲地有聲，非常有氣魄。佛法是大丈夫法。沒有氣魄的話，很難進入到這個佛法的體系裏去。

<u>祖言：「汝是嶺南人，又是獦獠，若爲堪作佛？」</u>

獦獠就是野蠻人，意思是你這個蠻夷之地來的人怎麼能做佛呢？慧能大師下面的回答，極有氣魄。

<u>惠能曰：「人雖有南北，佛性本無南北；獦獠身與和尚不同，佛性有何差別？」</u>

這裡講每個人都不一樣，每個人的家庭出身和成長環境都不一樣，但是佛性本無差別。人和人的外在，身體素質、長相、智商是有差別的，但是每個人根本的心性是一樣的。佛法裏講的佛性，某種意義上來講跟人性沒有什麼區別，你明白了，人性就是佛性。這裡說佛性本無南北，就是說佛性是不受外界條件影響的。<u>獦獠身與和尚不同</u>，可能慧能大師長得不高，可能皮膚比較黑，雖然這樣，但是他說「我和你的佛性有何差別」？

<u>五祖更欲與語，且見徒衆總在左右，乃令隨衆作務。</u>

五祖聽了這個回答，就知道這個人是很不一樣的。高人就是這樣，看一眼，就知道你的水平在哪裏。但是五祖覺得，如果我一下子就表達出對慧能的好感，可能下面的徒弟會有嫉妒，人的嫉妒心是很厲害的。雖然是出家人，但是境界不夠水平不夠的時候，寺廟裏也是有鬥爭的。

惠能曰：「惠能啓和尙，弟子自心常生智慧，不離自性，即是福田。未審和尙教作何務？」

五祖上面說，你跟著大家一起幹活吧。入寺廟，第一條就是幹活，現在出家也是一樣的，現在出家會有一個考驗期，半年或者一年，考驗期裏幹嘛呢？就是幹活。幹活實際上就是考驗你能不能克制自己的習氣，能不能克己復禮。你要是能夠滿足基本的克己復禮的要求，你才能出家。幹活也是積累福報。

這裡**惠能說**你讓我去做事是培福，其實我心裏時時刻刻都是爲自己造福的。這裏第一句話是**弟子自心，常生智慧**，我們看看我們自己有沒有這樣的感覺？我們心裏是常生智慧，還是常生煩惱？我們爲什麼會有煩惱？人家爲什麼常生智慧？原因就是「不離自性，即是福田」。你如果時時關注的是人人相同的那個本性，那個就是福田。如果我們關注外面的東西，那個就不是福田。自性是根本的福田。

祖云：「這獦獠根性大利，汝更勿言，著槽廠去。」

八月餘日，祖一日忽見惠能曰：「吾思汝之見可用，恐有惡人害汝，遂不與汝言，汝知之否？」

惠能曰：「弟子亦知師意，不敢行至堂前，令人不覺。」

根性大利，就是上上根，上上智。槽廠就是脫穀的地方，古代舂米是用石頭來碾稻穀，脫殼兒。這裡五祖就跟慧能說，我知道你的見地還是很高的，我怕有人因爲嫉妒要害你，所以沒有跟你說。慧能回答說呢，我是知道的，所以我也不敢上大堂見師父，只在後面幹勤雜。

祖一日喚諸門人總來：「吾向汝說，世人生死事大，汝等終日只求福田，不求出離生死苦海，自性若迷，福何可救？汝等各去，自看智慧，取自本心般若之性，各作一偈，來呈吾看。若悟大意，付汝衣法，爲第六代祖。火急速去，不得遲滯；思量即不中用，見性之人，言下須見。若如此者，輪刀上陣，亦得見之。」

簡單的意思就是說，人生在世，最重要的是生死，但是你們不求出離生

死苦海，只求福田。造福和出離生死苦海的差別，道理和前面梁武帝的故事是一樣的。佛法裏講因果的道理，跟儒家講的道理是一樣的，儒家講「積善之家，必有餘慶。積不善之家，必有餘殃。」就是說你做好事，你將來是有福報的，幹壞事將來是會倒楣的。當時五祖門下很多人只關注福報，現在很多學佛的人也是一樣，我現在做好事，將來就可以得到一個福報。這個道理是真的，就跟幹活拿工資的道理是一樣的。這個世界，有所貢獻，就會有所回報，這個道理並不很難理解。但是如果你只求這個，不求出離生死苦海，那你最多有點小的好處，但是生死苦海你就無法出離了。

比如大家現在在學校裏好好學習，以後會有一個好工作，有比較好的生活，但是十二因緣的輪迴，你還是在轉，還是出不去。轉了之後，你還是會死，還是會有無明。這裡的一個核心問題是，普通人現在做好事，都是有所求的，有所求意味著什麼呢？意味著十二因緣裏的愛取有生，這些都在，所以你十二因緣斷不掉。那怎麼樣才能出離生死苦海呢？核心就是要把愛取有斷掉，所以你不能有愛，你要以無所求的心去做善事，這個是很難的。達摩祖師為什麼說梁武帝並無功德呢？也就是梁武帝也只是求福而已。他雖然做了很多善事，但是都是以有所求的心去做的，還是出於一種二元對立，出於一種價值觀，靠善惡、福禍的對立推動去做事，這樣的模式是出不了生死苦海的。但是大家也不要走極端，認為求福報就完全不對了。這些修習，都是有層次的，無所求是最高的境界，但是無所求很難，大家都不會，所以在實踐的時候可能要降一級來操作，所以剛開始，做善事的時候有所求也不錯，但是要記住無所求是終極的目標。

見性，就是要見到根本境界，見到不迷惑，就是超越二元對立，見到那個真，真是沒有二分的。五祖讓弟子們去寫個偈子，來表達自己的境界，這就相當於給學生出個考題，來選接班人。

衆得處分，退而遞相謂曰：「我等衆人，不須澄心用意作偈，將呈和尚，有何所益？神秀上座，現爲教授師，必是他得。我輩謾作偈頌，枉用心力。」餘人聞語，總皆息心，咸言：「我等已後依止秀師，何煩作偈。」

神秀思惟：「諸人不呈偈者，爲我與他爲教授師，我須作偈，將呈和尚，若不呈偈，和尚如何知我心中見解深淺？我呈偈意，求法即善，覓祖即惡，卻同凡心，奪其聖位奚別？若不呈偈，終不得法。大難大難！」

我們這些人就不用寫偈子了，神秀現在是上座，上座也是寺院裏的一個

職位，大概相當於學校裏的教務長。上座平常是經常會代替和尚，就是代替老師講法的，神秀是大弟子了，其他人就覺得沒必要自己做了，就讓神秀去寫就可以了，將來肯定是他來繼承衣缽的。神秀就想，其他人都不寫，可能就是因為我是大師兄，大家可能都等著我來寫，如果我不寫這個偈子，師父怎麼知道我見解的深淺呢？如果我交了這個偈子，如果是為了求法那是善的，但是如果交這個偈子的目的是為了爭這個位子，那就是惡的，名利之心是惡法。那我不呈偈不行，呈偈也不行，實在是大難大難！神秀上座這個狀態很明顯是處於修行位的，修行位的意思就是一個人對自己的行為非常有警醒，但是同時，他也處於一種矛盾之中。我們普通人對日常行為的動機，有沒有反省？我們普通人的動機常常是混合的，我們做一件事情，同時會有多種動機。在大學裏學習的人，要說完全是求真理的，我看也很少，有這樣根器的人實在不多。然而，不管真理，對真理毫無興趣，讀書就是為了將來掙錢混飯，這樣的人也不多。我們既有求真理的動機，同時也求將來找個好工作，有個幸福小家庭，這個也很重要，凡夫都是根據混合動機在行為。

我們在混合的時候，如果對自己有要求，像神秀上座這樣，就會有矛盾；我們經常是對自己沒有要求，混合得心安理得。神秀不一樣，他對自己的要求是比較高的，所以其實他已經體會到了自己有混合的動機，他又覺得這樣混合的動機是不行的。所以他說，<u>求法即善，覓祖即惡，</u>同樣做一件事情，我們可以有不同的動機，我們猜測一下，神秀上座很可能兩種動機都有，如果他沒有體會到覓祖的動機，就不會對自己進行這樣一個自我批判。人的心理是這樣的，我們有了惡的念頭，然後批判這個惡的念頭，我就再不做壞事了，這個境界已經比較高了。但是這個比較高的境界，還不是果地上的境界，也就是還沒有見到真，不是從純善的境界出來的。他還沒到遇事自然而然從純善出發的境界。所以他會覺得很難，大難大難！因為他體會到他自己動機的不純正，所以他要批判自己。

<u>五祖堂前，有步廊三間，擬請供奉盧珍畫《楞伽經變相》及《五祖血脈圖》，流傳供養。神秀作偈成已，數度欲呈，行至堂前，心中恍惚，遍身汗流，擬呈不得；前後經四日，一十三度呈偈不得。</u>

<u>秀乃思惟：「不如向廊下書著，從他和尚看見。忽若道好，即出禮拜，云是秀作；若道不堪，枉向山中數年，受人禮拜，更修何道？」</u>

寺廟裏一般都有各種各樣的圖，各種各樣的雕塑，這些都是一種教學法。

古代大多數人都是文盲，圖畫在很大程度上起到了一種教學作用，圖畫講故事，包括演戲，佛教裏比較有名的戲，例如《目連救母》，都是通過這樣一種方式，起到教育的作用。神秀上座作了這個偈，又懷疑自己的動機，就覺得交也不對，不交也不對，這個時候怎麼辦呢？他就想：不如寫在廊下，如果師父看到說好呢，我就說這個是我作的，如果和尚說不好，那我就回去慚愧反省好了。在山中數年，這個道都白學了。

是夜三更，不使人知，自執燈，書偈於南廊壁間，呈心所見。偈曰：
身是菩提樹，心如明鏡臺，
時時勤拂拭，勿使惹塵埃。

秀書偈了，便卻歸房，人總不知。秀復思惟：五祖明日見偈歡喜，即我與法有緣；若言不堪，自是我迷，宿業障重，不合得法。聖意難測，房中思想，坐臥不安，直至五更。

祖已知神秀入門未得，不見自性。天明，祖喚盧供奉來，向南廊壁間，繪畫圖相，忽見其偈，報言：『供奉卻不用畫，勞爾遠來。經云：『凡所有相，皆是虛妄。』但留此偈，與人誦持。依此偈修，免墮惡道；依此偈修，有大利益。』令門人炷香禮敬，盡誦此偈，即得見性，門人誦偈，皆歎善哉。

這個時候五祖已知神秀入門未得。他為什麼知道神秀入門未得呢？這個時候不管你寫什麼，他從神秀沒交的這個行為推斷出他在猶豫。見性的人是沒有猶豫的，因為他是一眼看破真相，直接照著真相去做。猶豫是什麼原因呢？是依靠理性的判斷、思考，前前後後跟這個妄想做鬥爭，跟錯誤做鬥爭，鬥爭就是還在「修」的這個過程中，你看到了迷惑，你還要去解決迷惑，你是處於這樣一個狀態之中，所以你才會猶豫。

五祖本來找人要在這個牆上畫畫的，看到這個偈子寫在這裡，就說你不用畫了，凡所有相，皆是虛妄，然後說但留此偈，與人誦持。依此偈修，免墮惡道；依此偈修，有大利益。大家都來念誦這個偈子，焚香禮敬，認真學習。

五祖就把神秀叫到自己的房間裏面，單獨跟他說，這個話不能在大眾場合說，不是說的好話。

祖曰：『汝作此偈，未見本性，只到門外，未入門內。如此見解，覓無上菩提，了不可得；無上菩提，須得言下識自本心，凡自本性，不生不滅。於一切時中，念念自見，萬法無滯，一真一切真，萬境自如如。如如之心，即

是真實，若如是見，即是無上菩提之自性也。汝且去，一兩日思惟，更作一偈，將來吾看；汝偈若入得門，付汝衣法。』

這裡五祖跟神秀說，你這個偈子還沒見性，還沒入門，你很努力，但是還在門外。

神秀作禮而出。又經數日，作偈不成，心中恍惚，神思不安，猶如夢中，行坐不樂。

神秀又想了幾天，還是沒有作出來，行坐不樂。

復兩日，有一童子於碓坊過，唱誦其偈；惠能一聞，便知此偈未見本性，雖未蒙教授，早識大意。遂問童子曰：「誦者何偈？」

這幾天呢，大家都按照五祖的要求在念誦這個偈子，有一個小孩兒也在念，慧能就聽到了，他也知道這個偈子沒有見本性。他就問這個童子，誦者何偈？

童子曰：「爾這獦獠不知，大師言：『世人生死事大。』欲得傳付衣法，令門人作偈來看。若悟大意，即付衣法為第六祖。神秀上座，於南廊壁上，書無相偈，大師令人皆誦，依此偈修，免墮惡道；依此偈修，有大利益。」

惠能曰：「上人！我此踏碓，八個餘月，未曾行到堂前，望上人引至偈前禮拜。」

你們看，這裡慧能大師稱呼小孩子都是稱「上人」，大師多麼謙虛！我在這裡舂米八個月了，沒有去過堂前，請你帶我去堂前禮拜。

童子引至偈前禮拜，惠能曰：「惠能不識字，請上人為讀。」

慧能說，我不識字，請人為我讀一下，

時，有江州別駕，姓張名日用，便高聲讀。惠能聞已，遂言：「亦有一偈，望別駕為書。」

別駕言：「汝亦作偈，其事稀有！」

別駕是一個地方官，名叫張日用，就讀了這個偈子。慧能聽完以後，就說自己也有一偈，想請別駕幫忙寫下來。別駕就覺得很奇怪，你都不識字，還會做偈子？

惠能向別駕言：「欲學無上菩提，不得輕於初學。下下人有上上智，上上人有沒意智。若輕人，即有無量無邊罪。」

這裡的「下下人」是指的是身份地位，社會地位很低下的人有可能有上上智，上上人，社會地位很高的人可能沒有智慧。輕視別人的罪過是非常大

的。很簡單的一句話，驕傲使人落後，驕傲就是很大的一個罪過。別駕馬上意識到了，有了反省，所以接下來說：

別駕言：「汝但誦偈，吾爲汝書。汝若得法，先須度吾，勿忘此言。」惠能偈曰：

菩提本無樹，明鏡亦非臺，

本來無一物，何處惹塵埃。

這個偈子大家都很熟，這個偈子也有考證的問題，考證的問題我們就不討論了，我們還是就這個通常流傳的版本來看義理。

前面神秀上座的那個偈，「身是菩提樹，心如明鏡臺，時時勤拂拭，勿使惹塵埃。」

境界其實已經是比較高了。一個人對自己的生命有這樣的思維，常常有這樣的思維，那一定是一個高尚的人。「身是菩提樹，心如明鏡臺」是他對生命的理解。我本身的生命就是有智慧的，像菩提樹一樣，時時廣大，生機勃勃。我心如明鏡臺，我的心應該是光明燦爛的，閃亮的。這是對自身生命的一種期許，或者認爲自身的生命本來應該如此。爲什麼要「時時勤拂拭，勿使惹塵埃」？就是神秀上座前面說的，覓祖即惡，如果我有要得到衣鉢的想法，這就是惡。這裡我們可以看到，佛法修行人對自己的要求是非常嚴格的。善惡都是在比較之中，對於世間人來說，我努力工作，好好表現，得到一個職位一個職稱，這個算惡嗎？從世間的角度來看，這是完全正常的，完全合理的。我們都會認爲這是上進心，值得表揚。世間對此基本上還是誇獎和稱讚的態度，覺得他很有上進心有事業心，應該鼓勵。從世間的道德標準來看，即便我是覓祖，只要手段合法，不走歪門邪道，不僅不會批判，還是會讚揚，拔得頭籌！

佛法裏的要求就更高了，神秀上座自己是把這個想法定義爲惡的。我努力學習居然是爲了考個好分數，得一個學位，努力工作是爲了得到提拔，這是惡。這個標準，我們一般不容易理解。以前我讀《地藏菩薩本願經》，裏面有一句話，說我們凡夫，「南閻浮提眾生，舉止動念，無不是業，無不是罪。」我當時就覺得很誇張。如果這樣的話，舉止動念，都是罪業，那我在這裡上一堂課，那得造多少罪多少惡啊。後來我明白，實際上這是一個標準問題，如果你按最高的標準來衡量的話，那的確是「無不是罪，無不是惡」，因爲我們的動機是不純粹的，而所有的不純粹都算是惡，所以說要「勿使惹塵埃」。

這個偈子，是正好表達了神秀的境界，他是以一個非常高的標準來衡量自己的心，認為人的心就應該是純粹的，凡有不純粹的地方都是不對的，所以要時時勤拂拭，勿使惹塵埃，隨時隨地觀察自己的起心動念。這叫觀照。「觀照」這個概念現在用到很多地方去了，文學和美學裏經常用到這個詞，通過觀察自己，照見自己內心種種的塵埃，然後勤拂拭。這是神秀的境界。神秀上座的境界其實已經很高了，我們不要因為看了《六祖壇經》就隨便貶低他的境界，這個境界高低都是比較出來的。神秀的境界跟慧能比起來不高，但是跟我們比起來，那高出很多很多了。我們能做到「時時勤拂拭」的人，是非常少的，罕見稀有，現在這個時代能做到神秀上座這個境界的，已經很了不起。

對於六祖慧能來說，神秀沒有見性，就是在理上沒有通達，所以慧能大師說「菩提本無樹，明鏡亦非臺」，這裡的核心是空。「本來無一物，何處惹塵埃」，這是本性。前面神秀上座那個境界有個什麼問題呢？問題在於，神秀的境界還是一個「有」的境界，我們在十二因緣裏講過，愛緣取，取緣有，有緣生，神秀是有所愛的，雖然這愛已經超越了世間的名利這樣粗重的煩惱。但是他還愛一個叫做境界的東西，崇高的境界，這是神秀的所愛。因為這裡有一物，有物就會有塵埃，即使時時勤拂拭，也不能解決問題。要去勤拂拭，說明有塵埃。真的境界，沒有塵埃。這個世界上的塵埃，不是本來就有的，它是因為迷惑而生的。它不是一個必然就有的東西，有無明才有迷惑，如果斬斷了無明，就沒有迷惑，就沒有塵埃。所以神秀這個境界的根本問題，在於無明沒有去除掉，這在十二因緣裏是一個善的輪轉，就是不墮惡道，是昇天的一個輪轉。只要有物，就有惹塵埃的風險。

慧能的境界是什麼呢？「本來無一物，何處惹塵埃」，物本來就是沒有的，所以他破掉了這個「有」，破掉了對境界的執著，通通破完了之後，本來沒有物了，沒有物，就不會惹塵埃了。有一物，對這一物就會有所分別，有好壞，有愛恨。所以，這個塵埃是什麼？塵埃就是欲。只要有物，就有欲，不管是愛它，還是討厭它，都是欲。前面我們講過，愛和厭是一體的。愛它也是欲，恨它也是欲，只要有物，就對物有所態度，只要有主客觀的分離，有一個「我」，有一個「我所」，那就必然的會發生某種關係，必然是愛的關係或者是恨的關係，因為愛恨是一體，所以我們統一都叫愛的關係，「我」和「我所」必然是這種關係，這裡的愛是一種廣義抽象的愛。你沒有辦法擺脫。你如果要徹底無欲，就必須要見到空相，必須要把這個物（對物的執著）破掉，受、愛、

取、有這個鏈條要斷掉，然後才不緣生，才能夠沒有塵埃。如果無明不斷，欲是斷不掉的，只是欲可能慢慢變得輕薄，不是世間那種比較濃的欲，這個欲更高尚一些。我要成為一個高尚的人的欲望，比要成為一個有錢人這樣的欲還是要好一些、輕一些。但是這沒有徹底解決問題。

我的老師吳弘緲寫過關於這個偈子的一篇論文《「身是菩提樹」的符號學分析》。他從神秀和慧能的兩個偈子的比較，看出在神秀這個偈子裏，他的欲的結構還存在。按世間的標準來看，他已經是非常無欲無求了，但是他的欲望的結構還沒有完全消失。而在慧能的偈子裏，破除了欲望的結構，欲望的結構就是「我」跟「我所」的關係，只要有「我」和「我所」，欲望結構就存在。「本來無一物」，說的是沒有「我所」，沒有「我所」，反過來說也就沒有「我」了，「我」和「我所」是相輔相成的，其中之一沒有了，另一個就沒有了。因為沒有「我所」，就沒有我這個塵埃了。佛法裏最高的境界就是「無我」。前面我們講唯識裏的《百法明門論》，還有《楞伽經》，都是在講「無我」。所謂「無物」，其實反過來說就是「無我」。無物，所以無我；無我，才能無物。佛法裏最根本的東西是沒有我，觀一切法無我，我是假的，但是要真的能體會我是假的，非常不容易。理論上講講相對容易，但是要達到無我的境界，不容易。這就是為什麼慧能的境界比神秀高的原因，而且這個高，不是數量上的高，不是 80 分比 70 分高，是 100 分和 80 分的比較，是超越量變的質變，這是本質上的區別，是一個境界的跨越。

佛門裏面常說的開悟，就是悟這個，明心見性，見的就是這個。人生的路上有各種各樣的悟，不是學佛才有悟，各個方面都有悟，有很多人能夠看到自己以前迷惑的地方，大家可能都有過這樣的經驗，而且以後還會有更多的經驗。我們每個人都是在不斷進步，我們人生中總是會不斷有悟的地方，這種悟叫小悟，有一些小的光亮，但這些光亮還不能徹底照亮，都還有陰影。但是如果你到了「本來無一物」這個悟，這叫徹底之悟，徹底之悟是沒有影子的，這個光亮是全面的。

講到這裡，大家當然都覺得慧能大師的境界很高，但是這個境界是一個果地上的境界，就是修行成就了以後的境界。慧能大師的這個偈子，如果想用在你的生活中，是根本就沒法用的，根本無從下手。因為他告訴你本來無一物，可是你處處見到都是物，吃的、喝的、玩的，你說這個東西是空的，僅僅只是說說而已，甚至是自欺欺人，實際上基本無法下手。如果凡夫想把

自己的生活變得更好，眞正能用得上的，其實是神秀上座的偈子，「時時勤拂拭，莫使惹塵埃」，每日三省吾身，看看自己有什麼毛病，然後克服它，我們可以用這個方法，只是我們還沒有用到神秀上座那麼高的標準。

我們從小學或者中學開始，都有政治課，課上老師就會講到唯心和唯物的問題。當然，通常都會說到唯心不好，唯物是對的。上了大學，也許老師會告訴你們相反的知識，說在西方的哲學傳統裏，唯心主義是主流，唯物主義相對來說比較支流。唯心唯物這個問題爭論的很多。其實對於我們普通人來說，這個世界從來都是「唯物」的，不管你學的是什麼哲學，是否學的唯心主義哲學，這個世界對於你來講都是「唯物」的。人在批判唯心主義的時候，通常會說，如果你說你是唯心的，沒有物的，那我把你的飯搶走了，不讓你吃飯，那你覺得你是唯心的，還是唯物的呢？我們一般人的認識，在這個世界上，通常都是唯物的。唯物主義強調的是，你面對這個世界的時候，這個「物」對於你來講，它是客觀存在的。它是不以你的意志爲轉移的。那麼，它會通過它本身的性質對你構成影響。

我們這裡談談康德作爲一個中介來理解這個問題。康德哲學相對比較偏向唯心。在康德看來，我們之外的世界到底是怎樣的，我們是不可能清楚的。舉個例子，我手中拿著一個杯子。我說這裡有個杯子，其實這只是一個推論，不一定是事實。什麼意思呢？我的眼睛看到這樣一個黑色的圓柱形的東西，敲它一下有聲音，我拿著它有重量，打開來可以喝水，但是所有這些我是通過什麼知道的？其實我只是有我的感覺而已，我的眼耳鼻舌身，視覺、觸覺、嗅覺、味覺、聽覺，我所有的只是這些感覺，我的知覺和意識通過這些感覺，推論出這是一個杯子，但是這裡是不是眞的有個杯子，我是不知道的。假如，現實模擬技術能夠用電子手段模擬出全部的這些感覺，也會認爲這裡有個杯子，但是實際上可能只是模擬技術的效果而已。我們每個人都被封閉在自己的感覺之內，我們能夠認識的只能是自己的感覺，而並不是外部的事物。康德並不否認外部世界的存在，只是說我們無法直接認識這個外部的世界，他稱之爲「物自體」。

我們不知道物自體，我們所知道的只有自己的感覺而已！也就是說，我們其實是封閉在自己的感覺之內的。我們以爲外面有一個物，而實際上這只是我們的一種推測！它並不是眞實的。我們學習康德哲學，你會覺得這種唯心主義思想很有道理，我們把推測當做眞實的東西，這其實在某種程度上是

我們所形成的幻覺。而佛教講的唯心主義，其實往前更推進了一步，說人本來就沒有一個真正的「我」，「我」是假的。「我」的接受也是一種假的，十二因緣等都是不真實的。

但是問題在什麼地方呢？注意：**當你把這個假象認作真實的時候，它就會對你起到你所認為的真實的作用。**換句話說，在我的理解裏，所謂的物，它其實就是一個作用，就是對你所施加的一個作用。如果這個物對你產生了真實的、實在的作用，那麼它就是一個「真實」的物，你就會把它當作一個真實的物。我們可能通過推理，或者說通過哲學，認識到這個物也許是有問題的。也就是說，在抽象的哲學意義上，認識到這個物是假象。但是，在當這個物依然會對你產生實際的影響時，推理的作用是很小的。比如說，我們看這首偈，「菩提本無樹，明鏡亦非臺，本來無一物，何處惹塵埃。」中國古代從這首偈子傳下來很多作品和解讀。我也覺得這首偈子非常好，境界很高。這個世界的轉法，我們之前說到的十二因緣，無明緣行，行緣識，識緣名色，名色緣六入，直到生死，這個十二因緣本來是假的，它不是真實的。其實很多時候，都是因為我有這樣的無明，有這樣的識，我才會受到外物的影響。這是我從哲學上對這個問題的認識。但是事實上是，當我面臨這個外物的時候，我會有我的反應。換句話說，這個物對我來講，它會形成一種實際的效果。比如說，現在有個人給我一堆金子，我會覺得很好。你看，那麼這裏金子對我就是一種實際的效果，它就是一個「實在」物，它就不是一個「假的」。如果一個人學了康德哲學，他覺得康德哲學說的很好，很有道理，可是當他看到這些金子的時候，他還是認為金子是某種真實的存在，他不會因為說這只是一種推測和一種感覺，也不會把金子扔在垃圾桶裏，他還是會把這金子揣進自己的口袋裏。那麼這個時候，這個「物」其實它是作為一種實際的效果，對你發生作用的。我們再回過頭來看這個偈子，「菩提本無樹，明鏡亦非臺。本來無一物，何處惹塵埃。」這個地方我們怎麼認識這個「本來無一物」這個「唯心」的問題？佛法基本上是一種唯心主義的思想，所謂的「唯心」，**不是一個思想問題，它實際上是一個境界問題。**也就是說，這個世界是不是唯心的，不是說我認為它是唯心的，或者說我學了某種哲學理論，或者說我讀到了這首偈，我覺得很不錯，它說的很對，人唯心是很好的。這個不算！假使這個世界是唯心的，唯心就是唯我自己的心，如果這個世界是唯我的心，那這個世界就沒有痛苦了。這個世界為什麼有痛苦？這個世界有痛苦，是因

為外界對我的影響啊！比如說外面有霧霾，人就會覺得不舒服，或者說在外面淋了雨，我覺得不舒服；有人罵我，我覺得不舒服；有人打我，我覺得不舒服；或者我挨了餓，覺得不舒服，這都是外物對「我」的影響。就是我們的痛苦，以前我們講到八苦，這八苦都需要跟外界發生關係。外緣作用到我身上，然後兩者相結合，形成了我的痛苦。假使說，是唯心的，這個世界的外緣由我來決定，那我怎麼會痛苦呢？我肯定會給自己製造一個快樂的世界。我的世界一定是快樂的。但是，有不少所謂唯心主義者為什麼是痛苦的呢？我們看到很多唯心主義者，他們也很痛苦，甚至還有自殺的。那這種情況下，他怎麼能叫做是唯心的呢？或者說，這個世界很明顯不由他自己做主！那麼唯心，而又不能自己做主，這是矛盾的。假使是唯心的，那麼這個世界應該由我做主。也就是說，唯心主義者雖然說的是唯心主義哲學，其實也就是他在語言的層次上，在邏輯的層次上是唯心主義哲學，但實際上，他並不是「唯心」的，而是「唯物」的。我們講「唯」這個詞可能有點極端化。大多數所謂唯心主義者在實際生活中，其實是受「物」的影響的，不完全是「心」做主的。

「菩提本無樹，明鏡亦非臺。本來無一物，何處惹塵埃。」無物，就沒有塵埃了。有物，就一定有塵埃。所謂有物有塵埃，就是有愛取，就會受影響，就會有痛苦，就會有煩惱。那這個地方的「物」這個問題，怎麼來解決？在後來禪宗發展的過程中，很多講到「本來無一物，何處惹塵埃」，有各種各樣的發明，《五燈會元》裏就有很多偈子。但是這個問題的關鍵在於，「本來無一物，何處惹塵埃」不是一個可以從語言上解決的問題，也不是靠推理可以解決的。這個推理可能會對你有一定的作用，比如說，我學習了這個推理，我還學習了唯識學，唯識學的觀點認為，這個世界的萬法是唯識的。比如我講同一堂課，但是同學聽到的是不一樣的東西。表面上有個固定的物，但是這個物不是真實的。如果有一個真實的物的話，那我講的課，同學接收到的應該是一樣的東西。但是，事實是大家接收到的肯定是不一樣的。那實際上就說明了，每個人的心識是不一樣的，這個決定了大家的接受是不一樣的。從這個意義上說，「物」就不完全是真實的了。所以說，「物」產生的效果是千差萬別的。這個我們是可以從日常生活中觀察到的。面臨同樣一個狀態，面臨同樣一個事物，我們每個人可能的反應是不一樣的。我們大多數人可能對小的痛苦都不願意承受，但是江姐承受那麼大的痛苦，還能挺過去。這個

例子就說明面臨同樣一個物，我們心識的反應是不一樣的，物對我們產生的效果是不一樣的。

但是真正的問題在什麼地方呢？就是我們雖然初步認識到了這一點，但是我們的感受轉化不過去。比如說，我今天就覺得江姐那樣很好，或者說虛雲法師，我覺得虛雲法師很了不起，他是一身正氣，很淡定，100多歲的高齡，被人打到骨折，身體還能恢復，也沒有任何抱怨，這樣很好，很了不起。那我想說，我希望能和虛雲法師一樣，我說的這個「一樣」，意思是說，當我遇到的外物和虛雲法師遇到的外物一樣的時候，我產生的反應和虛雲法師一樣。那樣很好！可是，我做不做得到呢？這個倒不是說你永遠做不到，從佛法上來說，沒有什麼事情是絕對做不到的。但是回到我的現實來看，目前我的修行和境界還不夠，我的確還做不到，我被人打到骨折，會心生怨恨，而虛雲法師不會。所以，其實我們每個人其實是封閉在我們自己的習慣和心識所構成的一個空間中的，這就是所謂的「業力」。這個業力的效果和物的效果結合起來，就能看到。有不同的業力，就有不同的反應。我的業力和虛雲法師的業力不一樣，所以我們面對「物」產生的反應不一樣。這裡面的境界有高有低，高境界肯定比低境界要好。但即使是高境界，他也依然是封閉在自己的這樣一個圈子裏，只不過高境界的自由度比低境界的更大。他可能在遭遇不幸的時候，不會像我這麼沮喪，他的自由度比我的大。如果進一步到了絕對的自由，那麼物就對他不產生任何效果了。如果要物對你不產生效果，那是必須在你的業力清除之後，物才不會對你產生任何效果。反過來說，只要你有業力在，物就一定會對你產生效果。慧能大師所說的「本來無一物，何處惹塵埃」，它既是對這個世界真實存在的一種表述，它同時也是對一個人境界的表述。也就是說，你只有到了這個境界之後，你才有可能認識到這個世界的本相。在你沒有到達這個境界之前，你是不會看到這個世界的本相的，也就是說這個世界的本相是不會對你產生什麼作用的。

我們現在通過讀書，可能體會到了這個境界的一些味道，能夠從中有所借鑒，對我們有一些啟發作用。不過這種啟發的作用還是比較微弱。所以說，並不是我們讀了這一首偈子，就真的可以看到「本來無一物，何處惹塵埃」了。實際上，到底有沒有物，你自己心裏應該是一清二楚的。那在這種情況下，我們心裏有物，那我們應該怎麼辦？你心裏有物，你就只能向神秀法師學習，「時時勤拂拭，莫使惹塵埃。」所有的塵埃，都是這個物對你構成的影

響，就是你對這個物產生的愛取和執著。沒有物了，就沒有愛取執著了。這個話是可以正反兩面說的，沒有愛取執著，就沒有物。這是一樣的。所以說，當你還沒有達到沒有物這個境界的時候，就必定有塵埃。所以，你的工夫只能是「時時勤拂拭，莫使惹塵埃」。所以對於禪宗的理解，是要分層次的。如果你簡單地拋棄神秀法師的「時時勤拂拭」，那你的修行實際上是無從下手的，因為你還沒有到達那個境界，你的業力和煩惱還很重，那物對你的作用就很明顯。什麼叫煩惱重？就是物對你的效果很明顯。你周圍的人事、環境發生變化，對你有很大的影響，這就叫做煩惱重。什麼叫煩惱輕，就是你周圍的人事、環境發生變化，對你來說影響很小，就叫煩惱輕。煩惱重還是輕，自己很清楚。並不是說我現在想哭，就是煩惱重，我現在高興，就是煩惱輕。這不是衡量的標準。高興本身也可以是一種煩惱。你這種高興，假使是因為別人給了你某些好處，說了你幾句好話，有人說喜歡你，你就很高興，那麼你這個時候的高興本身就是一種煩惱。因為你的心情狀態還是由外物來決定的。這些外物的變化對你構成了影響。所謂七情六欲都是煩惱，不是說只有痛苦和悲傷叫做煩惱，那種受外物牽引的快樂，也是一種煩惱。

這兩首偈子應該這樣來理解，「本來無一物，何處惹塵埃」是更高的境界，它表達出了一種「唯心」的狀態。唯心和唯物的區別的關鍵，不在於它們在思想上的區別，很難說「唯心」是正確的，還是「唯物」是正確的，如果站在目前自己的狀況上來講，要認識到「我」現在「唯物」到什麼程度，「唯心」到什麼程度。而不是簡單去說，「唯心」是對的，還是「唯物」是對的。當然，如果說到馬克思唯物主義，它主要是用來觀察社會的，從這個角度來說，馬克思的唯物主義當然有它的道理，因為組成社會的一般人，他們的「唯物」是很重的，凡人的煩惱是很重的。凡人，普通人，在很大程度上是受物的控制和影響的。如果用馬克思的唯物主義，我們可以找出物影響人的規律，就是社會發展規律。這個問題暫時說到這裡。

第六講　應無所住而生其心

　　上一次課講到「菩提本無樹，明鏡亦非臺，本來無一物，何處惹塵埃。」這個是禪宗的根本，也是佛教的一個根本。慧能當時寫完這個偈子後，大家都非常驚訝。雖然大家理解程度不同，但是都能體會到這首偈子表現出來的境界是非常高妙的，普通人是不容易想到的。

　　書此偈已，徒眾總驚，無不嗟訝，各相謂言：「奇哉！不得以貌取人，何得多時，使他肉身菩薩。」

　　祖見眾人驚怪，恐人損害，遂將鞋擦了偈，曰：「亦未見性。」眾以為然。

　　大家驚奇地說，他在廟裏呆的時間不長，怎麼就成了肉身菩薩，就是活菩薩。當時五祖怕別人出於嫉妒之心加害於慧能，就拿鞋子把慧能的這個偈子擦掉了，說這個偈子也沒見性。普通人一方面是判斷力有限，另一方面也缺乏真正的信心，前面讚歎慧能是活菩薩，後面聽到五祖說不行，也就認為不行。

　　次日，祖潛至碓坊，見能腰石舂米，語曰：「求道之人，為法忘軀，當如是乎！」

　　乃問曰：「米熟也未？」

　　惠能曰：「米熟久矣，猶欠篩在。」

　　第二天，五祖就偷偷到碓坊來找慧能，看到他腰間墜著一塊大石頭。慧能的身材比較小，舂米是要靠自己身體的重量去壓槓杆，他壓不動，所以就在腰間墜一塊石頭。現在五祖寺裏還有一塊石頭，據稱就是當年慧能用來舂米的墜腰石。這樣舂米是很累的，所以叫為法忘軀。「米熟也未」是個雙關語，一個是在說米，一個是在說你的境界成熟了沒有。慧能回答說，我的境界早

就成熟了，「米熟久矣」，這個「本來無一物，何處惹塵埃」的見地是非常高的見地。「尤欠篩在」，就是說可能有些習氣的修行還不夠，裏面可能還有些混雜，還不精純。

祖以杖擊碓三下而去。惠能即會祖意。三鼓入室。

這個情節跟西遊記裏的情節很像，應該是西遊記裏借用了《壇經》裏的故事，西遊記成書比《壇經》晚。

祖以袈裟遮圍，不令人見，爲說《金剛經》。至「應無所住而生其心」，惠能言下大悟，一切萬法不離自性。

五祖講到這裡，慧能就開悟了。我們來重點講一下什麼叫「應無所住，而生其心。」這個我不直接從經義上講。我個人的體會是，任何高深的學問，包括儒釋道，包括西方的一些高深的學問，要理解它，不是從文意上去理解的，文意都只是一個指導性的東西，本質上我們都要從個人的反省上去理解。這些高深的道理都是直指人心的，所以我們首先要觀照自己的心靈。我們來看看自己的心是怎麼運轉的，我們每個人都有心理活動，都有意識、情感、理智。我們的心運轉的一個最大的特色是有所住。我們就是有執著，比如昨天誰罵了我一句，今天睡覺我還在想呢，今天沒想完，明天還惦記，或者誰說喜歡我了，高興得睡不著，我們的心有所住！我們的心住在哪裏？我們的心是住於外境的。前面講到過「我」和「我所」，這兩方面是互相的，當你覺得「我」很強烈的時候，「我所」也很強烈。我們對「我」是缺乏觀察能力的，我們不容易觀察到「我」，所以很多時候，我們是通過「我所」來觀察「我」的狀況。我們是如何對待「我所」的？比如我今天把錢都丟光了，那我馬上就睡不著了；或者說你愛的人跟你說要分手，你又睡不著了，這都是因爲我們對「我所」的執著，這就是我們都是有所住，有所住而生心。你可能覺得他很好，所以你關心他，這個人對你不好，你可能會討厭他，這都是因爲你有所住，你對「我所」有所貪著，你對生活的環境有所貪著。不管你是滿意還是不滿意，都是有所貪著的表現，如果你很滿意，覺得過得很舒服，一旦離開這個環境就會覺得不舒服，甚至會難受，這就證明了你有所住。或者說你現在對這個環境不滿意，嚮往一個好的環境，你希望將來富貴發達，受人尊重，那你也因此而生心，說我現在要去努力，這些都是有所住而生心，凡夫都是有所住而生心的，不管是善還是惡。這已經是在二元對立的基礎上來講的了，我們一般說善也是有所住而生心的，惡更是如此，貪瞋都是因爲有

執著。因為我們有所住，所以我們總是在一個「有」的境界裏，前面講愛緣取，取緣有，就是這個意思。取就是住，你去抓這個東西，你抓它的時候，你就被它抓住了，所以我們都是在一個「有」的環境裏，對於我們來說，一切都是「有」的。不管這個對你好還是對你壞，你喜歡還是討厭，這都是有的，我們會把所有的「我所」都當成是真實的東西，然後我們的心就跟著這個「我所」轉，這一點我們可以好好觀察一下自己，看看自己是不是隨時隨地跟著我所轉。很多時候我們講人生不快樂，人生不自由，這個不自由，就是因為你跟著我所轉，但是這個「我所」不是你說了算的，不要說外在的財富、名利，身體也一樣，該病就會病，該死就得死，這個「我所」不是由你說了算的，因緣和合，一切無常。隨著「我所」的變化，你的心就跟著它變化，所以你會感受到人生的不自由。但是我們普通凡夫，會認為我的不自由是我所造成的，我只要有一個好的「我所」，好的環境，我的問題就解決了。其實不是。從本質來說，只要你是被「我所」控制的，你就沒有辦法自由，因為「我所」總是無常的。當然我們會有一時苦樂感受的不一樣，取得一個好的成績，或者大家對我很尊敬，或者我愛的人正好愛我，這個時候可能會有一時的快樂，這是有的，但是這並不是自由的狀態。只要你被「我所」所控制，你就不可能是自由的，不管你是快樂還是痛苦。如果是有智慧的人，有智慧就是證悟了空性的人，他能夠看到「我所」是無常的，「我」也是無常的，「我所」是不值得追求的，所以能夠斷掉對「我所」的執著。斷掉對我所的執著，就叫做應無所住。在慧能大師前面那個偈子裏，「本來無一物，何處惹塵埃」，如果是真的印證了這個境界，而不僅僅是語言上的說法，這個就叫無所住。如果有物，就是有住，無物你就無住。無住，從小乘來說，其實也是在追求無住的境界，但是小乘比較強調前面這一半，就是「應無所住」這一半，大乘是比較強調後面「而生其心」這一半，這個可能是小乘和大乘不太一樣的地方，就是大乘不是到「應無所住」就打住了，還要「而生其心」，無所住並不等於完全的無，涅槃的寂滅不是像死了一樣，不是變成石頭一樣沒有想法。「應無所住而生其心」，就是我不住，我不住於物，但是我還能生心，就是我能夠順應這個世界的要求而反應，來幫助眾生，這個在佛法裏叫智悲雙運，前面「應無所住」主要強調智慧這一邊，後面而生其心講的主要是慈悲這一邊。所以《金剛經》開始提出來的，「菩薩應云何住」？就是我要度人，但是實無眾生得度，這是反過來講的，度人主要是悲這邊，我幫助人

得度，實無眾生得度，就是我雖然幫助眾生，但實際上呢，是沒有的，沒有幫助眾生的我，沒有我幫助的眾生，也沒有幫助這回事兒，因為一切都是夢幻泡影。大乘比較強調慈悲心，小乘比較強調智這一邊，大乘是兩邊都要講。不過說實話，說一說比較容易，但是要做到是非常難的。為什麼我們會講小乘比較多呢？主要是因為凡人比較容易體會「而生其心」，因為我們的心總是在動，我們總是有不斷的生，各種各樣的念頭，這裡面善念也不少，我們對這個世界還是充滿愛的，就像孟子說的，我們對這個世界的惻隱之心和同情之心並不少，但是我們這樣的心不是純粹的，都是帶有煩惱的，因為我們會當真，會執著，有一個固定的認識，一個固定的看法。一旦不是這樣，我們就會煩惱。

對於慧能來說，金剛經的核心就是「應無所住而生其心」。所以慧能在這個地方言下大悟，「一切萬法不離自性」。為什麼這裡言下大悟呢？我們前面講到慧能大師的「本來無一物，何處惹塵埃」，其實他已經悟了，而且是一個非常高的境界，可是他為什麼還是說「尤欠篩在」，到這個地方還會再悟一層呢？原因就是「本來無一物，何處惹塵埃」這個偈子是相對偏空、偏小乘的，偏於「應無所住」這邊的。所以當他聽到《金剛經》裏講「應無所住而生其心」的時候，他生心這一邊就出來了。所以，這個地方的言下大悟，就是從偏於小乘的境界轉向了大乘的境界，他知道雖然「本來無一物」，但是還要「而生其心」，因為雖然夢幻泡影，但是還是有很多人在夢幻泡影裏受苦。舉個例子，比如我們每個人都做夢，早上起來這個夢就沒有了，這個夢是假的，但是你在夢中體驗到的恐懼和欣喜，卻是你當時真實的感受，所以我們的世間雖然是一場夢，但是因為在這個世間，大家還有很多痛苦，所以菩薩還要而生其心來幫助大家。小乘佛法是比較強調「應無所住」這個部分的，就是你把這個「住」，這個「執著」斷掉；大乘佛法不一樣，要求你不要住，但是後面還有「而生其心」，這個就很難。小乘佛法的修行，在開始的階段，主要是用「拒絕」的方法來修行。我克服不了，我可以躲。所以，為什麼要出家？出家就是為了躲啊。現在有些居士說法，會說不需要出家，無需逃避，直接在紅塵中修出世法。其實，從修行的次第來說，就是要先躲起來。打不贏這個煩惱，就暫時躲起來，等我工夫修煉成了，我再回來跟你打。「出家」是不能算作消極和躲避的，只要你躲避的動機是正確的，只要你不忘初心，這還是一種積極的修行方式，因為你躲避的目的是為了修煉自己。有些人可能認

爲我們的工夫應該更高一些，某些禪宗學人認爲應該直接打，不用躲起來，在家修行就可以。這兩種方法其實是各有利弊的，每個人因緣不一樣，每個人基礎不一樣。我個人的感覺是，直接打而且能打得贏的人，是少之又少的。百分之九十九是要敗下陣來的。說自己不用逃跑，就能打得贏，不是眞的打得贏煩惱，而是捨不得放下煩惱。

禪宗裏有一個「遊戲人生」的說法。我們經常說的「遊戲人生」多半指一些很糟糕的狀態，比如放蕩不羈，往往是一種墮落的狀態。「遊戲」可以是一種墮落的狀態，也可以是一種好的狀態。這個問題的關鍵是看你是眞的遊戲，還是假的遊戲。我們一般人的遊戲人生，多半都是追求玩樂。你在遊戲的時候，你也是被遊戲的。因爲你在遊戲當中，不是由自己做主的，吃喝玩樂把你抓住了，你是停不下來的。所以這是遊戲借著你來使遊戲本身得以運轉下去。所以你跟遊戲、跟吃喝玩樂之間，不是一種自由的關係，不是一種眞正的遊戲。大乘佛法中對菩薩境界的一個描述，說他遊戲人生，是他進入這裡面之後，他隨時隨地知道這些外物都不是眞的。也就是說，他和這些物發生關係，或者說他運用這些物來幫助眾生的時候，這些物是不會把他抓住的。所以，他很清楚，他做的每一件事，每一個刹那，都是假的，都是遊戲的，都不是眞實的。這和我們普通人所說的「遊戲人生」完全不是一回事。不管是酗酒，還是花天酒地，你都會把這些東西當眞，所以你是一種煩惱的狀態。而眞正的遊戲人生，是沒有煩惱的。菩薩境界，就是遊戲人生的境界，就是眞的把這個世界當做一個舞臺。我們說人生就是一個舞臺，但我們靜下來想想，我們是演員嗎？我們不是演員。因爲我們是當眞的來對待的，而演員知道是假的。比如我演一個人的兒子或者父親，我不會眞的把他當做我的兒子或者父親，進了戲是，出了戲就完了，這是眞的演戲。可是我們凡夫是把它當眞。有時候我們會說某個人很壞，很會演戲，當面一套，背後一套，這種人是眞的「遊戲人生」嗎？當然也不是。因爲他演戲的目的是爲了另外一個他當眞的東西，比如他演戲的目的也許是爲了掙錢，掙更多的錢，或者說是當官，或者說是爲了某種感情，在這裡，他是把他要追求的另外一個東西當眞了。

接下來說「一切萬法不離自性」。所以不是要拋棄世間的萬法，如果因爲「本來無一物」要拋棄萬法，這是不對的。第一，因爲萬法你想拋棄也拋棄不了，即使你躲到深山老林裏去，萬法也還是有的。當然隱居也是一個不錯

的階段性修行方式。「一切萬法不離自性」，所以我的修行不是要取消萬法的存在，而是我不再執著萬法，不在「有」這邊，也不在「空」這邊，而在空有之間，大乘佛法是強調中道的，我既不是有的，又不是空的。空這邊在佛法裏講眞諦、眞相，俗諦是我們在世間看到的這一切，就是幻化外有的這些東西。但雖然是幻化的外有，你迷惑了，整個世界就是迷的，你不迷惑，這個世界就不迷，萬法是不離自性的。

<u>遂啓祖言：「何期自性本自清淨，何期自性本不生滅，何期自性本自具足，何期自性本無動搖，何期自性，能生萬法。」</u>

所以慧能大師接下來說自性，人的心本來是清淨的，本來沒有執著。第二個說到「何期自性本不生滅」，我們的世界是有生滅相的，但是自性是不生不滅的，我們以爲有一個生滅在那裡，其實是不生不滅的。第三個是「何期自性本自具足」，說的是眞正的自性不是從外面獲得的。接下來是「何期自性，本無動搖」，我們的心之所以動搖，都是因爲執著在「物」，執著在「我所有的」，自性本無所執，所以本不應動搖。這前面四個講的主要是空的一邊，我們的自性本來是空的，而不是向外去尋一個。最後「何期自性，能生萬法」，講的是而生其心。萬法是比較容易體會的，對於俗諦來說，我們凡夫在俗這邊，我們心裏是有萬法的，我們心裏是不清淨的萬法，我們一有萬法，我們就沾染了。小乘這邊首先去掉沾染，大乘中道是還有萬法，同時我去除沾染。這一段非常重要，是六祖講他自己的境界。大家要通過反省的方法來思考這些問題。

<u>祖知悟本性，謂惠能曰：「不識本心，學法無益；若識自本心，見自本性，即名丈夫、天人師、佛。」</u>

<u>三更受法，人盡不知，便傳頓教及衣鉢。云：「汝爲第六代祖，善自護念，廣度有情，流佈將來，無令斷絕。聽吾偈。」曰：</u>

<u>有情來下種，因地果還生，</u>

<u>無情既無種，無性亦無生。</u>

慧能說完這個話，五祖就知道他的境界了，知道他知悟本性了。接下來，五祖說不識本心，學法無益。所以，學法首先要識到本心，對本心有所覺悟，學法才有意義。慧能大師是見到了本心。五祖在三更給慧能授法，其他人也不知道，於是就傳了教法，也把衣鉢傳給了慧能。然後說了一個偈子。對於五祖的這個偈子，歷來都是眾說紛紜，非常複雜。我們在這裡就不深究了。

祖相送至九江驛。祖令上船，五祖把櫓自搖。惠能言：「請和尚坐，弟子合搖櫓。」祖云：「合是吾渡汝。」惠能云：「迷時師度，悟了自度，度名雖一，用處不同。惠能生在邊方，語音不正，蒙師傳法！今已得悟，只合自性自度。」

然後五祖就送慧能到九江驛。五祖親自搖櫓，慧能就說請和尚坐，應該弟子來搖櫓。五祖說，是我把你渡過去。這個話也有雙關。然後，慧能就回答說：「迷時師度，悟了自度；度名雖一，用處不同。」迷惑的時候是靠老師度你的，這就是我們平常說的「師傅領進門」，「悟了自度」，這叫「修行在個人」。雖然都是度，但是方式不一樣。慧能生在邊方，但是承蒙師父傳法，現在悟了，就應該是自性自度了。從本質上來說，人都是自度的。不僅僅是禪宗，佛學的修習，幾乎所有的學習，從本質上來講都是自度，包括你們學的其他知識，數學也好，物理也好，從本質上來講都是你自己學到的。老師的作用就在於迷時會給你指點，讓你少走些彎路，給你一些方法，但是這不是老師從外面塞給你的，而是你自己有這個本性。這些知識，這些想法，之所以學得會，想得到，能夠推理出來，能夠通過邏輯來思維，或者來感受，這都是因為你本心裏有這樣的能力。如果你本心裏沒有這樣的能力，那再高明的老師也沒辦法給你。所以大家一定要知道，所有的東西都是自己學的，老師只是一個外在的緣分。今已得悟，只合自性自度。

佛法裏經常用一個詞，來說這樣的情況，叫「悟後起修」。人都是明白了以後再開始修行，很多人追求一個「悟」，以為悟了就結束了，其實不是，悟只是修行的開始。你明白了方向，就可以開始努力了，可以自性自度。

祖云：「如是，如是。以後佛法，由汝大行！汝去三年，吾方逝世。汝今好去，努力向南，不宜速說，佛法難起。」

這裡說到「汝去三年，吾方逝世」，有人說神秘，其實高人就是這樣，對自己的生死看得很清楚，知道自己還能活三年。五祖讓慧能向南走。這個時候，其他的弟子就在後面追他，因為都覺得不服氣，心想我們都跟五祖學了這麼多年，可你是個文盲，南邊來的蠻夷之人，沒多久就把衣鉢弄走了，肯定是你騙走的，就一路追趕。

惠能辭違祖已，發足南行，兩月中間，至大庾嶺，逐後數百人來，欲奪衣鉢。

一僧俗姓陳，名惠明。先是四品將軍，性行粗燥，極意參尋，為眾人先，

趁及惠能。惠能擲下衣缽於石上，曰：「此衣表信，可力爭耶。」

　　能隱草莽中，惠明至，提掇不動，乃喚云：「行者行者，我為法來，不為衣來！」

　　追的人裏面，有一位俗姓陳，以前是一位將軍，體力很好，他跑在最前面，等他快追到慧能的時候，慧能就把衣缽放在路邊，人就躲起來了。下面一段，有兩種解釋。一個解釋是說慧能大師有神通，所以慧明提不動衣缽；另外一種解釋是，慧明到這裡看到衣缽，想到慧能你不夠資格，那我夠資格嗎？自己覺得不好意思，所以沒提動，這是心理學上的一個解釋。這個我們不深究了。接下來說，我為法來，不為衣來。就是我是來向你請教的。

　　惠能遂出，坐磐石上。惠明作禮云：「望行者為我說法。」惠能云：「汝既為法而來，可屏息諸緣，勿生一念，吾為汝說。」

　　慧能大師走出來，坐在大石頭上。慧明就頂禮希望慧能大師為他說法，慧能就說，你既然是為法而來，那你屏息凝神，排除一切雜念，我給你說。

　　明良久。惠能云：「不思善，不思惡，正與麼時，那個是明上座本來面目。」

　　慧明安靜了很久，一定程度上入定了時候，慧能大師才說，不思善，不思惡，正與麼時，那個是明上座本來面目。

　　惠明言下大悟。復問云：上來密語密意外，還更有密意否？

　　這裡說「不思善不思惡」，之前講過，我們凡夫是在十二因緣之中，念頭不斷地生滅，這就是我們業力的流轉，所謂我們的迷惑，就是因為這樣一種業力的流轉，就是在念頭的生滅上，念頭有起有落，如果你在一個比較定靜的環境中，你能感受到你的念頭起落之間還是有一點空隙的。當然，念頭有粗有細，粗的念頭，我們現在是能感受到它中間的空隙的，細的念頭我們現在可能還沒有能力去感受。你能觀察到，念頭還沒有起來的時候你的心是一種比較清淨的狀態，念頭起來就躁動了，佛法一個根本的東西就是要把業力斬斷，所以你定下來，靜下來，什麼都不思，這個就是本來面目。佛法講，人的心，本來就像一個鏡子一樣，照見萬物一個一個清清楚楚，但是我們人的心和鏡子一個大的區別就是，鏡子照完之後就乾淨了，我們普通人的心照到之後是會執著，喜歡就抓它，不喜歡就趕緊走遠，這就是我們的心和鏡子不一樣的地方。佛法的智慧就是要讓我們的心恢復到和鏡子一樣的狀態。你如果真的變成跟鏡子一樣，那你照多少東西，都是沒關係的，但是我們現在的心沒有這個能力，因為我們一照，感情就出去了，這個時候就迷惑了。從

修行的角度來說，我們的心可以暫時停下來，不照東西，這是一種修行的方法，包括打坐其實都是觀察自己：當我不照東西的時候我的心是一個什麼樣子，我心裏沒有東西，我心裏暫時不抓東西的時候，是一個什麼樣的狀態，我可以觀察自己。這裡說不思善，不思惡，就是在這裡我什麼都不思，我停下來，我不思考我看到的東西，這個清淨就是本來面目。

通過慧能大師的啓發，慧明言下大悟。凡夫的修行方法其實是在善惡之中的，就是神秀上座的偈子裏講的「時時勤拂拭，莫使惹塵埃」，這個時候是要思考什麼是塵埃，什麼不是塵埃，感覺到是塵埃，我就要把它擦掉，這是一種善惡法，在善惡之中學習。慧能大師這裡教給慧明的是超越善惡的，從某種意義上來說，善惡都是我們的一種主觀的看法，就是剛才說的，我們的鏡子去照一個東西的時候，我們就給它一個判斷。善惡本身也是一個愛取，有善有惡，就有所愛取，斷下愛取，就能看到本來面目，其實就是斬斷十二因緣法，就是要去掉愛取。慧明斬斷愛取時候，就言下大悟。

禪宗裏有很多這樣的公案，這也是一個公案，就是老師說，不思善，不思惡，正與麼時，哪個是你本來面目？學生就言下大悟了。你們也讀了這段話，那你們回頭去思考一下，悟不悟得了？其實很難。如果你去試著做一下這個練習，不只是讀這個話，首先，你從前面就開始練習，<u>屏息諸緣，勿生一念</u>，從這裡開始，你看你做到沒有。第二，慧明在聽到慧能大師講「不思善，不思惡」之前，他其實已經在善惡法裏經過了很多努力了，斷惡修善已經學了很多年了，而且已經有比較高的境界了，在斷惡修善方面已經做的很好了，在這個基礎上，老師再跟你說不思善不思惡，哪個是明上座本來面目，你才是容易覺悟的。但是如果你前面的善惡法，根本就沒有認眞修過，又不像慧能大師有那麼大的善根，在這種情況下，你看這句話是悟不了的。對你來說，你只是知道了一個故事而已。

<u>惠能云：與汝說者，即非密也。</u>

慧能大師說，我跟你說，那就不是密義了。

<u>汝若返照，密在汝邊。明曰：惠明雖在黃梅，實未省自己面目。今蒙指示，如人飲水，冷暖自知。今行者即惠明師也。惠能曰：汝若如是，吾與汝同師黃梅。善自護持。明又問：惠明今後向甚處去？惠能曰：逢袁則止，遇蒙則居。明禮辭。（明回至嶺下，謂趁衆曰：向陟崔嵬，竟無蹤跡，當別道尋之。趁衆咸以爲然。惠明後改道明，避師上字。）</u>

這段意思比較簡單。慧明開悟之後，就暫時離開了慧能。

惠能後至曹溪，又被惡人尋逐。乃於四會，避難獵人隊中，凡經一十五載，時與獵人隨宜說法。獵人常令守網。每見生命，盡放之。每至飯時，以菜寄煮肉鍋。或問，則對曰：但吃肉邊菜。

慧能大師後來到了曹溪，跟獵人一起討生活，這樣過了十五年，非常不容易。避難就避了十五年。他也不時隨機跟獵人說法，獵人讓他守網，他經常就把動物放了。等到吃飯的時候，他就把菜放進獵人的鍋裏一起煮，只吃菜，不吃肉，這就是肉邊菜。**一日思惟：時當弘法，不可終遁。遂出至廣州法性寺。值印宗法師講《涅槃經》。時有風吹幡動，一僧曰風動，一僧曰幡動，議論不已。惠能進曰：「不是風動，不是幡動，仁者心動。」一衆駭然，印宗延至上席，徵詰奧義，見惠能言簡理當，不由文字。**

有一天他就想，十五年過去了，追殺的人估計已經放棄了，所以他想不可以老是躲起來，應該出來弘法了。於是就到了廣州的法性寺，當時法性寺的住持是印宗法師，印宗法師當時在講《涅槃經》。《涅槃經》是佛法裏非常重要的一部經典。那個時候有風吹幡動，一個人說是風動，一個人說是幡動，大家爭論不休。慧能大師站出來說，不是風動，不是幡動，是仁者心動。

這是一個比較難的一個問題。比如，有同學說到唯心，唯心說的是對的，佛法本來就是唯心法，但是你把他歸結為唯心，這個問題還沒有完。上一次課，我們已經探討了唯物和唯心的問題，今天我們從另一個角度更深入地談談。心與物的問題，確實是最根本的哲學問題。

從唯物和唯心來說，各自都有一定的道理，其實我們都是唯物主義者，或者我們換一個詞，我們都是唯物者，在一定程度上是唯物者，這個「唯」可能會有點誇張，物就是「我所」，唯物是「我」根據「我所」的情況來做出種種的選擇和決定。唯心，就是否定了這個「我所」對於「我」具有的那種決定性的力量，即我不是由「我所」來決定的。這還是在二元對立的基礎上說的，不是在超越二元對立的角度上講的。西方的二元對立強調的是「我所」不能決定「我」，這是一個理想。或者說對於一般人來說，這就是一個理想。這個時候你就知道，我們所有道德倫理式的哲學，其實在一定程度上都是唯心主義。唯心主義強調的就是擺脫「我所」對我的控制，這一點上，儒釋道都是一樣的。儒家講，「君子喻於義，小人喻於利」，喻於利是什麼？喻於利就是唯物嘛！利不就是物嗎？「君子喻於義」，就是「我」由義來決定，義是

什麼？義是一種觀念，一種對世界的理解。我由它來決定，不由物來決定，多少錢都不能決定我，我就不是唯物的。如果你給我錢，我就聽你的，那就是唯物。其實，我們凡人都在唯物唯心之間的，舉個例子說，我給你錢，你也不會去殺人的，但是給你錢，讓你工作，你會接受。這裡有一個程度的問題，我們普通人，相對來說，我們是容易受到物的牽引的，這個就叫唯物，唯心是不受物的牽引的。所以說，唯心不是一個簡單的觀察，或者說不是一個簡單的理念。你說我是唯心主義者，這個話很大程度上來說是個大話，你如果是一個真的唯心主義者，那我把你所有的錢都拿走了，你應該都不會生氣的，我無緣無故打你一拳，你也不生氣，因為你是唯心的嘛，你的心靈有足夠的能力給你創造一個幸福的世界，你的心是可以自給自足的嘛。你如果做不到這一點，就不要好意思說你是唯心主義者，唯心是很難的。唯心不是簡單地說，我相信唯心主義的，我是唯心主義的。你仔細想想，你是唯心的嗎？唯心是不容易的。如果你真的懂了佛法，你就會知道唯心是要靠修的，一方面你要從道理上悟得出來，你要從道理上知道「本來無一物」，另一方面更難的是，你要親身體認到本來無一物，別人無緣無故打你一拳，你還能本來無一物，這就不容易。如果你能把這一拳當作夢幻泡影，那你就可以說自己是唯心的，這是需要切實的工夫去修的。你們讀了《金剛經》就知道，裏面有一個故事，說的是忍辱仙人被國王抓去了，身體被割截，忍辱仙人沒有一絲毫的怨恨，因為沒有一絲毫的怨恨，所以他沒有感到一絲毫的疼痛，這就叫唯心主義，這是真正的唯心。唯心是一個境界，我們不要簡單地說我們是唯心主義者，比如說我現在整體是傾向於相信唯心比較好，但是我做不到啊。

　　我們再回到風動幡動的問題，慧能大師為什麼說「不是風動，不是幡動，仁者心動」呢？他在這裡不是強調有沒有空氣的流動，也不是說幡動沒動，而是說風動了，幡動了，你的心裏有反應。這個問題的核心是出現在心裏面，而不是說外面有沒有夢幻泡影，風動幡動的因緣是不是存在，並不是最關鍵的。最關鍵的問題在於我們普通人，因為有了這樣的因緣之後，我們的心就跟著跑了。所以有物還是無物，不在於外在的因緣。佛法其實是因緣法，它不反對有外在的因緣，它認為因緣在，但是本體是空的。因緣法本身不是一個實在，所以我的心不要跟著走。兩個僧人在爭論一個確定的相，因為運動本身就是由我們的主觀確定下來的，因為時間和空間是先天的綜合判斷，康

德哲學就說我們先天有一個理解框架，然後才這樣來理解世界。我們現在會覺得有一個固定的空間和時間，如果到相對論裏，會發現空間和時間和我們常識的理解是不一樣的。時間和空間在某種程度上來說是一種假相，當然物理學不說它是假相，但是相對論裏的時間和空間和我們的常識理解是不一樣的，時間空間可以是處於扭曲的狀態。所以時間和空間不是一個絕對的東西，剛才說到的運動也不是一個絕對的東西，因爲我們心裏的判斷，我們有執著，不論是感情上的執著還是觀念上的執著，運動是個觀念上的執著，我們把它固定下來了，風動幡動，慧能大師就指出來這根本是你心裏的問題。不管是因爲心理上的問題引起的爭論，還是因爲這樣一個因緣的變化，你心裏隨著變，因爲這個風動你心裏生出判斷和喜惡，本質上是你的心動。沒有心動，這個世界上就沒有問題。這個世界爲什麼有煩惱？都是因爲你的心會隨著外物去動，你的心會隨著這些我所去動，所以這個世界才有種種的問題，如果我們的心不隨著我所去動，就像我們前面講的「應無所住而生其心」，那這個世界就沒有問題。這個世界之所以會有問題，就是因爲我們都是唯物的。我們是比較嚴重地唯物的，你說你不相信唯物主義，這是沒用的，你有凡夫的煩惱，就是因爲你被物所轉。這是這個世界有這麼多問題的原因。這個物老在變，沒有一定的，無常，我們跟著這個無常的因緣流轉，所以就生出了種種問題。

所以慧能大師在這裡說不是風動，不是幡動，仁者心動，一眾駭然，大家都覺得這個話很高。這個時候印宗法師就請他到上座，問他一些問題。

見惠能言簡理當，不由文字。宗云：「行者定非常人，久聞黃梅衣法南來，莫是行者否？」

惠能曰：「不敢。」

宗於是作禮，告請傳來衣鉢，出示大眾。宗復問曰：「黃梅付囑？如何指授？」

惠能曰：「指授即無，惟論見性，不論禪定解脫。」

宗曰：「何不論禪定解脫？」

能曰：「爲是二法，不是佛法，佛法是不二之法。」

印宗法師就說你一定不是普通人，我們很久以來一直聽說衣法南來，你莫非就是行者？這裡說的行者是什麼意思呢？行者就是沒有出家的人。在佛法的這個體系裏，出家人是比在家人高的，慧能在這個時候還沒有正式出家，

是準備出家的，叫行者。慧能謙虛說不敢，然後請出了衣缽，出示大眾。印宗法師接著問慧能，你在黃梅五祖那裡學法，五祖是怎麼說的？慧能回答說，惟論見性，就是要見到根本的性。這裡說不論禪定解脫。佛法經常談禪定和解脫的，禪定是一個修行法，解脫是一個狀態。那印宗法師問，為什麼不論禪定解脫？慧能回答說「為是二法，不是佛法，佛法是不二之法。」禪定和解脫是兩個過程。我們前面說過，「我」的情緒和狀態受「我所」的控制，所以我們都是一種受束縛的狀態，只不過，有的時候我們的福報比較大，遇到這個繩子好一點，是個軟一點的繩子，我們跟著走也就算了。如果因緣不好，這個繩子是個比較硬的繩子，變成一條鋼絲繩，你就會很痛苦。不過，不管繩子是軟是硬，你都是因為這個繩子而不得自由，佛法學習的一個根本，就是要學解脫，從我所的控制裡面，從我們剛才說的「唯物」的狀態下，解脫出來，所以佛法就是學得「不唯物」。達到解脫的辦法之一，就是通過修習禪定，讓我們定下來，讓十二因緣停住不轉，這個輪盤不動，我們就解脫了，這是佛法一般的講法。一般的修習之法講的就是禪定和解脫。禪定和解脫是一個因果的關係，你修習了禪定，然後得到了解脫。慧能大師在這裡說，不講禪定解脫，這是有深意的，他說惟論見性，見性就是見直接的空性，不是說有個「我」，有個「我所」，然後「我」把自己從「我所」裡擺脫出來，因為當你說我把自己從「我所」裡擺脫出來，這裡還是有問題的，因為當你這麼說的時候，還是有一個「我所」。我們以前講過，一般的十二因緣的修行方法，是從受、愛、取這裡去修的，就是我把這個環節斷掉，但是慧能大師講的禪宗不是用這樣的方法去修的，他的下手之處不在受、愛、取，他的下手之處是在消除無明。見性，就是沒有無明。一般的修行是從受、愛、取下手的，叫禪定解脫，我受但是我不往愛走，或者我愛但是我不往取走，在這個地方定下來，一般從這個地方開始下手。慧能大師直接從無明下手，這實在是非常高明的。他說為是二法，不是佛法，因為在這種下手之處，剛開始下手的時候基本上是二法的，一定要分成兩個，你說我有所愛了我不去取，那一定有一個「我」和「我所愛」，然後意識到了我所愛之後不往前走，在這裡斷掉，不去取它，在這個環節的時候還是不究竟的，然後慢慢往下修，逐漸從不究竟到究竟。慧能大師的意思就是這樣還是二法，二法就不是佛法，佛法是不二之法。我們現在經常說一個詞叫不二法門，這個詞就是從這裡來的，不過現代漢語裡的不二法門和佛法裡的不二法門的意思已經不一樣了。現代

漢語裏用到不二法門的時候，通常是說這是我唯一的一條路，沒有別的路了。佛法裏是八萬四千法門的，法法平等，法法都能通達，不能說我這個是不二法門，如果慧能大師用的是我們現在這個意思，說只有我這個法門可以，其他法門都不行，那在佛門裏是很大的罪過。慧能大師在這裡說的不二法門，不是說只有我這條路走的通，而是說在我這個法門裏是沒有二（分）的。不二，就是沒有二，就是沒有「我」和「我所」的分別，用我們今天的話來說，就是沒有主客觀的對立。超越了主客觀的對立，所以佛法是不二之法。這裡，慧能大師說到了根本上去，佛法是不二之法。但是這個不二之法，你們如果平時思考的比較多，對哲學想的比較深，你們是可以體會得到的，或者說在一定程度上，我們可以用我們的思維推論到這個真諦的邊緣，有一些高深的思想家在一定程度上已經推論到了邊緣了，不僅是中國的，也包括西方的哲學家，他們其實也都接觸到了這個問題，也接觸到了要打破主客觀對立的這樣一個問題。比如，德里達、海德格爾他們都一定程度上都接觸到了這個問題，包括現象學都一定程度上接觸到了這個問題，但是都走不下去了。因為從本質上來說，他們都是用推論的方式來解決問題的，用邏輯的方式，邏輯和語言本身就是二元對立的產物，所以在使用這樣的工具的時候，它雖然能幫助你走到一定深度，但是不能真的解決問題。最終還是要靠你的體驗和修行，所以慧能說<u>為是二法，不是佛法。</u>這是《壇經》根本的地方，大家下去要好好體會和理解。

<u>宗又問：「如何是佛法不二之法？」</u>

<u>惠能曰：「法師講《涅槃經》，明佛性是佛法不二之法。如高貴德王菩薩白佛言：『犯四重禁，作五逆罪，及一闡提等，當斷善根佛性否？』佛言：『善根有二：一者常，二者無常；佛性非常非無常，是故不斷，名為不二；一者善，二者不善，佛性非善非不善，是名不二。蘊之與界，凡夫見二，智者了達其性無二；無二之性即是佛性。」</u>

印宗法師問為什麼是不二之法，<u>佛性非常非無常，是故不斷，名為不二。</u>慧能大師說的不是斷開，「我」和「我所」是對立的，這樣說起來可能比較玄，我們現在的世界已經是二元對立好了的世界。盤古開天闢地的故事就是一分為二的過程，盤古拿斧子把這個世界劈開，我們可能會覺得這是個很荒誕的故事，有的神話裏我們感覺荒誕的部分有根本的東西在，有根本的象徵，我們不要看輕了這些神話，如果你只能從字面上、形象上理解這個神話，那當

然是比較荒誕的，但是如果理解了它的本意就不會了。古人有很多形象性的思維。盤古開天闢地，把這個世界劈開了，清的東西上，濁的東西下，清的成天，濁的成地，天地分開，這就是一個劃分的過程，就是我們人的意識劃分的過程。其實很多神話都講這個故事，《莊子》裏講混沌人的故事也是這樣。《聖經》裏講吃了一個果子就墮落了，那個果子是什麼果子？那個果子叫智慧果，我以前讀到這裡的時候有疑惑，爲什麼吃了智慧果就會墮落呢？智慧不是好東西嗎？這裡說他們吃了智慧果，馬上就知道羞恥了，然後就墮落了，難道我不知羞恥我就不墮落了嗎？知道穿衣服就墮落了，難道我把衣服脫光了我就不墮落了嗎？你們想過這個問題嗎？我以前就沒想明白。這幾個神話其實都在講同一個故事，盤古開天闢地是從外面講的，講這個世界已經被劈開了，混沌人和智慧果是從自身講的，這其實都是一回事兒。這個世界分成兩半，和我們的意識分成兩半，這一定是同時發生的，就是我對這個世界進行切分，和這個世界被切分，是同一個過程和結果。我們現在生活的世界是一個已經切分好了的世界。現代文明給我們提供了很大的便利，這是大家有目共睹的，但我們同時也要知道文明史建立在切分之上，而且文明越發達，它把世界切分的就越細，切得越精緻。我們一般人說世間人聰明不聰明，有一個標準就是他能分辨更多的東西。小孩子就不如大人能分辨，越大越成熟，能分辨的東西就越來越多，學習的概念越來越多，你們大學四年學完之後，能分辨的就更多了。上下高低，怎麼更細地去劃分，所有這些劃分，都是以這樣一個東西作爲它的基礎，不管是盤古開天闢地也好，智慧果也好，善惡也好，動靜也好，所有劃分的基礎就是「我」和「我所」的劃分，所有的劃分都是以這個爲基礎而向外擴張的。但是這個最基礎的劃分，本來就是有問題的，因爲這個世界上沒有一個眞正的我，這個問題我們前面談到過。我們都是依據這樣一個幻覺，來得出後面所有的結論。從佛教來說，他是要引導我們回到一個原始的「一」的狀態，這個「一」，不是一和二對立（一二三四的）那個「一」，它是超越了對立的「一」，就是沒有二分的「一」，回到了原始的「一」的狀態，所以這叫<u>一者常，二者無常，佛性非常非無常，是故不斷，名爲不二</u>。「不二」不叫「一」，這是很有意思的，因爲如果說「一」，我們容易把它當成一和二對立的那個一，不是這個「一」，所以它不說「一」，而是說「不二」，我們普通人都生活在「二」裏，都很二，所以不二就是聰明人，就回頭了。<u>一者善，二者不善；佛性非善非不善，是名不二</u>。佛性是超

越了這樣一個對立的，<u>蘊之與界，凡夫見二，智者了達其性無二；</u>二的劃分，本身是一種迷惑的劃分，這種劃分本身是不存在的，我本身是一個虛假意識，那一切從這個虛假意識裏生長出來的東西都是虛假的。所以<u>無二之性，即是佛性。</u>你如果能通達這個無二，能超越這個「我」和「我所」的對立，就可以見到世界的真如之相，就證得了佛性。世界的真相，是沒有我的，我是虛擬出來的，為什麼這個虛擬會消亡？我是虛擬出來的一個因緣法，所以因緣散了就死了。因緣法總是在轉換的。所以佛教才教我們要通達不二，這是一個根本的目標。

<u>印宗聞說，歡喜合掌，言：「某甲講經，猶如瓦礫；仁者論義，猶如真金。」於是為惠能剃髮，願事為師。惠能遂於菩提樹下，開東山法門。</u>

印宗法師聽了以後很高興，說自己講經，猶如瓦礫，讚歎慧能大師講經，猶如真金。然後印宗法師為慧能剃髮，願事為師。這是一件非常有意思的事，被傳為佳話。因為在佛教裏都說剃度師，就是我給你剃髮，我當你的老師，但印宗法師是我給你剃髮，然後我拜你為老師。從這裡我們可以看出來印宗法師是一個非常謙虛的人。印宗法師在當時已經是非常有名的大法師了，但是他能夠馬上拜自己為他剃髮的人為老師，慧能如果按輩分的話，應該算是他的徒弟了，但是印宗法師馬上拜他為師。

<u>「惠能於東山得法，辛苦受盡，命似懸絲。今日得與使君、官僚、僧尼、道俗同此一會，莫非累劫之緣，亦是過去生中供養諸佛，同種善根，方始得聞如上頓教，得法之因。教是先聖所傳，不是惠能自智。願聞先聖教者，各令淨心。聞了各自除疑，如先代聖人無別。」一眾聞法歡喜，作禮而退。</u>

這個結尾是很多佛經的結尾，都是「聞法歡喜，作禮而退」。其他的佛經裏還有一個「信受奉行」，那些佛經裏的弟子可能境界要比《壇經》裏更高一些，他們是真比丘。《壇經》這裡沒有講「信受」，信受是不容易的。經常有人說信佛、不信佛，覺得只是個簡單的選擇，我選擇信或者不信。信是不容易的事，信是有深淺的。講個故事，淨空法師現在是很有名的高僧，跟他學佛的人非常多，他以前跟他的老師李炳南居士學佛，後來他就出家了，出家了以後回來拜老師，這個時候李炳南老師看到他第一句話就說，「你要信佛啊！」淨空法師就覺得很奇怪啊，他說我學了這麼多年了，而且他出家之前就已經在佛學院講課了，那現在都出家了，都剃度了，怎麼師父還說我不信佛呢？師父還要勸我說要信佛？後來淨空法師逐漸明白了老師的用意。我們

經常說信一個東西，不信一個東西，都是很淺地說，就像前面普通人看慧能大師寫的那個偈子一樣，開始覺得寫的眞好，但老師一說不夠好，我也就覺得不夠好。一般所謂的信佛或者不信佛，其實程度都是比較淺的，並不一定是眞的理解之後的信和不信。我們前面講到，佛法是唯心法，那學佛法的人說我學的是唯心法，整天念經也是念唯心法，但是事情來了，事到臨頭，你又還是唯物法。大家把你東西拿跑了，佛跟你說是夢幻泡影，你說我不信，還一定要把東西搶回來。所以，要信是不容易的。到這裡，我們講了《壇經》的第一品（行由品），下一講我們看第二品，般若品。

第七講　自性眞空

　　上一講，我們講了《壇經》的第一品（行由品），接下來我們看第二品，般若品。

　　次日，韋使君請益，師升座，告大衆曰：總淨心念摩訶般若波羅蜜多。復云：「善知識！菩提般若之智，世人本自有之，只緣心迷，不能自悟，須假大善知識，示導見性。當知愚人智人，佛性本無差別，只緣迷悟不同，所以有愚有智。吾今爲說摩訶般若波羅蜜法，使汝等各得智慧。志心諦聽，吾爲汝說。

　　第二天，韋使君請慧能法師繼續講。**摩訶般若波羅蜜**是梵語，它的意思就是大智慧到彼岸，摩訶是大的意思，般若是智慧的意思，波羅蜜就是到彼岸的意思。人的智慧，我們一念本心的空靈都是在的，所以不是說是智人或是愚人，並非智人才有般若，才有智慧，愚人就沒有智慧，我們的區別只在於迷悟的不同，迷了你就是愚人，悟了你就是智人。這就好像一塊布，這塊布上有些髒東西，把它洗乾淨了就是塊乾淨布，不乾淨就是塊髒布，乾淨布和髒布的本體是一樣的，我們覺悟的能力和本心是一樣的，所有的迷惑都是外來的，所有的迷惑都不是本來的，所有的染污都不是本來的，清淨都是本來的。我們再舉個例子，就好像水，你在水裏加點髒東西，就髒了，但是水它本身還是 H_2O，這是沒有變的，即使加進泥沙以後水變渾濁了，但它還是 H_2O，如果你把這個泥沙濾掉，它又可以回到本來清澈的狀態。迷人和悟人的區別就如一盆髒水和一盆乾淨水之別，但不管是乾淨還是髒，H_2O 這個東西沒有變。

　　善知識！世人終日口念般若，不識自性般若，猶如說食不飽，口但說空，

萬劫不得見性，終無有益。

「善知識！摩訶般若波羅蜜是梵語，此言大智慧到彼岸。此須心行，不在口念。口念心不行，如幻、如化、如露、如電。口念心行，則心口相應。本性是佛，離性無別佛。何名摩訶？摩訶是大。心量廣大，猶如虛空，無有邊畔，亦無方圓大小，亦非青黃赤白，亦無上下長短，亦無瞋無喜，無是無非，無善無惡，無有頭尾。諸佛剎土，盡同虛空。世人妙性本空，無有一法可得。自性真空，亦復如是。

這裡說<u>此須心行，不在口念</u>，口念是比較容易的，一天可以念幾萬遍，但根本在於心行，心口相應。這個心行，不是簡單的下決心能解決的，下決心是必須要有的第一步，就像慧能一開始就說我要做佛，你必須要有這樣的一步，但光下決心不能解決問題。<u>摩訶是大</u>，不是講體積的大，其大無外，這個大是沒有邊際的。為什麼沒有邊際呢？我們總是覺得「有」很大，其實如果你「有」，有物，那這個大是一定有邊界的，我無「有物」，空的，這個大才是無邊的，空這個東西才是大無邊的，「有」都是有邊界的。這個地方的摩訶，不是我們普通理解的體積上的大，即使是銀河系這樣的大，它也還是有邊的。這裡的大，是妙性虛空，都是空的，空的就無所謂障礙，<u>無有一法可得，自性真空</u>，這個叫做大。

學佛的人很喜歡說的一個詞，叫做「空」。例如《心經》就是說空的，說空有不二，這個道理很容易說，但要真的見空並不容易，證悟空更不容易。這層意思就是說，我們雖然口說味道好，但是並沒有吃到嘴裏，因此「終無有益」。這也就是要我們切實地去修行。佛法本身是一個特別強調實踐的法門。中國的思想，包括儒釋道三家，在發展過程中，一直比較念念不忘實踐。在這一點上，與西方哲學不太一樣。西方哲學在早期希臘羅馬的時候比較強調實踐，但到了現代哲學以後，雖然也有實踐哲學，但是事實上也都是口說的實踐哲學，而不是與身體力行直接相關的實踐哲學。也許也會有一點實踐吧，但是分量很小。佛法在發展過程中，也有類似的問題，但它的根本教義是非常強調實踐的。話說回來，「空」的確是一個很難的境界，所以剛開始，很難說你把這學期的課學完了，就到「空」的境界了。這個是幾乎不可能做到的。現階段比較實際的，還是要選擇好你的價值觀，初學者證空不太可能，還是先求善。《壇經》的接引對象是上上乘人。慧能大師是自己已經到了一個非常高的境界之後，才徹底開悟，明心見性，所以大師在後面的內容裏也提

到，這個法門接引的對象是上上乘人，就是那些煩惱、執著已經非常輕的人。這些人在這部經典的指引下，就能進入到「空」的境界。如果你是煩惱很重的人，就非常不容易學會。

這個道理其實也很簡單，比方說，如果一個人要去學量子力學，那就得先把基礎的物理學的差不多了，才有可能接受量子力學的「接引」。要是說一個毫無物理基礎的文科生，現在去學量子力學，那就沒用，毫無意義。禪宗裏六祖所說的頓悟法門，不是說你學了這個法門就可以頓悟，而是說一個已經在開悟邊緣的人，學了這個法門，馬上就頓悟。所以不是說你學別的法慢，學這個頓悟法門就快。核心是，學生的能力和程度，決定了能不能頓悟，而不是說學禪宗，就能頓悟，這一點非常重要。

大乘小乘都講空，只要超越人天乘了，都講「空」。十善業道屬於人天乘的法。佛法講，至少是羅漢以上才是聖人。成聖的學問就一定要是空的，凡夫都是有。大乘和小乘對「空」的理解不一樣，前面我們講到小乘的《雜阿含經》，小乘的「空」，比較而言是一種排斥世間法的方式，就是排斥「有」。通過排斥「有」，而逐漸進入「空」，通過不斷地反省，不斷地自我覺醒，不斷地把「有」和「物」排斥掉。這是小乘佛法，禪宗不一樣。從六祖慧能的角度來看，你通過排斥而達到的「空」，這個空的層次是不夠高的。這種「空」是著了「空」，當你執著一個「空」，那這個「空」就已經分出來了一個「有」。我們之前討論過一分為二，一分為二的道理就是說，從「一」分出來一個「空」，分出來一個「有」，那如果說我執著這個「空」，那再執著「空」的同時，那這個「有」就在實際上是存在的。雖然這個「有」是一個不在場的存在，它的存在雖然沒有顯現，但是這個有在你的意識裏還有某種存在，它只是不顯現的一種存在。

什麼是徹底、真正解決問題了呢？那就是回歸到無所謂「有」，無所謂「空」的不二的境界。進入不二法門，就沒有「空」也沒有「有」的概念，這個時候才叫「自性空」，自性是不二的，是「一」的。這個要做到很難。如果我們還是煩惱比較重的凡夫，那這個境界就很難達到，但我們還是要努力往這個境界上提升，才能有可能慢慢靠近。否則，如果一個煩惱很重的凡夫想直接進入不二法門，離的太遠了，是進不去的。或許可以通過讀書和學習，體會和看到這個門，但是還無法進入到這個門裏。再有，如果沒進門，卻以為自己進了門，那這個麻煩就大了！這個地方講到世界本來虛空。當我能感受到

世界虛空，我能和世界虛空同一，這個時候，我不是沒有物的。如果進入到不二法門，是空有不二的，既有「空」，又有「有」。這個時候我是能夠感受到這個世界的，但關鍵在於我是不隨物轉的。佛法裏說「不隨物轉，即同如來。」這是佛法的核心。所以不能說佛法完全是拒絕物的，它不是在一個對決的層次上來排斥這個物的，它的核心是強調不隨物轉。這個是佛法根本的精神。我可以感受到物，「萬物色象，日月星宿，山河大地，泉源溪澗，草木叢林，惡人善人，惡法善法，天堂地獄，一切大海，須彌諸山，總在空中」，都能感受到。但所有這些物總在空中，即我不執著於這些物，同時我和這些物是一體的。我能感受到它的空相。

「世人性空，亦復如是」，意思是說每個人本來就是性空的，你的本性本來就是清淨的。我們對於世間的取捨，從無明到愛取到最後的生死，這其實都不是我們的本性，是我們迷了的狀態。所有人的本性都是清淨的，只是我們現在都迷失了本性，不知道本性的本來面目了。佛法講，自性和智慧，這都不是從外面來的，都是你本來具足的。「自性能含萬法是大」，自性和物不是一個對決的態度。神秀大師的修行方法，基本上就是有一個空，有一個物，但是我不要讓物沾染我。這裡我還是要提醒大家看一下自己的程度，如果程度低一些，還是採取神秀大師的方法會比較合適，或者說，更多的時候你需要使用神秀大師的方法。只有當你程度比較高了，當你真的能夠感受到空的時候，再以慧能大師的這個方法為主。

善知識，迷人口說，智者心行。又有迷人，空心靜坐，百無所思，自稱為大，此一輩人，不可與語，為邪見故。

這裡最重要的一點是，「迷人口說智者生心」。我雖然在這裡給大家講道理，但我自己還是一個迷人，因為我的心也離這個空性差的很遠。我對於你們來講，是一個介紹者，而不是一個真正證悟空性的人給你們講空性。從另外一個意義上來說，如果我們希望學習這樣一種智慧，我們還是要努力在現在的基礎上再提升一點，獲得更大的自由。這也是佛法裏特別強調「行門」的原因。如果你不「行」，只是在語言邏輯層面上往復，不要說能證悟到空，連把這些文字搞清楚都很難。這樣失敗的例子比比皆是。所以修行好的出家人對經文的講解相對會可靠一些，因為畢竟他在實踐上下的工夫更多一些，修行的條件也更好一些。所以心行非常重要。後面一句是說，有人坐在那裡，什麼都不想，這就是一種邪見，也就是你執著在這一種空裏。佛法裏說我們

世界裏有天、人、鬼和地獄。這裡的天有很多層次，一共分三十三層天，其中最高的一層的名字叫「非想非非想處天」。「非想」，既不是想，「非非想」，又不是不想，這已經是一個非常高的境界了，屬於無色界天，到這個境界的生命已經是沒有形體的了。禪定到了一定程度，就沒有固定的形體了。老子在《道德經》裏說過：「吾所以有大患者，爲吾有身，及吾無身，吾有何患？」人的很多痛苦來自於這個身體，無論是生、老、病、死，都是在身體上體現的，還有種種其他煩惱。無色界這個境界，就是已經把身體修沒了，已經不受身體的困擾了。但如果站在更高的境界來看呢，它還是一種邪見。佛法是不主張一個人把修行的目標確定爲昇天的，從佛法的角度來說，如果你修行修到昇天了，那你的修行其實應該算是失敗了。當然你在天上還可以繼續修行，但是天並不是一個很好的修行的地方，原因是這裡的快樂太多，痛苦太少，你就不容易有警醒，就不容易有更大的動力去修行，而是安於現狀。但是當你的福報享完了以後，你還是會墮落下去的。你如果能做到永遠在天上不掉下來，好像也還可以，因爲天人的福氣很大，痛苦很少，越高的天，福氣越大。但是問題的關鍵在於，能夠在天這個層次上，你依靠的，或者說你消耗的，都是你的福氣，當你的福氣用完之後，你還會掉下來，還會去其他的道裏輪迴。所以，昇天是不能夠解決問題的。所謂「空心靜坐，百無所思，自稱爲大」的人是很容易進入到非想非非想天的。但因爲這層天不能解決我們的根本問題，所以我們還是要進入到自性的智慧裏，找對修行的方向。

　　善知識！何名般若？般若者，唐言智慧也。一切處所，一切時中，念念不愚，常行智慧，即是般若行。一念愚即般若絕，一念智即般若生。世人愚迷，不見般若。口說般若，心中常愚。常自言我修般若，念念說空，不識眞空。般若無形相，智慧心即是，若作如是解，即名般若智。

　　佛法裏講的智慧是什麼？智慧從哪裏來？我們怎麼樣才能開悟？這是經常有人會問的問題。也許在某種意義上來講，存在一個決定性的開悟，之後的境界，是脫離了六道輪迴的。通過修行，你的境界超出了四禪八定，也就是超出了非想非非想天這個層次，達到一個更高的境界，這可以被稱爲是「決定性的開悟」。但決定性的開悟之前，你是得一個階梯一個階梯往上去的，比如你到了羅漢這個層級，往上還有菩薩，菩薩往上還有大菩薩，最後成佛。所以從不斷進步的角度來說，我們不要過分地想像一種決定性的開悟和智慧。佛法的智慧一定是隨時隨地都會湧現的，就像慧能大師跟五祖忍和尚說，

「弟子心中，常生智慧」。它是強調「一切處所一切時中。念念不愚，常行智慧。即是般若行。一念愚即般若絕。一念智即般若生」，所以，我們人的狀態並不是一個絕對的愚昧狀態，也不是一個絕對的覺醒狀態，位置相對比較中間，天人的煩惱比我們少，地獄惡鬼畜生的煩惱比我們多。你的智慧有覺醒的地方，但也不是特別聰明，這是人的狀態。投身為人，有兩種可能性，一念迷，則般若絕，執著，那就痛苦；但如果一下子放下了，看破了，跳出去了，那就是一念覺，則般若生。所以愚和智是相對的。當然，如果你還是一個凡夫，的確很難生起聖人的智慧，絕對純粹的智慧，但是可以生起相對的智慧，也就是說你比前面的那一念愚，會聰明一些，這其實就是一種開悟，這是一種小的開悟，就是一念覺，般若生起。這裡強調心的運轉，你自己是可以有所體會的。你的心，你的念頭，你去觀察，就可以看到它們是覺，還是迷。「到彼岸」就是離開了生滅，離開了執著。

著境生滅起，如水有波浪，即名為此岸；離境無生滅，如水常通流，即名為彼岸，故號波羅蜜。

波浪就是生滅，到彼岸之後，就沒有波浪，一馬平川了，這就叫做波羅蜜。波羅蜜在佛法裏用的很多。佛法裏有「六度」這樣一個說法，就是「布施、持戒、忍辱、精進、禪定、般若（智慧）」，菩薩六度。這裡的六個詞，後面其實都是加了「波羅蜜」的，也就是布施波羅蜜、持戒波羅蜜、忍辱波羅蜜、精進波羅蜜、禪定波羅蜜和般若波羅蜜。「波羅蜜」就是到彼岸。布施波羅蜜不是指我遇到一個有困難的人，我去幫他一下，這種幫助只是布施的行為，而不是布施波羅蜜。當然這種布施的行為是利他的，很好的一種善行。布施波羅蜜是布施了以後，你心裏沒有布施的觀念，沒有我布施，沒有他接受布施，沒有人我的觀念，不是說我今天對你好，你以後就一定要報答我，或者說我今天對你好，你以後反倒對我不好，這怎麼行！有這些人我的觀念，就不是布施波羅蜜。布施波羅蜜是度化自己的貪心。如果我以前曾經對你很好，今天你罵我，我也不會覺得生氣，我以前布施的時候沒有動心，你現在罵我，我也沒有動心，這就叫做布施波羅蜜。

善知識！迷人口念，當念之時，有妄有非。念念若行，是名真性。悟此法者，是般若法，修此行者，是般若行。不修即凡，一念修行，自身等佛。

這裡有兩個重點，一個是，「般若」是般若行，強調修行，而不是嘴上說說而已。第二個是「一念修行，自身等佛」，這要從兩個角度去體會，第一，

你的修行的方向是往成佛這個方向去的，是往這個方向靠近的。佛如果在你這個位置上，也許會做出你現在這種行爲。在這個意義上稱爲「自身等佛」。第二，「自身等佛」不是說你現在就跟佛一樣了。佛和你的一個很大的區別就是，佛的覺悟是持續的，我們的覺悟是不持續的。之所以不持續，是因爲即使你在覺悟的階段，你的覺悟的程度還是不夠純粹的，所以你才會在下一念馬上墮落了。如果你這一念的覺悟是純粹的，你是不容易在下一念墮落的。所以「一念修行，自身等佛」我們可以這樣來理解。我們要堅定這樣一種信念，就是我必須依靠這一念一念的修行和覺悟，鋪就一條成佛之路。千萬不要以爲我就一念修行，就和佛完全一樣了。很多狂禪，很多自以爲悟的人，很多問題就出現在對這個問題理解的偏差上。

善知識！凡夫即佛，煩惱即菩提。前念迷即凡夫，後念悟即佛。前念著境即煩惱，後念離境即菩提。

「煩惱即菩提」這句話流傳很廣，卻造成了很多誤解，太多人在這個問題上栽了跟頭！「煩惱即菩提」的意思是，煩惱連著菩提，而不是說煩惱「就是」菩提。你只要在對煩惱的覺悟過程中，才能進入菩提。煩惱和菩提，也是要納入不二這個境界上來說的，這個時候，你如果選擇了煩惱，那就是煩惱，是沒有菩提的；如果你有能力進入菩提，你才有可能走上一條離不二越來越近的路。所以，並不是說煩惱眞的就直接是菩提。「凡夫即佛」的意思是，凡夫有可能成爲佛；「煩惱即菩提」。釋迦牟尼佛說，「眾生本來是佛，皆因妄想執著而不能證得」，眾生本來是佛！的確，眾生本來是佛，這是沒錯的！煩惱即菩提也是一樣，煩惱本來是空，你要是認識到煩惱本來是空，那你又感覺到煩惱是有的，這個有和空本來是一回事兒。如果你認識到它們是不二的，那你就徹底明白了。對於凡夫來說，最大的麻煩在於，完全在這個「煩惱」和「有」裏面，而沒有能力通過煩惱進入菩提。所以又有很多人以此爲藉口，說反正「煩惱即菩提」，那我的煩惱沒關係，就隨它去吧，也不去對治它，「凡夫即佛」，那我就是佛嘛，我想幹什麼就幹什麼，那我殺人放火也是佛。凡夫在這個時候最大的問題在於，你並沒有體會到你自己身上的佛性，更沒有證悟到，你隨順的都是自己的業力和習氣。

佛經裏有這樣一個故事，說的是一個大富人家的兒子，這戶人家怕他今後有可能會遇到不測或貧窮，就在他的衣服裏縫了一顆珍貴的夜明珠，有一天這個兒子眞的跟家人失散了，窮到了要飯的地步。在輾轉多年以後，終於

有一天又碰到了父親，全家團聚。父親就告訴他，其實你衣服裏一直都縫著一顆貴重的珠子。這是佛法的一個比喻，它說的其實就是對我們狀態的一種描述，其實我們每個人都是那個大富人家的兒子。我們每個人都有這麼一個珠子，但問題是你看到了知道了這顆珠子，你才有可能用它，你如果不知道你有這個珠子，你還是得討飯。佛法說，我們凡夫就是揣著寶貝卻到處討飯的人。我們所謂討飯其實就是討快樂，追逐各種享受，這些快樂本來是你不需要外求的，你本來就有，但是你不知道，所以你會去討。煩惱，如果你不覺悟，那它就是煩惱。「前念迷即凡夫，後念悟即佛。前念著境即煩惱，後念離境即菩提」，所謂「離境」就是離這個物，才能感受到空性，才有菩提。並不是說，我困在煩惱中出不去，這是菩提，這是真煩惱，真不是菩提！這幾句話是後人誤解很多的地方，很多人都在這裡栽跟頭，自欺欺人。人是不可能被別人騙的，能騙你的，只有你自己。

善知識，摩訶般若波羅蜜最尊最上最第一。無住無往亦無來，三世諸佛從中出。當用大智慧打破五蘊煩惱塵勞，如此修行，定成佛道，變三毒為戒定慧。

這裡說「摩訶般若波羅蜜」，佛還有一個稱呼叫「如來」。什麼叫「如來」？好像來，又好像沒來，所謂「如來」，是乘真理而來，什麼是真？就是「無住無往亦無來」。他好像是在這裡，但實際上又並不是「住」在這裡，不像我們凡夫，凡夫是「住」在這裡。什麼叫「住」在這裡？就是我們每個人都是被環境所塑造出來的。對自身如果有一點覺醒就要想：我現在有這樣的思想，有這樣的感情結構，有這樣的性格，很大程度上是由環境決定的。所以大家都需要自我反省，體會一下自己是怎麼回事，想想我為什麼是現在這樣一個人？我為什麼有這樣的行為舉止？我為什麼會有這樣一個感情結構，對外界會有這樣一個反應？會有這樣一個人生觀、價值觀？會有這樣一個思維方式？這就是「住」的意思。你是被環境定成這個樣子的。

如來就不一樣了，如來呢，他來，但是他是無住的。你看釋迦牟尼佛，他也到這個世界來，他也示現跟我們一樣的生活，但是他自身的生命體或者他的精神結構，是不受環境影響的。他是如來，他不是真的來。我們是真的來，真的受了北師大的環境的塑造。釋迦牟尼佛如果也到這裡來，他不是真的來，他是不會受北師大這個環境對他的塑造的。什麼叫「不自由」？不自由在某種程度上就是因為你會受到環境的塑造。你如果體會到了摩訶般若波

羅蜜，你能體會到這個環境是「空」，這個物的「空」，那物就不能塑造你，那你就能轉物，而不是物轉你。凡夫都是物轉我，所以不自由，所以被塑造。你來到一個具體（眞實）的地方，就會接受一個具體環境對生命過程的塑造，被環境規定。佛是如來的，他是有智慧的，有自由的。

那我們又是怎麼被塑造的呢？我們被什麼東西具體地塑造了？之前講過物，物有很多，康德哲學說，你對這個世界的感受是通過感覺而來的。感覺就是五蘊，就是色受想行識，是我們具備的能力，你有聽覺、視覺、味覺、觸覺等等。所有的物能對你產生作用，都必須通過五蘊，然後你又對五蘊產生執著，這就是五蘊煩惱。五蘊本身不是煩惱，色受想行識不一定是煩惱，但是你對五蘊產生執著，那就是煩惱。你看到東西，這不是煩惱，但是你看到東西，然後你喜歡或者你討厭，這就是煩惱。我想要！那就是煩惱。五蘊本身是我們的一種功能，我們的習慣是接收到五蘊之後，立刻就產生了執著，一執著，就是煩惱。如果你要打破這個五蘊煩惱，打破塵勞，塵勞就是你的五蘊感受到外面的東西，太多了，所以叫塵，從早到晚，一刻不停，連做夢都不停，夢裏你還在討厭啊，喜歡啊，害怕啊，高興啊……接受「塵」拉著你到處轉，你就很累啊！這就叫「勞」。佛法裏講，人都是很累的啊，輪轉六道，疲憊不堪。解脫，就是要從這個輪迴的疲勞中解脫。莫言有一本小說，叫《生死疲勞》，這個名字是從佛經裏借鑒來的。

善知識！我此法門，從一般若生八萬四千智慧。何以故？爲世人有八萬四千塵勞，若無塵勞，智慧常現，不離自性。悟此法者，即是無念，無憶無著，不起誑妄，用自眞如性，以智慧觀照。於一切法，不取不捨，即是見性成佛道。

所謂「從一般若生八萬四千智慧」就是不二法門，當你眞正進入到不二法門，它是可以生萬法的，進入到不二之後，「多」和「一」是統一的，只要我是般若，眞正進入到空性，我可以對治一切煩惱。這個八萬四千是一個虛說，就是很多的意思，「人有八萬四千塵勞」，是說有很多煩惱。我們其實不可能一下子達到慧能大師的境界，連接近大師這樣差一點就開悟的境界都很難，我們所在的是一個非常低的層次。從一個很低的程度上開始修行，其實很容易有點滴收穫，但很難體會到我們有八萬四千塵勞！因爲我們是和塵勞在一起的，我們非常習慣塵勞，如果有一點修行，從這些塵勞中稍微擺脫一點，你才能感受到塵勞。人是在修行了以後，才知道塵勞的。你在沒有修行

的時候，你根本就不知道塵勞！人在變聰明了以後，才知道自己以前是錯了。在變得更加聰明之前，你根本就不知道自己的愚昧！道理是一樣的。你會一直以為自己是正確的，但同時不斷地犯錯。你要是一點修行都沒有，我跟你講這些都沒用，你一點感覺都沒有，你有的只是一點點淺薄的概念而已。你只能用你自己的生命去體會這些道理，中國的儒釋道三家都一樣，都要我們用自己的生命去體會道理，靠你的心靈去經驗，講課只是作為一個引子和幫助而已。所以你一定要去體會，要去觀察自己，安靜下來觀察自己，看看自己腦子裏到底在想什麼，你也可以一邊思緒紛飛，一邊觀察自己，觀察自己有很多做法。法國有一個詩人叫瓦萊裏，他還不是學佛的，但他很有意思，他寫作，他說「我一邊寫，一邊觀察我自己怎麼寫」，一般人很少會這樣。這其實也是一種修行，一邊寫詩，一邊觀察自己是怎麼想的。

「若無塵勞，智慧常現」，佛法所說的智慧，不是從外面來的一個東西。只要你沒有塵勞，智慧就自然顯現了，「不離自性」。一個人知不知道自己開悟了沒有，其實自己心裏是有數的，就是看你有沒有塵勞。沒有塵勞就是「無念無憶無著」，無念不是你完全不想，完全不想是住「頑空」。關鍵不在你不想，而在於你不執著於這些念頭，你不去執著你的想法。不隨便打妄念。這裡的念基本上都是取捨之念，你要是沒有取捨之念，那就是有一定工夫了。第二個是「無憶」，這個憶也都是有取捨的憶，所以要求我們於一切法不取不捨，這是關鍵，然後「見性成佛道」。看一個人是否到了明心見性的境界，核心就在於他是不是於一切法，不取不捨，或者說他是不是真正見到了平等相。《壇經》裏特別強調《金剛經》，因為六祖自己是通過《金剛經》成就的。禪宗傳承過程中所依的經典，大概分為幾個階段，在三祖以前，基本上是以《楞伽經》為主的，到五祖、六祖基本上以《金剛經》為主。

此法門是最上乘，為大智人說，為上根人說。小根小智人聞，心生不信。

佛法有一個比喻，對佛的有一個稱呼叫「大醫王」，就是說佛很會治病。誰是病人呢？我們都是病人。佛法裏看兩種人，一種是聖人，一種是病人。為什麼你有病呢？因為你有煩惱，有痛苦，有病就有苦。醫生開藥是有特點的，是要對症下藥的，而不能是一種藥給所有人吃。所以佛法是一種非常高明的教育。佛法裏核心的教育思想是「因材施教」。如果從醫生的角度來說，那就叫做因人開藥。你是什麼樣的情況，就會給你學什麼樣的教材。佛法裏各種思想（也就是藥方）非常多，你要平常去看，很多都是矛盾的，你要是

從因材施教這個角度去考慮就理解了。寒症的人和熱症的人，醫生開的藥方是不一樣的，如果只比較藥方，這兩個藥方一定是矛盾的，但是究其根本，它們就不是矛盾的。很多人說佛法自相矛盾，其實是不理解其中的奧妙。這是我們要特別注意的地方。這也是我經常會批評現代思想的一個地方，現代的很多思想和學術，都會特別強調一個普遍性，就是「universal」的概念，就是從康德以來，人們追求的知識都是「universal」的，大家都追求共識，特別強調共識。這樣一個共識體系的建立，當然有它的好處和道理，但它也有很突出的問題。如果我們站在一種因人而異，或者說生命實踐的角度上來說，並不存在一個對所有人都有同樣幫助的知識。這個就是當代思想，包括現代哲學，它離人的生命實踐是非常遠的。

　　上根人的特點就是像大海一樣。如果下大雨了，小河溝裏肯定就發大水了，但是如果你是一個大海，無論下多大的雨，也是不會漲水的，這就取決於你的心量和境界了。並不是說所有的法門都適合所有的人去學。所以我強調要注意自己所在的層次，這很重要。你要知道你的病在哪裏，你身上這麼多毛病，哪個是最重要的病根，然後才從佛法裏找到最適合你的法門去學習，適合你現在這個程度，適合你現在的狀況，適合你現在的煩惱。而不是說所有的藥都適合你吃，人要是所有的藥都吃，那肯定死路一條。佛法的道理就是這樣，就是不是所有的思想你都適合去學習，你要知道自己自己適合哪種思想，哪種實踐的安排。你在不同的階段，也需要不同的思想指導，就像你在病的不同階段，醫生會給你換藥方一樣，因爲吃了一段時間的某種藥，你的身體就變化了，就需要調整藥方。法門也是一樣的，不同階段用不同的法門。藏傳佛教在這一點上非常重視，非常強調次第，當然這不是藏傳佛教所特有的，其實漢傳佛教也是一樣的，但可能強調地沒有那麼多。這個原因可能是因爲藏傳佛教都是以出家人爲主導的，所以強調實踐性更多，漢傳佛教出家人講經，對次第也很強調，但在家人會模糊一些，在一些佛學論文裏，那就很少強調次第了，而漢傳佛教中在家人的影響又很大。通常在家人的修行條件比出家人差一些。漢地在家人讀書很多，知識很多，所以他知識可以達到一個比較高的水平，但是也許知識水平和實際境界的差距就會比較大，這種情況常有。知識語言上是很容易往共識和普遍性這個方向去走的，語言是很容易達到這個層次的，但實踐的情況就是千差萬別了。你強調實踐，就更容易注意千差萬別的情況，但如果你強調思想的高度，邏輯上的推理，就

很容易形成這種共識。假使你要從中吸取一些生命的經驗、實踐的經驗，你一定要強調次第的觀念，要不然你很容易就糊塗了。什麼藥都瞎吃，那你的病不但不會治好，反而可能病入膏肓了。

善知識！小根之人聞此頓教，猶如草木；根性小者，若被大雨，悉皆自倒，不能增長。小根之人，亦復如是。

見性不見性，不在於你是一個什麼樣的人。你對自身的認識主要是有兩個方面，如果你都能認識得很好，你的境界就容易增上。第一個，你就是要認識到自性是佛！人人一樣，人人都是佛，這是一個很重要的觀念。第二個，我的業力還很深重。佛是眞，業力是假。但是這個假的東西，我還沒有能力破除掉，這個假的東西還會對我產生效果，所以，對於我來說，眞的和假的是同時對我產生效果的。眞假這兩方面你都要充分地認識，你才會比較容易進步。如果你只認識到一邊，那就不行。如果你只認識到假的一邊，總想我怎麼錯誤這麼多啊，我怎麼煩惱這麼重啊，心不純淨啊，這是不行的，因爲你忽略了你本性是佛，很難去體會到智慧的開悟。反過來，如果你只認識到「我是佛」這一邊，而對於自己的業力缺乏認識，那就會對業力重視不夠，會覺得犯錯無所謂，犯了就犯了，犯了錯誤可以原諒，那這就完了！所以你一定要走中道，佛法是一個走中道的思想。

第八講　不見世間過

下面繼續講解般若品。

迷心外見，修行覓佛，未悟自性，即是小根；若開悟頓教，不執外修，但於自心常起正見，煩惱塵勞，常不能染，即是見性。

善知識！內外不住，去來自由，能除執心，通達無礙，能修此行，與般若經本無差別。

善知識！一切修多羅及諸文字，大小二乘，十二部經，皆因人置。因智慧性，方能建立。若無世人，一切萬法，本自不有。

故知萬法本自人興。一切經書，因人說有。緣其人中有愚有智。愚為小人，智為大人。愚者問於智人，智者為愚人說法。愚人忽然悟解心開，即與智人無別。

如果到身外去找一個佛，有這樣想法的人是小根性的人，就是更多地需要外緣的幫助，包括佛像的幫助。「不執外修」是指上根人的修行，要有上根是不容易的。「修多羅」也是梵語，意思是經藏。這段話非常重要，這個類似於《金剛經》裏講的佛無所說。佛說法的內容是很多的，尤其是大藏經，量非常大，一般人一輩子也讀不完。但是不管經藏多少，佛到最後都會跟你說，佛其實沒有什麼可說的，《金剛經》裏有一句話說，如果說佛說了法即是謗佛。這裡的意思就是佛法其實沒有什麼要說的，一切言說從某種程度上來講，都是基於某種二元對立，所以言說本身都不是一個絕對的真相，所有的言說本身其實都是一個二法，佛法是不二法，所以佛法沒有什麼可說的。但因為我們每個人都有各自的問題，就像我們剛才說的，因為你有病，才會有藥；如果沒有病，就沒有藥。沒有病的人是不用吃藥的，沒有病的人還吃藥就會吃

出問題來了。藥是有副作用的。所以說**若無世人，一切萬法，本自不有**。如果你沒有世間種種的迷惑，其實也就沒有所謂的法了。因為你有了迷惑，法在針對你這個迷惑來的。

善知識！智慧觀照，內外明徹，識自本心。若識本心，即本解脫；若得解脫，即是般若三昧，即是無念。何名無念？若見一切法，心不染著，是為無念。用即遍一切處，亦不著一切處。

般若法的一個核心是在解脫。我們現在用「解脫」這個詞不太習慣，我們現在更喜歡用的詞是「自由」，其實道理是差不多的。「解脫」翻成英語也是「liberate」。理解佛法的智慧，主要是從觀察自己的束縛開始的。你觀察到自己受那些束縛，觀察到有哪些繩子捆著你，你才有希望把這些繩子解開。無念，就是沒有執著的念頭起。我們通過眼耳鼻舌身意向外觀察，是沒有問題的，但如果你一用就染著了，就是有念。所以關鍵問題不在於有沒有眼耳鼻舌身意，而在於你使用眼耳鼻舌身意的時候，有沒有染著。如果你不染著，那就**用即遍一切處**，但你還是遍一切處在用，但你不著一處。所以，有智慧和沒智慧的區別，不在於有沒有眼耳鼻舌身意，而在於是否執著。

但淨本心，使六識出六門，於六塵中，無染無雜，來去自由，通用無滯，即是般若三昧。自在解脫，名無念行。若百物不思，當令念絕，即是法縛，即名邊見。

這一段也很重要。有很多人認為佛法裏講「空」講「無」，所有的念頭生滅往復都是煩惱，那我要找一個不生滅，怎麼辦呢？可以用打坐，打坐就**百物不思**，什麼都不想，我不看不想，意識不活動，使自己像一個石頭一樣，有很多公案也在講這個問題，說你一想，就錯了，可是不想，你就跟石頭一樣，那你到底是想還是不想？這些公案就和這段話講的差不多。覺悟不是什麼都不想，也不是看不見聽不著，如果是這樣，還是被法所縛。如果前面那些是為塵所縛，但是如果你定了一個法，為法所縛，還是不起作用。佛法裏講六塵，它是塵，它是勞，不在於這個東西在這裡你看到它，而在於你是不是執著於它，而不是你要關閉自己眼耳鼻舌身意這些功能，這也是不行的，有可能就走上魔道了，所以佛法修行是要謹慎的。

善知識！悟無念法者，萬法盡通；悟無念法者，見諸佛境界；悟無念法者，至佛地位。

善知識！後代得吾法者，將此頓教法門，於同見同行，發願受持，如事

佛故，終身而不退者，定入聖位。然須傳授從上以來默傳分付，不得匿其正法。若不同見同行，在別法中，不得傳付。損彼前人，究竟無益。恐愚人不解，謗此法門，百劫千生，斷佛種性。

這個無念法不是使念斷絕，而是不執著。從這一點上來講，道家的修行和佛法是很像的，就是「損之又損」，佛法講的就是「爲學日益，爲道日損」。佛法的核心在於「損」，不在於學到了什麼，而在於消除了執著，消除了執著，你就自然聰明。在佛法學習裏，你也可以學到具體的法門，局限在具體的法裏，那就是有限的，如果你學到了無念法，那你就「萬法盡通」。「無念」的狀態，就是在你去除了業力之後，我把業力「損」到沒有了之後，那我自然就跟萬法相通了，跟天地，跟萬物，都是相通的，因爲我進入到不二的境界裏了，這個不二的境界裏，一切都是通的。在這一點上，道家跟佛法說的很相近，道家也是講「損」，也是講最終要歸於「道」，而不是歸於具體的知識。我如果跟「道」合爲一體，那我跟「道」自然就是相通的。

善知識，吾有一無相頌，各須誦取。在家出家，但依此修。若不自修，惟記吾言，亦無有益。聽吾頌曰：

下面講了一個「無相頌」。在家出家，依此修行，就能有所成就。

說通即心通，如日處虛空；
唯傳見性法，出世破邪宗。
法即無頓漸，迷悟有遲疾；
只此見性門，愚人不可悉。

這一段非常重要。很多人都迷在這個地方，尤其是後來很多修禪宗出問題的人都迷在這個地方了。經常大家會說到禪宗是頓教，其他的是漸教。還有一個說法是，慧能大師的這一支是頓教，神秀法師這一支是漸教。所以很多人會說禪宗比其他的高明，南宗比北宗高明。從佛法的根本意來說，法法平等，每一個法門都是最終通向根本境界的。能不能成就，能不能開智慧，核心不在於是不是學了一個頓教的法門，而在於你自己迷的程度多深，悟的程度多深，「迷悟有遲疾」。如果說學禪宗，學頓教，就能開悟，那中國人早就都明心見性了，而事實並非如此。所以你是否開悟，不在於你學了哪個法門，還是要看法門和你自己根性的契合程度，核心還是在你自己。很多人學法，覺得我要學一個頓法，頓法多好啊，漸法是很慢的，漸法是一步一步往上修行，就好像我們從幼兒園學起到博士，世間的博士比較容易一點，如果

中間不間斷的話，三十歲以前就可以博士畢業了，還有理工科的天才少年，二十出頭就博士畢業了。佛法的修行要的時間是比較長的，如果從幼兒園水平學到博士水平，按照一般的講法，三大阿僧祇劫，這都是沒法算的時間，這個數字至少是以億年為單位的，生生死死要轉很多趟。如果你對束縛我們的東西有比較深的體會，你會知道如果要從中解脫出來，是一件非常不容易的事情。所以有人會說，漸法這麼慢，所以我要學頓法，像六祖慧能這樣一下就悟了，多好！這的確是非常讓人羨慕的，所以很多人想頓悟，想有一個捷徑。方法和方法比較，也的確有的效率更高，效果更好，有些方法可能毛病更少一點，但事實上，你能夠頓悟，還是你必須一步一步慢慢來，根本上不在於你學習什麼樣的法門。不是學習《壇經》就一定能夠頓悟，學習天台，或者漸教其他法門，比如淨土，就一定是漸的，這不是關鍵。**迷悟有遲疾，**你頓悟不頓悟，雖然跟法門不是沒有關係，但是這不是根本，根本的是你自己處於一個什麼樣的境界，你自己的境界，是迷惑比較少，障礙比較少，塵土比較少，像慧能大師一樣，發心又猛厲，還在碓坊裏辛苦勞作，為法忘軀，還是根本就不是這個境界？慧能大師這樣才能一下子頓悟。所以關鍵不在於你是讀《金剛經》，還是讀《壇經》，還是讀《楞嚴經》，還是讀《地藏經》，不是你讀這個經就會快一些，讀那個經久會慢一些，問題的關鍵是在於你自己的境界到底在哪裏。**只此見性門，愚人不可悉。**你要是愚人呢，你讀什麼經也頓悟不了。

這裡有一個問題，就是後人經常會以頓悟作為藉口，自以為自己覺悟了，其實沒覺悟，這種情況是最悲哀的，也最麻煩。佛法的修行是有次第的。我們現在漢地有些情況就是學禪宗、學《壇經》沒學好，喪失了次第的觀念。所謂的次第，就是我們教學法裏告訴我們，幼兒園應該學什麼，小學、中學、大學應該學什麼。漢傳佛教裏，禪宗在漢唐以後佔據了極大的優勢，地位最高，所以在這樣的情況下，大家都紛紛強調頓，而忽略了次第。這個的確造成了今天很大的問題，佛門裏很大的理論問題，跟忽略次第是有很大關係的，出家在家都出現過這樣的問題，就是不辨次第，不知道自己在什麼位置什麼境界，也不知道我在這個位置上首先應該學什麼。這個不能怪六祖，六祖是接引上根人的，你不是上根人，你去學，出了問題，你不能怪他。我以前舉一個例子，就像從十米跳臺上跳水，那奧運會上的選手跳的很好看，他們沒有問題，那他教你，說了怎麼翻跟頭怎麼控制身體，你也上去，你也跳下去，

那很可能會受重傷，更厲害可能還有生命危險。所以十米跳臺該怎麼跳，這是一個學問；你自己應該怎麼跳？你應該從一米跳起，這是另外一種學問。學佛有很多人這個問題都沒搞明白，所以很多人稀裏糊塗就跑到十米跳臺上往下跳，那就出大問題了。

> 說即雖萬般，合理還歸一；
> 煩惱暗宅中，常鬚生慧日。
> 邪來煩惱至，正來煩惱除；
> 邪正俱不用，清淨至無餘。

這裡的邪正，就是邪就是惡，正就是善，一個惡來，一個善來。你有惡，就有惡的煩惱，善就克制煩惱，但是這個善克制了惡的煩惱，還不是清淨的。這裡的邪來煩惱至，正來煩惱除，就相當於前面神秀上座說的「時時勤拂拭，莫使惹塵埃」。所以大家要知道，慧能跟神秀，我們不能從對立的角度來看待，他們只是在次第上不一樣，有區別，很多的道理和理論都是一個程度的問題，並不是真的矛盾，你從表面上看他們是矛盾的，那只是文字上的表述，但其實根本上只是一個層次的問題。前面是神秀的層次，慧能大師不是絕對反對神秀的層次的，只是說這個層次不能徹底解決問題。後面講到「邪來煩惱至，正來煩惱除」，就是有邪有正，用正來克邪，這是一個境界；「邪正俱不用，清淨至無餘」，這是另一個境界，這個境界是真正清淨的。

但是要注意，我們還沒有能力用正克邪的時候，千萬不能認為自己可以「邪正俱不用」，這是你做不到的。第一念，「邪來煩惱至」，煩惱就是有執著；第二念，「正來煩惱除」，我覺醒了，我知道我要去掉煩惱。這比第一個煩惱至的階段要高級，但還沒有到「清靜至無餘」的最高境界。「清靜至無餘」是什麼境界，就是你第一個邪念都沒有生起的境界。有一個說法叫「我們人生不要受第二隻箭的傷害」。比如說我和你起了衝突，你罵了我一頓，我當時就不舒服了，凡夫不光是當時不舒服，一般這個不舒服還要持續好幾天！我們被人罵了之後，我們還要回去想他是怎麼罵的我，還要把他罵的話重述一遍，而且有可能還有第二遍、第三遍……甚至最嚴重的，也有可能想一輩子，一輩子都記得。那這裡說到的那時以後的痛苦，就是第二支箭或者第三支箭。這就是我們凡夫的煩惱，我們的痛苦不僅是在臨事那一剎那受的，我們是會反覆品味這個痛苦，所以你的煩惱就反覆地生起，不斷地加深煩惱。比較聰明的人呢？當時被人罵了不舒服，馬上就會覺得不對，會去想他罵我，我為

什麼就要不高興呢？空氣振動一下，我就不高興了？沒有必要。那我明白過來以後，我就不煩惱了。這就叫做「正來煩惱除」。我看到了，感受到了，但是明白過來它應該是空相，我應該不受他的語言的控制。剛才說他罵我，我生氣，這是煩惱，其實他說我好話，我高興，這一樣是煩惱。這兩種煩惱是一體的，你有了一個，就一定會有另一個。如果別人說你好話你高興，那別人罵你，你就一定會生氣。這樣的煩惱，我們都可以在第二念的時候去除它。能做到這一點，其實境界已經不錯了，很不容易了。不過，還有比這更高的，那就是不受第一支箭，當時說我好與不好，我就不隨著外境產生情緒，當時就體悟「空」。一開始就是空，就沒有掉進意念裏，所有的物已經空了，我已經不受物轉了，所有的物對我來講隨時都是空的。「清靜至無餘」，這就是絕對的清靜，完全的清靜。你們要注意到，這裡還是有次第的，這很重要。學佛很重要的一點就是你能體會到它的次第。體會次第本身，就是在理論上學通。如果你學佛而不知道其中的次第，不知道每句話的層次在哪裏，那就連「說通」都還沒到。說通都還沒有，心通就更不要想了。

　　菩提本自性，起心即是妄；
　　淨心在妄中，但正無三障。
　　世人若修道，一切盡不妨；
　　常自見己過，與道即相當。
　　色類自有道，各不相妨惱；
　　離道別覓道，終生不見道。
　　波波度一生，到頭還自懊；
　　欲得見真道，行正即是道。
　　自若無道心，暗行不見道；

　　上面這幾句意思也比較清楚，基本上是前面一些內容的總結。禪宗強調在生活中修行，後來中國的太虛大師提倡「人間佛教」，也是以此作為思想的源頭之一。在禪宗看來，妄心本來不實，因此並不是一個真的實實在在需要消滅的「東西」，妄心是虛的，所以稱之為「虛妄」，只要常見己過，自然就能逐漸看破這虛妄，與道相當。今天浪漫派的人尋覓「詩和遠方」，但是最具有浪漫精神的禪宗卻說，道不在身外，不在遠方，人在何處，道就在何處。清朝的李顒著《反身錄》，反身即近道。而這個真道，關鍵還是在行處。人的行為本身就是心的綜合反映，有人說，我心是好的，只不過有時候迫於無

奈……這種其實都是耍滑頭，有什麼樣的心，就有什麼樣的行。

若眞修道人，不見世間過。

若見他人非，自非卻是左；

他非我不非，我非自有過。

但自卻非心，打除煩惱破；

憎愛不關心，長伸兩腳臥。

這一段很重要，我們重點講講。前面講的很多都很高，大家可能不一定用得上，很難用來解決自己實際的生活中的問題，我們現在要說的這個相對好用一些。「若眞修道人，不見世間過。」這句話比較有名。我們來看看，爲什麼「若眞修道人，不見世間過」呢？很多人聽了這句話會覺得很奇怪。世間這麼多錯，應該是路見不平拔刀相助啊，歌裏也唱「路見不平一聲吼，該出手時就出手」。這個世間是有很多問題的，我們生活的世界可不是一個所謂的理想世界。如果我們從過錯上來說，每個人都有很多的過，自己和別人身上都有很多過錯，我們放眼望去，世界很不美好，甚至黑暗，毛病多得很。那爲什麼六祖在這裡說「若眞修道人，不見世間過」呢？難道是這些修道人很傻嗎？對錯不分？我們不要跟錯誤的行爲做鬥爭啦？我們不批評壞人壞事了？我們不把壞人繩之以法了？

這裡是有很多層次的，我不知道大家有沒有思考過這個問題。其實我們每個人見世間過很多，而且我們對這些世間過有所批評，有所評論，大家都是如此，我們對自己的心態，自己的這種批評，有過什麼樣的想法呢？有沒有思考過，我們怎麼看待一個作爲批評者的自己？怎麼看待自己對外的這樣一種批評？首先，一般而言，對世間的批評不是完全不合理的。如果我們從比較低的層次來講，從普通人的層次來講，對於世間的批評並不都是不合理的，因爲這個批評在某種程度上來講是參與到了對這個世界的建構中。第二，你對這樣的事物有所批評，如果你稍微有點反省精神，見賢思齊，見不賢則內自省，那麼你批評這樣的過錯，如果你是對事不對人，這個態度已經相對好一些了，對錯誤的事情有一個負面的評價，這個負面的評價在一定程度上可能會阻止自己去做同樣的事情。所以這樣一種批評，在凡人的層面上，並非絕對就是不好的，而是有一定合理性。

但是我們在這裡講的是修道人，不是世間的普通人，修道人有更高的要求，批評如果放在更高的要求上，就會有問題。一個修道人，如果看世間過，

對他是有比較大的傷害的。這裡有很多的問題，我們來分析一下。第一，當我們看別人的過錯的時候，我們就不容易看自己的過錯，對自己的過錯就容易忽略放過。人就是如此，當你關注別人的不對，就不容易看到自己的不對，當念頭生起的時候，是把注意力放到外面去了，注意力就不在自己，對自己的觀照就有所不足。所謂修道人，真正處於修道狀態的人，他是念念觀照自身的，他念念是在去除自己的煩惱。他所有的用力，都是在解除自己的煩惱。第二，我們批評別人，本身就是塵勞，這就是一個執著，你用外面的塵勾引起內心的情緒，你就順著外界順著情緒走了。外面的過錯，我對應產生的就是恨，恨和愛是一回事兒，你還是在愛恨之中，你的厭惡就是塵勞的牽動。一般人不是僅僅看到別人的過錯，實際情況是，看到別人的過錯，馬上會引起我們自己內心的過錯。比如，我們看到一個人在偷東西，你馬上會，或者說你很容易會生起嗔恨心。你看到一個人殺人，你會恨不得這個殺人犯死掉。這種自己心裏生起的嗔恨心是過錯。我們在看別人所謂的過錯的時候，我們自己馬上進入到一個愛憎的系統裏，剛才講什麼叫做煩惱？愛憎就是煩惱。當你見到他人的過錯的時候，馬上就會進入到愛憎的系統，然後你在中間有所取捨，有所執著。第三，對他人的批評，更要命的一點，就是會造成自己的傲慢。我們人是這樣一個思路的，人喜歡批評別人一個很重要的原因，就是你對他人的評價低了，你就會顯得高一些。人的毛病是很大的，我們曾經提到過一首歌，名字叫《只要你過得比我好》，這個恰恰是針對我們的一個弱點，就是希望我過得比你好。同樣道理，我希望我比別人高一點，這個時候通過批評，恰恰就滿足了我要比你高的這個需求，這就是慢心。仔細讀《壇經》，會發現一個有意思的特點，就是它對欲望的批評是比較少的，對慢心的批評比較多，原因是什麼？因為如果你還有很強烈的物欲，那《壇經》這些話根本就不是對你講的，那就不是入門不入門的問題了，你連門都還沒看見呢，這話根本就不跟你說了。《壇經》是對求道之心比較強的人說的，就是你對欲望的問題已經有比較清醒的認識了，已經比較淡薄了，所以在這裡就不怎麼談欲望的問題了。但是修道的人容易出現慢的問題，修道的人都是對自己要求比較高的人，相對其他人來說，你的境界可能比一般人高，會取得比別人多一些的進步，這個時候比較容易出現慢的問題。你修道了，你看旁邊的人都不修道，你就覺得自己比別人好，其他人都是凡夫俗子，或者都是壞人，這個心態一發生，慢心就生起來了。慢心出來，後面的修道就有障礙了，

傲慢心出來，你的精進心就沒有了。你老是覺得自己比別人強，就沒辦法再往前進步了。批評別人的同時，你是很容易得意的。批評別人，就覺得自己不錯嘛，至少我沒有這樣的毛病。得意的下一步就是退步。所以，世間過見得多，必然就會退步，一定是如此的。所以說，「若見他人非，自非卻是左」，所以你看到他人的過錯，實際上是自己的問題。

還有一層意思，就是我們自己身上有毛病的時候，就容易看到別人身上的毛病，你自己身上的毛病越多，越容易看到別人的毛病。很簡單的例子，比如別人貪你一點便宜，你說這個人真壞，貪我的便宜，你為什麼對他貪你的便宜這麼的痛恨呢？是因為你自己對利益是比較有執著的，如果你自己對利益並不是很執著的話，你也就不會太在意別人貪你的小便宜。或者你對別人的傲慢很痛恨，你看這個人多傲慢！總是講大話！你很討厭他。你為什麼那麼討厭他呢？是因為他的傲慢傷害了你的傲慢。他顯得自己那麼高，把我顯小了。所以，你自己毛病多，你看別人就毛病多。人就是這樣相互碰撞的。

真正的高人是怎樣的？真正的修道人。真正的高人是不會被傷害的。如果你覺得自己被別人傷害了，當然你可能說這不公平，我被別人傷害是我自己有毛病，看上去不公平。佛法就是一個更高的要求，對於傷害你的人就算了，對於占你便宜的人就不用考慮了，這些人根本就不是《壇經》的對象。別人佔了你的便宜，你也不要不高興，而是要回過頭來想想自己的問題。修道人應該是什麼樣的態度呢？你自己覺得被別人傷害了，這本身就證明你是有毛病的，有問題的。真正的高人是沒有被傷害的可能性的，因為所有的弱點都消除了，貪嗔癡慢疑都消除了。當你覺得自己被傷害，其實就是因為你有執著。你如果沒有執著，你怎麼能被傷害呢？所以，我們一定要知道，所有的傷害都是來自於執著，我們平常講的痛苦在哪裏，都是因為有所執著才有痛苦。沒有執著，就不會有痛苦。這樣的修行，是在一個很高的境界。我們見到了這個世間的過，你覺得這個世間對你有所傷害，這都是因為你有所執著。

所以真正的修道人，是不會把注意力放在世間過上的，不見世間過，不是說你沒有判斷的能力，不是說你失去了對這個世界的觀察能力，這個時候你的觀察能力反而是最清楚的，能最清楚地觀察這些因緣。我們之所以觀察不清楚，是因為我們的見都是有所扭曲，都被我們的情緒所扭曲。修道人沒有這樣的情緒扭曲，所以看得到這些因緣，你不是見不到，你能見到壞人會

遭惡報，你可能會生起同情之心。這個時候你不見世間過，是你不執著於這些過錯，你不能讓這些過錯在自己的心裏引起情緒，這叫不見世間過，不是你對世間失去了判斷能力。沒有判斷能力不就是傻嗎？不見世間過不是這樣，反而是對世間的前因後果來龍去脈看的更清楚，但是絕不把這些因緣所生法在自己心裏留下任何的執著，不染，就是別人的過錯不會染著在我的心上。普通人不是這樣，別人的過錯會染著在我們心裏，有的可能會染一輩子，還經常會想：「當年就是因為他！」我們這些執著讓我們痛苦。所以「若真修道人，不見世間過」。

我跟你們說過，我以前比較憤世嫉俗，什麼都批評，而且我這個人比較萬金油，什麼都喜歡關心，所以批評還特別多，從隔壁鄰居到國家領導人都批評，這樣的批評，雖然從世間的角度來說不是完全不合理，但是對人的進步，對人的境界，是有傷害的，最容易出現的傷害，一則是傲慢，另一個就是對自己過錯的放縱。一個人，假使你心裏比較多地看別人的好處，那你自己更容易好一些；如果你相信周圍的世界是黑暗的，那你自己就更容易黑暗，人就是如此。《中庸》裏講舜隱惡揚善，為什麼隱惡揚善，不把惡宣揚出去，就是為了讓揚善製造一個好的氛圍和好的情緒，如果大家都認為世界上好人多，那自己的行為方式就會更好。如果這個社會上大家都覺得別人是壞人，一個是人與人之間的信任感沒有了，第二個就是你也更容易變壞，你相信周圍都是壞人，你就會去做壞事，或者你會覺得做好事比較傻，每個人都這麼覺得，這個社會就壞掉了。古人在這個問題上有很清醒的認識。以前我是古書讀的太少了，後來慢慢才讀明白，覺得古人真的是有智慧！我們現在的媒體問題就非常多，天天給你講壞事，天天告訴人咬狗，哪天大家就爭著去咬狗了。好事不出門，壞事傳千里。進入到媒體界的人一定要承擔責任，不能讓媒體就這麼敗壞人心。

他非我不非，我非自有過。他錯是他的問題，我不能非，這個我非不是指的一般的過錯，而是指我對他非的執著，這樣一種沾染。他佔了我的便宜，偷了我的東西，這是他的問題，我執著在這個問題上是我的問題，所以我非自有過。所以修行人強調的是解決自己的問題，不去管別人如何。但自卻非心，打除煩惱破，自己要把自己錯誤的心，煩惱的心解決掉，每個人要把注意力放在解除自己的煩惱上，觀察自己的毛病，解決自己的問題，不要把注意力放在對他人錯誤的觀察和批評上。憎愛不關心，長伸兩腳臥。這樣你的

心裏就比較容易平衡，比較舒坦，不要去關心對他人的憎愛，也不要關心他人怎麼樣憎愛你，那你就可以長伸兩腳臥了。

　　欲擬化他人，自須有方便；
　　勿令彼有疑，即是自性現。
　　佛法在世間，不離世間覺；
　　離世覓菩提，恰如求兔角。
　　正見名出世，邪見名世間；
　　邪正盡打卻，菩提性宛然。
　　此頌是頓教，亦名大法船；
　　迷聞經累劫，悟則剎那間。

　　首先解釋一下兔角，兔子沒角。兔角是一個不存在的東西！「離世覓菩提，恰如求兔角」，所以說菩提不是離世可求的，所以並不存在一個把自己和世間隔絕開而能求到菩提的情況。人本來就是在世間的，佛法在世間，就是告訴你怎麼樣在世間智慧生活，而並不是說要離開世間。那也許有人會提出那為什麼有「出家」的問題，難道六祖慧能是不同意出家嗎？如果說六祖慧能反對出家，那為什麼他自己出家呢？所以，毫無疑問，六祖慧能不是反對出家。「家」和「世」是不一樣的，出家了，你還是在世間，你只是離開了家庭而已。你出了家，不管是在一個固定的寺廟，一個固定的僧團，還是作一個行腳僧，你都沒有真正離開世間。佛法是不要你去抱怨，因為我在世間中，所以受到了很重的污染，所以我沒有辦法學好，而是我就是在這個世間，我遭遇煩惱，體會煩惱，然後消除煩惱。這個過程，就是覺悟的過程。消除煩惱，就叫做覺悟。你的覺悟就是在這個世間中成的。所以後面說到「正見名出世，邪見是世間」，真正的世間不在於說你人的身體在什麼地方，而是你有正見還是邪見。你有空性見，還是被物轉，如果你有空性見，那你就已經離開了這個「物」，如果你被物所轉，那你就是在世間。

　　我是不反對隱修的，如果一個人真正去隱修，我還是覺得是很了不起的，因為在某種程度上來說，他離開紅塵，本身就是離開煩惱的一種。這裡更容易出現的一個問題是，既然佛說佛法在世間，不離世間覺，離世覓菩提，恰如求兔角。那有人說，我就不離開紅塵，就在紅塵中打滾，然後還自以為覺悟了。在紅塵中打滾，稍微想得開一點，就覺得自己覺悟了。這個是更容易出問題的地方，隱修的問題相對小很多。有一個詞，我們常聽到，叫「隨緣」，

有同學說「盡人事聽天命」，這從改善命運的角度來講是可以的，但是不完全。我們現在講的隨緣，多半都是給自己犯錯誤找個藉口，給自己破戒找藉口。隨緣是一個非常高的境界，意思是，我自己心裏沒有任何的執著，我不貪愛任何東西，我完全順應外面的緣分對我的要求，這個世界對我的要求。這個世界需要我去做這個事，我就去做這個事。而不是順著我自己所謂的想法、追求、執著去做，不是隨順自己的煩惱習氣，這個叫隨緣。隨緣是很難的，有一點點像儒家說的中庸，但不完全是一回事，但可以相互去體會和借鑒。自己在完全沒有執著的情況下，才有可能真正是隨緣。一般我們世間講的隨緣，其實都不是隨緣，我們一般用這個詞的時候，基本上都是隨順了自己的煩惱，隨著自己的煩惱和外面緣分的結合。比如僧人不能吃肉，那這個時候只有肉，那就隨緣吃一點吧，這個時候絕大多數都是隨順了自己的貪心。包括一般人在男女關係上，還有一些其他類型的事情。一般世間所說的隨緣，都是隨了自己的煩惱，大家可以去觀察一下這個詞的使用，都是執著順著情緒，我本來就貪吃，那這個時候有一個好吃的，我就「隨緣」把它吃了。我們很少是真正的順著世間對我們的要求的緣分去做的，當然有時候我們也自欺欺人地編造一些理由，讓這個事情看起來好像是為了別人一樣。真正的隨緣，<u>隨緣應世，</u>這是大菩薩的境界，就是他在世間，順著世間的要求去做事，而沒有自己的要求，所以你只有沒有執著了，你才有資格說我做這些事情是為了隨緣的，否則的話，你說的隨緣，只是自己騙騙自己而已。

第九講　見性是功平等是德

今天講《疑問品第三》。

一日，韋刺史爲師設大會齋。齋訖，刺史請師升座，同官僚士庶肅容再拜，問曰：「弟子聞和尚說法，實不可思議。今有少疑，願大慈悲，特爲解說。」

這一段簡單說就是韋刺史請大家吃飯。這裡的吃齋，是指在寺廟吃飯。在寺院裏，吃飯的術語叫過堂，食堂叫五觀堂。佛門裏面，出家人吃一頓飯，嚴格來說應該跟上一堂課是一樣的，講食存五觀，吃飯的時候是要用功的，，要觀察自己的內心，時刻從五個方面下手修正自己的內心，做得比較好，那你吃這一頓飯就算及格了。要是只是覺得飯好吃，那就不及格了。這五觀是這樣的，一是「計功多少，量彼來處」，吃飯要想到這是別人供養給你的，不是從天上掉下來的。二是「省己德行，全缺應供」，你要想想你現在努力修習取得的德行，夠不夠資格吃別人供養的這餐飯。如果從在家的角度來講，日常生活中，有沒有各種各樣的福報，我們吃的、穿的、喝的、用的，我們的所作所爲，爲這個社會做出的貢獻，夠不夠資格享受這一切。三是「防心離過，貪等爲宗」，吃飯不要去計較好吃不好吃，佛門裏吃飯是要像吃藥一樣，因爲我是凡夫，所以我有飢餓的問題，不吃飯就會餓死，所以我需要用吃飯來治療我的餓病，我吃飯吃好了，可以繼續用功學習。四是「正事良藥，爲療形枯」，五是「爲成道業，故受此食」。吃飯就是一種修行，隨時保持這樣一種反省的態度。這就是食存五觀，吃飯的時候時時刻刻保持著五種觀念。佛教的修行是一個連續體，時時事事保持觀照，希望我生命的每一分每一秒都是在用功，吃飯、睡覺、走路、都是在用功，這樣才算是修行，當然要保持這樣的狀態是非常不容易的。修行不是說在打坐、念經的時候才在修行，

而是生活中的每時每刻。我們再解釋一下這個「齋」，有很多人說吃素就是吃齋，這是不準確的，嚴格地說，日中一食算吃齋，早期佛教是一天只吃一頓飯的，現在南傳的佛教，都還是一天只吃一頓飯，大概就是上午十點多鐘吃。中國現在有些改變，大部分的寺廟是吃兩頓飯，就是早飯和午飯，午飯是在正午之前，晚飯一般不叫晚飯，叫藥石，大多數出家人會遵守一個戒律叫「過午不食」，過了正午就不吃飯，可能也有少數人因為身體的原因沒辦法做到，必須要吃一點，所以叫藥石。

師曰：「有疑即問，吾當為說。」

韋公曰：「和尚所說，可不是達摩大師宗旨乎？」

師曰：「是。」

公曰：「弟子聞達摩初化梁武帝，帝問云：『朕一生造寺度僧，布施設齋，有何功德？』達摩言：『實無功德。』弟子未達此理，願和尚為說。」

師曰：「實無功德，勿疑先聖之言。武帝心邪，不知正法，造寺度僧，布施設齋，名為求福，不可將福便為功德。功德在法身中，不在修福。

梁武帝和達摩祖師的這個對話，韋刺史感到疑惑，南朝四百八十寺，都是梁武帝建的，那為什麼說沒有功德呢？韋刺史他是剛剛供養僧，梁武帝也是供養僧，所以韋刺史問梁武帝有沒有功德，實際上是在問我請你們吃飯有沒有功德。

慧能大師的這段回答是非常重要的。他說武帝心邪，不知正法，我們要知道，正邪和善惡都是一種比較法，武帝建造這些寺廟，不是一般意義上的邪，一般意義上來講他是善的，只不過相對於更高的境界，徹底解脫的境界來說，梁武帝這個算是邪。如果相對於普通人來說，這個算是善的。梁武帝這個算福，不算功德，功德在法身中，不在修福。所謂功德在法身中，我們後面會解釋。

師又曰：「見性是功，平等是德。」

什麼是「見性」？就是你見到事物的本性。事物的本性是什麼？事物的本性是空的，我們之前也說到，事物的本性是沒有差別的，就像《齊物論》所說的一樣。差別來自於人對事物的價值判斷，來自於主觀的想像。我們把這個主觀的想像，投射到事物之上，然後產生了價值。在這個前提下，你對事物所做的一切價值判斷，都是你個人的偏見。就是你站在一個偏私的立場上，給了事物一個價值。比如說，你說蒼蠅很討厭，蚊子很討厭，貓和狗比

較可愛一點。為什麼呢？因為你是站在蒼蠅和蚊子會損害你的利益的角度上來說的。蒼蠅和蚊子，從它自己的角度來說，它只是在生活而已，它們只是看到這裡有吃的，就會過來，它們根本不知道人是什麼，也不知道這塊食物是屬於某個人的。所以，我們所謂害蟲益蟲的劃分，還有其他種種對世界的劃分，都是站在「我的好處」，「我的利益」的角度，對事物進行的判斷。你站在自己的利益上，對事物進行判斷，但你要注意，這個時候你所在的是一個偏私的立場，你不是站在事物本性的立場上。它的本性和你的偏私，這是兩回事，但我們經常會拿我們的偏私，來確定外物的性質和價值，但這個性質和價值是虛假的，並不是真實的。這樣的你，就見不到本性。見不到本性，你就不平等。你有沒有看到空，有沒有見到事物的本質，最好的一個測試標準，就是你看到的事物和世界是不是平等的。我們人看東西很不容易平等，因為我們有一個東西叫價值觀，有價值觀你就不可能平等，所謂價值就一定有高有低，價值觀一般指比較大的東西，但是如果我們從大的入手去想這個問題，我們是容易糊塗的，所以我們要從小的地方入手去思考這個問題。很多寺廟裏也會寫這樣一句話，叫做「見平等相」。我們凡夫所見，都不是平等相。也就是因為這樣的原因，我們見不到功德。

念念無滯，常見本性，真實妙用，名為功德。

「有滯」分兩層意思，一個是說你的價值判斷投射到事物之上以後，會形成矛盾和衝突。聖人在這個世界上是「無滯」的，是沒有任何東西跟他有敵對和衝突的。我曾經思考過一個問題，就是這個世界從根本上來講，是不存在任何矛盾的。所有一切的矛盾，都是你作為一個主體，自己想像出來的。你有你自己的欲求和判斷，你是站在你自己的立場上看這個世界，這個世界上的東西才有可能顯現出矛盾來。如果你不是站在你自己這個偏私的角度來看世界的話，這個世界是根本不存在矛盾的。比如說，有一個衝突，我走在路上跟一個人發生了碰撞，我們吵架，這是一個矛盾，我和另外一個人產生了矛盾。這樣一個矛盾，是基於一個「我」的立場之上的。我有一個「你應該怎麼對我」的立場。因為這個偏私的立場，才有矛盾的產生。如果你事先沒有一個固定的認識的話，那就不會發生別人跟你有矛盾的情況了。一切的矛盾，都是以一個主體的想像作為它的前提依據的，沒有這個主體的想像，就不可能有任何的矛盾產生。矛盾，永遠都是主觀的，而不存在什麼客觀的矛盾。再比如，我拿著這本書運動，碰到了這個話筒，你會覺得它倆的碰撞

是一種矛盾，客觀的矛盾，而你之所以會認為這是一個矛盾，是因為你對這本書的運行軌跡有一個期待和預見，你認為書就是要從這裡過去的，所以當這個話筒出現在書本的運行路線上的時候，你才會認為這是一個矛盾。如果沒有這樣一個預見和期待，那這本書和這個話筒，只是發生了物理碰撞而已，一個客觀事件而已，並不是矛盾。這個說法可能跟大家以往的常識很不一樣，需要反覆咀嚼和體會。

　　我們凡夫都生活在種種矛盾之中，因為我們心裏有著種種的定見。這些定見，不僅存在於我們的思想中，而是深入到我們的肉體的。以前我曾經提過，佛法對於思想和肉體的想法和我們現在熟悉的自然科學的想法是不一樣的，現在的自然科學一般認為你有這樣的肉體，所以你有這樣的思想，但是佛法恰恰相反，它認為是因為你有這樣的思想，所以你才有這樣的肉體。你這樣的一個肉體，你這個肉體感受世界的方式，是由你的思想決定的，由你的業力決定的。所以，你會在這個世界中遇到各種各樣的障礙。凡夫在這個世界上一定是會有障礙的，男人有男人的障礙，女人有女人的障礙；高位置的人有高位的障礙，低位置的人有低位的障礙；中國人有中國人的障礙，美國人有美國人的障礙；因為我們凡夫對這個世界有所定見。有這樣定見的你，一定會遇到有那樣定見的別人，那就一定會有衝突，這就是有滯的。但如果你是平等的，一切都是平等的，你就是無滯的。你沒有所謂的高低上下的要求，沒有一定要這樣一定不要這樣的設想，你就是無滯的。你一定要那樣，一定不要那樣，你就一定會有障礙，就一定會遇到衝突。所以「見性是功，平等是德」，你看到一切都是空，不管你遭遇到什麼都是空，見到了平等相，所以就「念念無滯」。人在一個平等的世界裏，沒有一個一定要去做的選擇，就是無滯的，不管你遭遇到了什麼，都是平等的。你一個沒有障礙的人生，是很值得羨慕的。「常見本性，真實妙用」，你見到本性了，你才有可能有功德。這裡的第一句是總說的，後面是分說，後面所說的是具體的一些表現，第一句是根本境界。

　　我們讀《壇經》一定要通過內省的方式，這樣會比較有效，最重要的理解方式不是通過文字，不是通過別人的注解，根本的是要把這些東西和你的生活結合，要通過內省來理解《壇經》到底在說什麼，否則你永遠不知道它在說什麼。你要理解什麼叫「念念無滯」，就要觀察自己到底是「念念無滯」，還是「念念有滯」，如果你發現自己是「念念有滯」，你就可以大概推論什麼

叫「念念無滯」。我們自己到底是「滯」的狀態，還是「無滯」的狀態，我們對於過去的事情，剛剛發生的事情，或者很久以前發生的事情，心裏是一種什麼樣的狀態？因爲我們有所貪愛，有所執著，所以我們其實是一種「滯」的狀態，這個時候你見這個東西來和見這個東西離開，是不一樣的，它來的時候你歡喜，那你就不捨得它離開，這就是一種滯，不是任運自由的，人的不自由的狀態就是滯的狀態，因爲你有一個「我」對「我所」的貪著。這個時候你就見不到本性，你的本性被對我所的貪著所扭曲。所以你如果念念有滯，你就沒有功德，你「念念無滯」，就有功德。你見到了本性，按照生活本來的樣子去生活，那就算是功德了。

內心謙下是功，外行於禮是德；

我們講中國儒家強調「禮」，「禮」就是對人對事的尊重，當然也有各種各樣的表現，當然，也會固化下來一些不好的禮，一些不合時宜的禮，但「禮」的本質，我們要瞭解，就是對人對事的尊重。「內心謙下是功」，仔細體會什麼叫做「內心謙下」。我們經常講「驕傲使人退步，謙虛使人進步」。人怎麼樣去謙虛？謙虛也有高高低低的層次。講到眞正的謙虛，佛法裏有一個特別高的標準。那是非常困難的。只要你還有「我」的觀念在，你就很難說是謙虛的。只要還固著一個「我」，那麼這個「我」，一旦堅持「我」，你就不可能是完全謙虛的，因爲你沒有完全隨順於外面的世界，你還沒有「隨緣」，你還在堅持一個「我」。你有了「我」這個觀念，你就會堅持這個「我」，堅持「我」，就會和外界發生衝突。有衝突，就證明你不是完全徹底的謙虛。這是一個極高的標準。日常生活裏，我們待人接物，不要讓人覺得不舒服，不要狂妄自大，就還算過得去了。

這裡六祖慧能所說的標準是很高的一個標準，他是直達佛法的核心的，他提的這個標準，是一個徹底的標準——「內心謙下是功」。這裡所說的內心謙下，比我們平常所說的謙虛，要更徹底，更深層。我們曾經說過，《壇經》裏面在講人的問題，講跟道德倫理比較接近的問題的時候，比較少說貪嗔的問題，原因是貪嗔這樣的問題你都還沒有解決得比較好的話，那你是還根本不夠資格跟六祖來學的。解決了貪嗔的問題，接下來就是慢的問題。我在年輕的時候，還認爲我是一個比較謙虛的人，那個時候缺乏反省，自以爲自己不是很傲慢，覺得遇到高人還是願意請教的，但是比以前懂得自省了以後，就逐漸發現自己的傲慢非常嚴重。人是非常容易傲慢的，你如果在這個問題上

對自己有所省察，就會知道傲慢的厲害。我舉一個例子來看看慢心是多麼厲害。以前我在巴黎認識一個朋友，一起聊天，就聊到博士論文，他是寫一個中國的問題，當時我的心裏就生出一點想法，寫個中國的問題比較容易，因為我自己的博士論文是用法語寫一個法國的問題，就在心裏覺得自己比別人高一點。然後，我馬上意識到這個問題了，那個時候還有一點反省，意識到這樣的想法是不好的，是一種傲慢的想法，我是不對的，我應該懺悔。當我這個想法剛剛出來以後，馬上就冒出來另一個想法：你看，我知道懺悔自己的毛病，我還不錯呢！所以，這個慢心是非常厲害的，無孔不入。我們前面講到的業力、習氣，它不是像我們所想像的那麼簡單的，不是我發現了自己的毛病，下了決心，就一勞永逸地克服掉了。在《百法明門論》裏，慢心是根本煩惱，貪嗔癡慢疑，是非常難以克服的，慢心會隨時隨地找到各種各樣的機會表現出來，就像我剛才說的這個例子一樣，我克服慢心的一個過程，馬上就會成為它重新鑽進來的一條路，非常厲害！如果你能觀察這個過程，有所反省，就能理解前面說到的《地藏經》裏說的，「南閻浮提眾生，舉止動念，無不是業，無不是罪」。人的慢心的根本問題，就在於有「我」啊，你只要有「我」跟「他」的對立，你就會希望「我」比「他」高。所以如果你說一個人要徹底的謙虛，那真的是要達到無我的境界，這個問題才真正徹底地解決了。當然，解決這個問題也是循序漸進的，在徹底解決之前我們都是相對解決的，你意識到這樣的問題，你提醒自己，就能逐漸地好一點，從修行的角度來看，這都是從初級階段開始慢慢改善的。那種無我的謙虛，根本沒有「我」，把「我」看得很淡，那是要非常高的智慧才能做到的，所以這個地方講謙虛就能得到功德，對這個問題如果認識不夠深刻的話，是不容易理解的，前面講「見性是功，平等是德」，這是一看就知道是很高的境界，見平等法是大菩薩的境界，那這裡說<u>內心謙下是功，外行於禮是德</u>，謙虛就是功德，我們很容易就認為自己是一個比較謙虛的人，如果是這樣的話，沒有自省，就很容易看輕這個問題，自省不夠，這句話的意思你就理解得不是那麼準確了。

自性建立萬法是功，心體離念是德；不離自性是功，應用無染是德；若覓功德法身，但依此作，是真功德。若修功德之人，心即不輕，常行普敬，心常輕人，吾我不斷即自無功；

一切萬法從心而造，前面我們講過唯心所現。**心體離念**就是唯心所現的

後面沒有跟著唯識所變，不執著，那就是功德。後面意思差不太多，都是對功德從不同方面的描述。這裡我們要強調一下，「不離自性」是什麼意思？就是不離本性，就是不要去染著，不染，就是不離自性。我們一般都很容易染，所謂染，就是你給這個事物的本來面貌上又塗上了一層自己的顏色和印跡，這就叫做染。我們對於這個世界，基本上是，看到哪裏就染到哪裏，目力所及，無一不染。我們的色受想行識，眼耳鼻舌身意，緣到什麼地方，我們就染到什麼地方，你接觸到什麼，你就染什麼，速度非常之快。銀河系你都可以染，你只要想到了，就染了，因為你會給它一個觀念，一種染著。我們的心意識是可以無限廣大的，就看你怎麼用了。我們經常是用我們的色彩，用我們對這個世界的劃分，去染著這個世界。「應用」要「無染」，守住「自性」，你就不會去染，這個叫做修功德。

　　修功德的核心不在於去做什麼好事，做什麼慈善事業，六祖慧能大師並不是說你不要去做這些事，但是你要關心的核心，你要關心的真正的功德是要見平等相。見平等相才是真正的功德！做好事，如果還有高低上下之分，人我之分，有施者受者之分，那就還是停留在福德這個層面。所以，六祖說「若修功德之人，心即不輕，常行普敬。」這裡說「心即不輕」，我們之所以會「輕人」，就是因為我們有高低上下之分，有這個分別，我們就一定會「輕人」。假使我尊重一個人，我是尊重他的身份、地位、學問、道德，如果我是以此理由去尊重一個人，那麼我也一定會以同樣的理由去貶低其他人。在這種情況下，就很難做到普敬。這個敬，是有選擇的敬。符合我這個價值規範的，我就敬；在我這個價值規範裏排得高的，我就敬，在我這個價值規範裏排得低的，我就會輕。所以就出現了高和低，出現了敬和輕。為什麼我們說「謙下」很困難呢？如果你的謙下是基於某種特定的原因，那麼你一定會因此原因，而對一些人不謙下，就做不到普遍的謙下。佛法裏強調的是普遍的謙下，普遍的敬。所以我們要普敬一切人，要「常行普敬」。「心常輕人，吾我不斷，即自無功。」我們心裏的這種價值判斷越強烈，就越容易輕人。如果你覺得有權有勢是重要的，那你就會輕視沒權沒勢的人；你覺得有錢是重要的，你就會輕視窮人；你如果覺得學問是最重要的，那你就會輕視讀書少的人。這些情況都會出問題，這就是「心常輕人」。「吾我不斷，即自無功」。真正的修功德，是要往不二法門這個方向去努力，才是真正地修功德。

　　自性虛妄不實，即自無德；為吾我自大，常輕一切故。善知識！念念無

間是功，心行平直是德；自修性是功，自修身是德。善知識！功德須自性內見，不是布施供養之所求也。是以福德與功德別，武帝不識眞理，非我祖師有過。」

核心的德不在於我們追求一個福報，福報就是我現在做好事，將來會有一個好報。

你只要重視「我」，你爲自己有所追求，那「我」就會很大，你就會輕別人。所以不輕是很不容易的一件事。《法華經》裏有一尊菩薩叫常不輕菩薩。你要真正做到常不輕，跟前面說的內心謙下是功的道理是一樣的。再看功德和福德的區別。這裡是講「無我」法，根本是要「無我」，「無我」才有功德，有「我」就只有福德，沒有功德。現在有很多講法把福德當功德講，我們很多時候是會把詞拔高來用的，用著用著就會發生貶值，這也是沒有辦法的。這是一種經常發生的語言現象。我們現在常用的，比如像「先生」這樣的詞，都是這樣的。

《永嘉大師證道歌》講的也基本上是同一個意思：

覺即了。不施功。一切有爲法不同。

住相布施生天福。猶如仰箭射虛空。

「覺即了」的意思是你覺悟了，事情就了了。什麼叫了了？就是不施功，不求功。實際上，你「不施功」，你就有了功。一切無求，是最大的功德。你有求，你就沒有功德。「一切有爲法不同」，什麼叫「有爲法」？這個「有爲」和「無爲」的爭論已經有很多年了。其實應該是這樣的，就是有所求而爲，就是有爲；無所求而爲，就是無爲。這裡難的地方在於，我們普通人很難去親證什麼叫無爲法。大家也許通過學習《道德經》，會對無爲有些瞭解，但是因爲我們對這個概念是缺乏體認和經驗的，所以我們在概念上會不確定。前面提到過，當我們有價值觀的時候，我們的價值觀是各種各樣的，就在一個人身上就有很多種價值觀，更不用說在很多人身上了。我們在面臨不同的事物的時候，就會有不同的價值觀，比如真善、美丑、利弊、有錢沒錢、有權沒權、有知識沒知識，等等。「住相布施」，就是在有我的情況下去做布施，布施這個概念，大家都知道意思，就是給人好處，給人什麼好處都算是布施，給人錢，給人食物，都是布施，包括教人知識，也是布施。在布施的時候住相，就是在布施的時候有人、我和施、受的分別，有所求，這樣的布施就是昇天的因緣。但我們要注意，從佛法的角度來看，昇天基本上算是失敗的。

爲什麼昇天是失敗呢？因爲「猶如仰箭射虛空」，你朝天上射箭，前半段，這個箭的軌跡是向上的，後半段呢，這個箭會掉回到地上。昇天福的道理是一樣的，是像把箭射的很高但是終究掉下來一樣，天福享完了總是會掉下來的。昇天不解決根本問題。佛法並不反對修福，從某種程度上來講，它也鼓勵修福，但它會啓發你去追求更高的層次，追求解決根本問題的方法。那什麼能解決問題呢？功德可以解決問題。不住相就是出六道輪迴了，就不是昇天這麼簡單了，「無住相」就是功德。

下面我們講一下莊子的《齊物論》。佛教裏講平等法，我們現在就著重討論一下這個平等的問題。這個問題造成的誤解太多了。我們先看一下《知北游》裏的對話。

東郭子問於莊子曰：「所謂道，惡乎在？」莊子曰：「無所不在。」東郭子曰：「期而後可。」莊子曰：「在螻蟻。」曰：「何其下邪？」曰：「在稊稗。」曰：「何其愈下邪？」曰：「在瓦甓。」曰：「何其愈甚邪？」曰：「在屎溺。」

東郭子向莊子問道，莊子說道無所不在，東郭子說你還是說說吧，莊子說在螻蟻，東郭子就問，怎麼這麼低級呢？道不應該是一個很高級的東西嗎？莊子就說，道在草殼裏，這就從動物變成植物了，怎麼更低級了呢？莊子又說在瓦甓。這又從有生命的變成沒生命的了，東郭子說怎麼又更加低下了呢？莊子接著說，在屎溺。前面的雖然比較低級，但還不是令人討厭的東西，最後這個是讓人討厭的。

這個道，到底是怎麼回事？我們看上去很高的一個概念，爲什麼會在這麼低的地方？什麼叫無所不在？

再看《齊物論》齧缺和王倪的對話。

齧缺問乎王倪曰：「子知物之所同是乎？」曰：「吾惡乎知之！」「子知子之所不知邪？」曰：「吾惡乎知之！」「然則物無知邪？」曰：「吾惡乎知之！雖然，嘗試言之。庸詎知吾所謂知之非不知邪？庸詎知吾所謂不知之非知邪？

齧缺問王倪你知道這些物是相同的嗎？王倪回答說我不知道呀。問你知道你不知道嗎？答我也不知道呀，我既不知道我知道，也不知道我不知道。問你什麼都不知道嗎？物無知嗎？答我也不知道。那既然你老是這麼追問，我就試著說一下。下面就舉了幾個例子，你怎麼知道你不知道，你怎麼知道你知道？這話說的很繞，這裡說的問題，我們後面舉例子，大家就明白了。你的知識和判斷都是依據你的角度而來的，你並不知道世界是不是真實如

此。如果你們以前學過康德哲學，會比較容易理解這個問題。

且吾嘗試問乎女：民濕寢則腰疾偏死，鰍然乎哉？木處則惴慄恂懼，猨猴然乎哉？三者孰知正處？民食芻豢，麋鹿食薦，蝍且甘帶，鴟鴉耆鼠，四者孰知正味？猨猵狙以為雌，麋與鹿交，鰍與魚遊。毛嬙麗姬，人之所美也，魚見之深入，鳥見之高飛，麋鹿見之決驟。四者孰知天下之正色哉？

人如果睡在濕的地方，在沼澤邊上睡覺就會腰疼，會得風濕病，但是泥鰍和魚呢？它們生活在沼澤地裏，很自在。人如果爬上很高的樹會害怕，怕掉下來，但是猴子在樹上肯定不會怕。那誰是「正處」呢？哪一種位置是正確的居住方式呢？是我們人住在房子裏正確呢？還是泥鰍住在沼澤地裏正確呢？還是猴子住在樹上正確呢？

下面接著說，人吃糧食吃菜，麋鹿吃草，蝍且吃蛇，烏鴉吃老鼠，這四種哪一種是「正味」呢？哪一種是真正的好的食物呢？公猴子喜歡母猴子，公鹿喜歡母鹿，魚跟魚在一起，而人裏長得好看的，魚和鳥都懶得看一眼，這裡有個成語，叫沉魚落雁，這個詞的本意不是人長得很美很有吸引力，是你再美對它都沒有吸引力。鹿看到美人也跑了。哪一種是真正的美呢？

自我觀之，仁義之端，是非之塗，樊然殽亂，吾惡能知其辯！」

仁義之端，仁義善惡，所有的一切都有一個善惡，有善惡就有是非，就亂了，所以我不知道怎麼分辨。所以我們要知道，一切的價值觀，都是從「我」的角度出發來看到的，橫看成嶺側成峰，遠近高低各不同，不識廬山真面目，只緣身在此山中。人的價值觀是基於人的角度來看問題的，我們前面講你看到屎溺就會覺得很討厭，但是蛆它就不討厭，它就很喜歡，你把蛆放在麵包上，它覺得不如屎尿好。

齧缺曰：「子不知利害，則至人固不知利害乎？」王倪曰：「至人神矣！大澤焚而不能熱，河漢冱而不能寒，疾雷破山飄風振海而不能驚。若然者，乘雲氣，騎日月，而遊乎四海之外。死生無變於己，而況利害之端乎！」齧缺說你不知道利害，那至人會不知道利害嗎？王倪就說，至人是燒也燒不死，凍也凍不死，雷也打不死，乘雲氣，騎日月，而遊乎四海之外。李白的詩裏說，永結無情遊，相期邈雲漢，就是這個境界。對於至人來說，沒有死生這個東西，利害也是沒有的。

一般來說，講「齊物論」這樣的問題，都會強調無所謂善惡。這跟儒家的講法是不一樣的，儒家的講法，《大學》裏的第一句是講止於至善，以善為

歸，明明德，親民，明德是明白眞理，親民是仁愛他人，（我個人不贊成新民的說法），泛愛眾的意思。很多人在說到儒家的止於至善的時候，就會引用莊子的話來反駁儒家說的善惡的問題。兩個問題，一個是儒家總是講善惡，善惡是很複雜的，我們簡單地用善惡判斷問題的時候，我們的判斷不一定準確。我們之前講過，普通人都是善惡夾雜的，我們同一個行爲裏常常夾雜了不同的動機，都是有善有惡的，我們簡單的用善惡去判斷，往往不夠準確，很可能會出問題。

　　第二個問題是，我們知道有史書記載以來，一直有跟惡的鬥爭，有記載之前還有，我們跟惡鬥爭這麼多年，惡都還在。我們修行很多年，從小就被教育要做一個好人，古人四書五經都讀的很熟，但是跟惡的鬥爭都沒有眞正成功，這個世界還是一個非常不完美的世界，還有很多惡的現象。而且善惡有時候還會轉化，比如以前誓死保衛皇帝是善，今天如果再搞個皇帝出來，我們就會覺得是惡的，善惡的標準也不是不變的，所以簡單的判斷有時候會出問題。所以很多人，包括思想家，會援引莊子的話來批評儒家，來對善惡的問題提出一些挑戰，包括現在很紅的蔣勳，他也說善惡這個問題說不清楚，糾結是沒有用的，要以更加平等的態度看待所謂善惡的問題，類似這樣的說法，我認爲就是死在文字裏了，只會從文字讀書，沒有眞正讀懂。這個問題，是一定要從每個人的生命出發來考慮，才相對能夠看清楚一點。《齊物論》講善惡說不清楚，是個相對的東西，並沒有絕對的善惡。這個說法當然有一定道理。但是，這裡最主要的問題在於講齊物的時候，如果我們說善和惡是平等的，從語言上很容易達到，這個觀念很容易建立起來，把善惡放在一邊，跟著感覺走了，就是齊物論了嗎？我不用善惡來約束我的行爲，我不考慮善也不考慮惡，沒有善惡的價值觀，是不是就齊物了呢？

　　這個問題，我們應該從生命的最普通最日常的事情上來思考，比如我們去學校食堂吃飯和去五星級飯店吃飯，你覺得這是平等的還是不平等的？是「齊物」的嗎？或者說別人把你的錢全搶走了，和送你十萬塊錢相比，你覺得這是平等的還是不平等的？是的，我們的生命經驗告訴我們這是不平等的。讓他去學校食堂吃飯，可能吃膩了，也不好吃，沒興趣。如果去五星級酒店，覺得今天生活有了陽光。我們就是這樣的，這就是價值觀！當我們現在提到價值觀的時候，我們總是用一些很大的東西去理解、去體會，比如善惡，眞理謬誤，自由民主平等和專制，等等。其實眞正的價值觀是指揮你日

常生活中行為的東西。所以說，哲學，最高的哲學，都是從日常生活去理解的，不是從這些大事去理解的。你如果一開始就從大事去理解，你一定會糊塗。什麼是價值觀？就是從日常生活去看。學校食堂和五星級飯店，我選擇五星級飯店，這就是價值觀。這個人把我的錢偷走了，那個人給了我十萬塊錢，我覺得送我十萬塊錢的就是好人，偷我錢的人就是混蛋，這就是價值觀。有好吃的，有不好吃的；有好玩的，有不好玩的；有漂亮的衣服，有不漂亮的衣服；那個人講我好話，我就高興，講我壞話我就不高興；我今天要吃排骨，不吃茄子，這就是價值觀。我們的日常生活無時無刻不受價值觀的影響，幾乎是隨時隨地的，我們幾乎每一個行為都跟價值觀有關係，只不過我們平常不用這個詞，我如果穿了一件漂亮衣服，我不會把它跟價值觀聯繫到一起去，但事實上這就是價值觀。我們的日常生活就是這樣的選擇，這樣的價值觀，我們的選擇之所以能夠形成，或者覺得這樣一個選擇高於另外一個選擇，都是價值觀，有些價值觀你基本上已經形成自動反應了，我看到大便我肯定繞著走，這已經是自動反應了，我不去思考了。有些價值觀你可能是需要思考的，例如上什麼學校，選什麼專業，考研還是工作，對於這些問題，你可能會去做思考和判斷，在你的種種的價值觀之間進行平衡，比如你要工作，你考慮的問題會很多，掙錢多不多，我喜歡不喜歡，離我家近不近，未來的事業發展怎麼樣，或者更高一些，這份職業對我的人生和社會有沒有意義，對國家和人民有沒有意義，對這些價值觀，你經過計算和糾結，會有一個綜合的平衡。如果沒有價值觀，就不會糾結了，所有的糾結都是價值觀引起的，都是因為價值觀的衝突，比如這個工作工資高，但是那個工作我更喜歡，這就是價值觀之間的衝突。很多時候我們的選擇不是十全十美的，你就會在這樣的衝突中糾結、平衡。人最根本的價值觀，最初的價值觀，不是善惡的問題，而是要吃飽穿暖，還有跟周圍人的感情，比如一出生就要依賴父母，這也是價值觀。

我們的價值的生起，原因是非常複雜的，當然整體來說，佛法把這些都歸結為「愛」，愛就是價值觀，或者反過來說，價值觀就是愛。當然，這個問題有各種各樣不同的表現形式。你喜歡是愛，討厭也是愛，恨也是因為愛，痛苦悲傷喜悅都從它而來，都跟價值觀有聯繫。大家如果仔細去反省自己的每一個情緒，會發現所有的情緒都跟價值觀有關係，或者是價值觀得到了滿足，比如我喜歡錢的我就得到錢，我喜歡名的我得到名，就得到一種喜悅，

或者是一種痛苦，喜歡錢的沒有錢，喜歡名的沒有名。所以根本上我們一切的問題，都是「愛」出來的，你如果能沒有「愛」，齊物你就沒有問題。但是，我們很難做到齊物，如果我真的覺得去學校食堂和北京飯店吃飯是一樣的，在第一念頭就是一樣的，而不是反思以後的一樣；那個人誇我聰明和罵我笨，我的情緒感受是一模一樣的，這是多麼難的一件事啊。所以我們要從兩個角度來理解《齊物論》，一般人，一般的哲學家，是從齊物論是不是講述了世界的真相來說的。我認為它確實講述了世界的真相，因為價值的確是虛妄的，這個話說得非常有道理，這個「愛」是虛妄的，因為「愛」是從「我」出發的，前面已經講了很多，「我」本身就是虛假的，那「我」是虛假的，「我愛」必然也是虛假的，這話說得很對。善也是一種「我愛」，社會性的判斷也是基於這樣一種東西表現出來的，所以價值觀有它虛假的地方，有部分虛假的地方，這話是有道理的，這也是齊物論廣為大家推崇，特別是學哲學的人喜歡它的一個原因。但是很多人發生誤解的一個原因是因為思考得不夠深入，是從事物的理論上來理解這句話的。

但這是不夠的，應該思考的是這個理論和我的生活之間它有什麼關係。齊物論的本質，講事物（道理），就是講生活，明這個理是非常難的。推論到齊物，是容易的，然而感受到齊物是困難的。齊物論是齊物論，你讀齊物論一百遍，倒背如流，齊物論還是莊子的，你的還是不齊物論，還是見錢眼開，還是有愛有恨。我們一般人的生活，只要不是至人，我們都是實實在在的不齊物論。那既然我們的生活是不齊物論，那麼善惡這樣一種不齊物論的思想，它就很有它的道理，就很有它存在的必要性，它能克制我們在日常生活中不齊物的狀態下生出的惡，貪嗔癡慢疑，我們有很多這樣痛苦的煩惱，給別人製造痛苦，也給自己製造痛苦。善惡這樣一種觀念，它能夠相對減少自己的痛苦，也減少別人的痛苦。因為會有痛苦和幸福的問題，齊物是完全超越了痛苦和幸福的問題，你在有幸福有痛苦的情況下，如果你真的遵從一種善的生活，那麼你的幸福會多一些，痛苦會少一些，對自己和別人都是這樣。這就是善惡的重要性，這就是利害的問題。

前面講至人是不知利害的，所以他可以不知善惡，但凡有利害，就必須要有善惡，在你的生命中，如果利害是一個問題的話，那麼善惡就是對你很有意義的價值觀，它會讓你有更多的利，更少的害。當然如果你能夠超越利害，確實就不需要善惡了。所以你要對自己的生命有一個比較清醒的認識，

想想自己到底是超越了善惡，超越了利害，還是沒有超越，還是說已經接近超越利害，還是深陷在利害之中？其實絕大多數人都是深陷其中，那麼善惡對於改善我們的生命就是非常有意義的。否則，你會很容易往惡的方向去發展，如果沒有了善惡的約束，你會在對欲望、對財色這樣一些不齊物的觀念下，更多地走向害，更多地傷害我們的生命。

　　齊物論和佛法裏講的平等法有相通之處，雖然它們不完全是一回事，但是開啓了思考平等法的一條路徑。我們之所以不能平等，是因爲受「我」這個問題的拘束，只有擺脫了「我」，才有可能是見平等相的，才能是齊物的。我們在有「我」的狀態下，有相對的利害就必須有相對的善惡，對我們的人生，對不平等法前提下的很多問題，做出一些改善和調整。從這裡可以看看我們應該怎麼樣對待理論和哲學，某種程度上說，如果我們擺脫自己直接的生命體驗，我們可能很快上升到一個比較高的程度，如果理論完全建立在我自己的生命經驗之上，可能就只有一個很低的理論，可能也沒有辦法去學習和理解那些相對比較高級的思想和理論，所以我們脫離自己的直接經驗，去思考這樣一些宏偉的宏大的思想和理論，是必然的也是必須的。但是從另外一個角度來說，我們在思考完這樣一些理論之後，還要回過頭，看它和我們的生命經驗是一種什麼樣的關係，是怎樣的一種結合，這也非常重要。我們每個人性格都不同，有些人可能不太願意去思考離自己生活經驗很遠的東西，覺得那些東西虛無縹緲，對生活沒有什麼意義，他可能就沒有機會去思考這樣一些崇高的理論，不過這樣的人的生活可能比較腳踏實地，但是他的進步可能會比較慢，因爲站不到比較高的山上去。還有一些人，很喜歡崇高的理論，所以可能會爬到很高的山上去看世界，當然風景不錯，但是很容易從懸崖上掉下來，就是因爲沒有眞正從自己的生活實際出發，沒有把這些崇高的思想理論和直接的生命實踐結合起來，不知道怎麼把它們聯繫起來，不會通過這些崇高的理論來反省自己，不知道崇高理論和自身生活之間的關係，這樣就會犯一個錯誤，就是假裝把高高在上的理論當成自己直接的生命體驗，那麼就會捨棄了善惡的約束，墮落到陷阱裏面去。爬得雖然高一點，但是摔得也重。我希望大家既能夠思考高深的理論，打破自身思想的局限，但同時又能回過頭來跟自己相對比較低的生活經驗找到一種聯繫，從此知道自己應該如何去生活。這需要我們提高思想水平，另一方面也需要我們更加眞誠地面對自己。人是不容易承認自己低的，看了齊物論，可能理解它很崇

高，又很羨慕，甚至覺得自己離這個境界很近，其實我們要知道我們離這個很遠，需要我們很真誠地面對自己，否則很容易出問題，我們本來是要克服一種虛妄，但如果落入更大的虛妄，對於我們的生命，就得不償失了。

第十講　隨其心淨則佛土淨

上一講我們主要是講平等的問題，下面我們講西方淨土。

刺史又問曰：「弟子常見僧俗，念阿彌陀佛，願生西方。請和尚說，得生彼否？願爲破疑！」

這裡提到了淨土法門。在中國的佛教裏，有兩個流派影響最大，一個當然是禪宗，另外一個就是淨土宗。一般的說法，禪宗是比較高一點的，知識分子一般都學禪宗，淨土宗一般都是老太婆學的。事實上，你要是把這兩個眞的弄明白，眞的看清楚，淨土也不是想像中那麼簡單。

師言：「使君善聽，惠能與說。世尊在舍衛城中，說西方引化，經文分明，去此不遠。若論相說里數，有十萬八千，即身中十惡八邪，便是說遠說遠爲其下根，說近爲其上智。

人有兩種，法無兩般，迷悟有殊，見有遲疾。迷人念佛，求生於彼；悟人自淨其心。所以佛言：『隨其心淨，即佛土淨。』

使君東方人，但心淨即無罪。雖西方人，心不淨亦有愆。東方人造罪，念佛求生西方；西方人造罪，念佛求生何國？

凡愚不了自性，不識身中淨土，願東願西；悟人在處一般。所以佛言：隨所住處恆安樂。使君心地但無不善，西方去此不遙；若懷不善之心，念佛往生難到。」

佛法裏講淨土宗，是依據幾部經典，一部是《佛說阿彌陀經》，一部是《無量壽經》，還有《觀無量壽佛經》，《華嚴經》裏的《普賢菩薩行願品》，《楞嚴經》裏的《大勢至菩薩念佛圓通章》。依據這些經典，總結出一個法門，這個法門就是念阿彌陀佛，在十萬億佛國度之外有一個西方淨土。這裡說的十萬

億佛國度是非常大的範圍，是我們現代天文學根本看不到的地方。一個佛國度至少是一個銀河系，一個佛國度多大有很多解釋，如果是一個銀河系那麼大的話，十萬億個銀河系，我們今天是還看不見的。在十萬億佛國度之外有一尊佛叫阿彌陀佛，這尊佛在這裡教化，西方淨土是阿彌陀佛願力所成，是沒有我們娑婆世界的種種麻煩和痛苦的，是一方淨土，人人無量壽，整天聽阿彌陀佛講法，西方極樂世界是沒有惡的，在那個世界你會很快成佛，近朱者赤近墨者黑，我們這個世界比較有近墨的機會，近朱的機會相對比較少，而在西方極樂世界沒有墨，只有朱，無有諸苦，但受諸樂，所以你進步會很快，比較快就能夠修行成佛。

慧能大師就說我們去淨土，自身是有障礙的，根本上的障礙還是你的迷悟，我們的心靈是不淨的，我們生活的世界是不安寧的，是因為我們的心是不淨的，如果我們的心淨，我們的世界就是淨的。這就是我們講的平等法，所謂的淨與染，這是一個兩分，跟之前說善惡是一樣，因為心不平等所以有善惡，有利害就會有善惡。淨不是善惡的善，真正的淨是超越了利害，超越了一切對立，完全平等，才是真正的淨。如果你看一切東西都是平等的，那這個世界當然就是乾淨的，因為你對這個世界沒有任何的厭惡，那麼就是淨。不淨就是你厭惡的，沒有厭惡就是淨。沒有愛憎，這個世界就是淨的，所以根本的問題不在於淨土不淨土，不在於是在十萬億佛國度之外還是在這裡，是<u>隨其心淨則佛土淨</u>，心不淨佛土就不淨。所以<u>東方人，但心淨即無罪</u>；他不生在西方國土，即使就在我們這個世界中生活，比如，教室裏的一個人，他證悟了平等法，那教室，學校，以至於整個地球，對他來說就是一個淨土。如果你到西方去了，你的心裏還是不乾淨的，那還是會有問題的，還是會有煩惱，所以問題不在於你到什麼地方去，<u>隨所住處，恆安樂</u>。你如果是純善之心，離西方就不遠了，如果你不能消除不善之心，<u>念佛往生難到</u>。

師言：「善知識！若欲修行，在家亦得，不由在寺。在家能行，如東方人心善；在寺不修，如西方人心惡。但心清淨，即是自性西方。」

這是禪宗比較特別的地方，禪宗認為<u>在家亦得，不由在寺</u>，其他宗派往往認為出家是一個修行的必須的途徑，不出家要想成功是非常難的，一般的教法基本上都是這麼教的。禪宗認為，你「在家能行，如東方人心善」，如果在家能夠行淨法，能夠先由善過度到不善不惡。你如果出家，在寺廟，不修行，心就是惡的。<u>但心清淨，即是自性西方</u>。這裡六祖是站在即身成佛的角

度講的，禪宗是要求比較快，頓法，當生成佛，還有一層意思，禪宗是自力法門。佛法有一個說法，叫大丈夫法，佛法是極端有勇氣的。要證得平等法，這需要非常大的勇氣，非常高遠的志向，所以叫大丈夫法。禪宗尤其高遠，禪宗是非常的自信，第一個就是自力，靠自己，不靠往生西方極樂世界，不靠阿彌陀佛創造的好環境，就靠自己，甚至都不靠出家。出家主要是爲了給修行創造一個良好的環境，靠僧團相互幫忙，相互提攜，就像我們在圖書館看書一般就會比在寢室裏看書效果好，出家跟這個道理是一樣的，因爲出家後，大家都在修行，所以近朱者赤，你就會好一點，在家就相對容易懈怠，經常會有人打擾你，打個遊戲上上網，再看看電影，大家聊兩句天，時間就都過去了，所以你不容易成功。但是，特別厲害的人，在圖書館和在寢室裏是一樣的，這樣的人很少，但是理論上是存在的。所以我們說禪宗是一個志向特別高遠的法門，特別強調自信，自信力特別強，但實際上這也特別難。從理論上講，在圖書館看書和在寢室看書可以是一樣的，但是事實上要保持到一樣的狀態非常難一樣。這是我們講的自力。另外，禪宗講即身成佛，我不僅靠自己，而且還特別快，很快就要頓悟，很快就要破無明關，見平等相。所以六祖慧能說，禪宗只接引上上根人，這裡不是說上根人，是上上根人啊。這是非常不容易的，所以我們要看自己學這個能不能被接引，一方面我們要有志氣，另一方面我們也要誠實地面對自己。

　　淨土法門是怎麼樣的呢？它是一個自力加他力的一個法門，有的人會簡單地把淨土法門理解成純粹的他力法門，一切靠阿彌陀佛來拯救，只要念阿彌陀佛，自己還是想幹啥就幹啥，這是不對的。淨土法門也是要靠自力的，也要靠斷惡修善，要有修行，減輕煩惱，然後還要靠他力。減輕煩惱，斷惡修善，可能這一生還達不到那麼高的境界，見平等法，只不過是更多地在修善法，但修善修得比較好了，又有一個阿彌陀佛的願望，這個時候阿彌陀佛有願力，可以接引我接著去西方淨土修行，一生可以修成。西方極樂世界有一個特點，就是壽命特別長，無量壽，所以一方面壽命長，另一方面老師好，環境好，所以你能在那裡一生成佛。這是淨土法門。這兩個法門特點不一樣，不是說哪個是對的哪個是錯的，每個人的機緣不同，所以會用不同的法門，你如果覺得禪宗確實太難了，不容易，那淨土法門一方面自己努力，另一方面阿彌陀佛拉你一把，這也挺好。按照慧能法師的解釋，關鍵並不在於你下輩子往生到了哪個國度，本質上是能做到心淨，就能成佛，做不到心淨，就

沒法成佛。淨土的本質，不在於這個世界，而在於你的自心。你如果心不淨，而有愛染，即使到了極樂世界，你也見不到絕對的「淨」。從這個意義上來說，淨土的本質是見到了不二法門，才能叫淨土。只要見的是「二」，就不可能是淨土。這是古來很多人都援引六祖慧能的這段話來批評淨土宗的原因。那麼淨土宗就沒有道理嗎？我們在這裡要回頭來看看淨土宗的道理。淨土宗自身的說法，並不是說你到了淨土，你的所有問題就解決了。所以，從這個角度來說，淨土宗的說法和慧能大師的說法是沒有本質區別的。慧能大師是說，到了淨土，但是你的問題還沒全部解決；淨土宗的說法也是，到了極樂世界，問題還沒有全部解決，就是所謂的「帶業往生」。淨土宗說的是，到了極樂世界，你的問題也沒有全部解決，但是淨土宗強調的是，極樂世界給了你更好的因緣。因為我們的水平太差，所以需要一個更好的環境，才能保證進步。以前說過高人和低人，聖人和凡夫的區別。聖人是不受環境影響的，凡人是受環境影響的。你現在之所以還是個好人，不是壞人，那只是因為你的環境、你的因緣比較好。如果把你放在一個很糟糕的環境裏，過了十年，可能就變成一個壞人了，這就是凡夫。淨土宗說的不是你到了極樂世界你就已經成功了，而是說極樂世界是一個很好的修學環境，你到了這個環境裏，必然會成功。所以我們要知道，禪宗和淨土宗是沒有衝突的。慧能大師的禪宗是接引上上根人的，上上根人是幾乎不受環境影響的人，這樣的人可以不必去追求一個好的環境，你靠自力就可以直接成佛。從這樣的意義上，就可以理解為什麼禪宗和淨土宗不衝突，也就可以解釋現在禪淨雙修為什麼這麼普遍。禪淨雙修，就是一邊修禪宗，但對自己又不太放心，所以同時修淨土，希望能有一個好的環境。

　　還有另外一個問題，更複雜，更加哲學化。前面講到佛法修行的根本，甚至道家修行的根本，不在於在善惡對立的前提下，修得一個善，把惡盡量除掉，斷惡修善。不是根本，根本是要超越善惡。無論是在佛教裏，還是道教裏，甚至在王陽明的心學裏，都會發現，講的都是通過斷惡修善，走向超越善惡。通過真實趨利避害，達到超越利害。這不太容易理解。完全是兩個世界，我們處於一個有對立的世界，我們要從一個有價值觀的世界，突然跳到一個無價值觀的、平等的世界，而且這樣一個跳躍的最大的問題，在於這個無價值的、平等的世界是很難去表達的，因為我們所有的語言都有二元對立，我們講要超越善惡，這本來就是跟價值有關係的，因為這體現了超越比

不超越好。

　　語言很難擺脫二元對立，因爲它本身就是二元對立的產物，這跟道家所說的「道可道，非常道」道理一樣，超越對立的世界就是一個「非常道」的世界。前面斷惡修善是要強調善惡的，那我怎麼通過一個強調善惡的修行，反而最後能夠超越善惡呢？這個問題不容易明白，我也是思索了很久，現在可能稍微有點點明白。這裡的一個核心問題，如果從佛法講業力的角度，是比較容易解釋的。也就是說，在斷惡修善的過程中，你是跟你的業力進行鬥爭的，你在一定程度上要擺脫你的業力，不再跟著自己的感覺走，不再跟著以前的價值觀走，要重建一套價值觀，那麼重建價值觀的過程，實際上就是在破除以前那個對你曾經有強大力量的價值觀。業力本來是虛妄的，但是因爲我們是在無明之中，我們順著這個虛妄走，它在一定程度上就是實在的，但如果在這樣一個過程中，通過斷惡修善這樣一種修行的方法抵禦了這樣一種業力，使這個業力瀑流的力量減弱了，甚至可以築起一道堤壩把它擋住了，那原來的業力對生命的控制力量就小多了。因爲這個控制力量小多了，那這個斷惡修善的過程，就不僅僅是在滿足善的概念，這種形式，或者這個追求利益的過程，關鍵是它使你的業力逐漸鬆脫掉。業力包括很多，習氣就是一種業力。斷惡修善就把你以前執著的東西鬆脫掉，當你逐漸鬆脫這樣一種執著，你生命的自由感就增加了。斷惡修善的過程，實際上是人爭取自由的一個過程，因爲你改變自己的生活習慣，改變自己生命的方向，改變自己以前的價值觀，所以這是一個獲得自由的過程。那麼你獲得的自由越大，超越善惡的可能性就越大，也不光是超越善惡，而是超越一切二元對立，超越全部的愛取，超越愛取對你生命的控制力，這樣你才能夠獲得自由。所以斷惡修善的過程，是逐漸削弱十二因緣運轉力量的一個過程，所以通過斷惡修善，會離超越善惡越來越近，或者不講超越善惡，講超越所有的二元對立。超越所有的二元對立，就走向了「一」的世界，「眞」的世界。這是我對這個問題的理解。接下來是另外一個問題：

　　韋公又問：「在家如何修行，願爲教授！」

　　師言：「吾與大眾說無相頌，但依此修，常與吾同處無別。若不作此修，剃髮出家，於道何益？」

　　這個《無相頌》非常有名，在禪宗裏面。說如果按照《無相頌》修行就和出家一樣，如果你不修行，出家也沒用。這個頌是這麼說的：

心平何勞持戒？行直何用修禪？
恩則孝養父母，義則上下相憐。
讓則尊卑和睦，忍則眾惡無喧。
若能鑽木出火，淤泥定生紅蓮。
苦口的是良藥，逆耳必是忠言。
改過必生智慧，護短心內非賢。
日用常行饒益，成道非由施錢。
菩提只向心覓，何勞向外求玄？
聽說依此修行，西方只在目前。

前面我們講過平等法，講過《齊物論》，就比較好理解這個無相頌。這個《無相頌》非常有意思，第一句話是知識分子最喜歡引用的一句話。叫「心平何勞持戒？行直何用修禪？」這多好啊！一方面我能達到一個很高的境界，另一方面我又不用持戒，我還不用參禪，就跟佛一樣了！可是這裡說的是心平，何勞持戒。那反過來理解，就是心不平，你就得持戒啊！行直何用參禪？行不直，就得參禪啊！心平、行直，當然不用持戒，不用參禪。心平，你就自然持戒，心平是平等法啊。人在平等的時候是不可能犯罪的，見一切平等，就不會犯罪，所有的罪過，都是價值觀引起的，所以在徹底超越了所有價值觀的情況下，是不存在惡的，所以當然不用持戒。持戒的目的是為了防非斷惡，一個超越了價值觀的人，是不存在錯誤這一說的，不可能犯錯。問題就在於你是不是真的超越了價值觀。所以很多人，包括明末以後的狂禪，一些心學的流弊，（我在這裡不是說王陽明，王陽明當然非常高），有些末流的沒有真實修身工夫的比較喜歡引用這句話為自己的一切錯誤做辯護，說我不用持戒，我做任何事情都是平等的，就跟前面引用《齊物論》的句子說要放棄善惡分別的做法是一樣的，說喝酒吃肉都沒關係，殺人放火也沒關係，因為我自認為我自己是心平的，其實他還是被業力所牽引，被價值觀牽引，往往是被貪牽引。

貪其實是一種特別典型的不平的狀態。只有讀懂了這句話，才明白下一句是怎麼來講的。佛家常講「戒定慧」三學，戒有戒經。我們常常說到的三藏法師，「三藏」就是指經律論，其中的律，指的就是戒律。從這些地方我們就可以看出來「戒」在佛法裏是非常重要的學問。佛法裏有一個宗派叫「律宗」，律宗有一位非常有名的大師，就是弘一大師。弘一大師當年是修律宗的，

但是同時也修淨土，他是律淨雙修，最後是念佛往生西方淨土。律宗在佛法中的地位很重要。有兩個很重要的戒律，一種是針對出家人的戒律，出家人戒律中就有沙彌戒和比丘戒，沙彌戒有十條，比丘戒有幾百條。比丘戒一般情況下是不允許在家人看的，如果在家修學的居士看了比丘戒的戒律，這個行為本身就是犯戒的。另外一種戒律是針對在家人的戒律。戒律也是有次第和層次的。在家人的戒律中，最基礎的是五戒，再高一些的是菩薩戒，不過菩薩戒是在家出家都可以受的戒。中國的出家人，因為是大乘佛教的傳承，所以一般都是既受比丘戒，又受菩薩戒的。比丘戒和菩薩戒，是很容易犯的，如果這兩個戒都受了的話，那很容易從早到晚都在不停地犯戒，因為它的要求非常細緻，尤其是菩薩戒。小乘佛法在修習戒律的時候，是論跡不論心，就是不管心裏怎麼想的，只要沒有做出來，就沒有犯戒。不好的話沒有說出口，不好的事沒做，那都不算犯戒。要三個部分都成就才算犯戒，就是心裏的願望成就，動作成就，效果成就，這樣才算犯戒。不過話說回來，比丘戒雖然規定的很多都是行為上的戒律，你要想一條都不犯，也是很困難的。戒律把從早上起床到晚上睡覺的所有行為規範都規定死了。如果說有人能夠做到從早到晚在行為上比丘戒的戒條一條都不犯，那已經到了一個非常高的境界了。所以，我們一定不能夠輕視小乘，能夠守好小乘的戒律，已經是非常不簡單的了。如果一個人能守好小乘戒律，那他對自己的觀察能力和控制能力都已經是到了非常高的境界了。我們一般人，都觀察不到自己，經常是犯了戒自己還不知道。菩薩戒就更難了！菩薩戒是：心裏說「我看這個人好討厭啊。」這就犯戒了！菩薩戒是規定是，不僅犯戒行為不能有，你心裏都不可以這麼去想。你要是心裏想，這個人好討厭，我不度他，那你就犯戒了。菩薩戒是論事還論心的，你心裏動了不好的念頭，就是犯戒了。一個持戒持得很好的人，已經是一個境界很高的人了。

　　慧能大師在這裡說「心平何勞持戒」。持戒還是很辛苦的，尤其是剛開始的階段，持戒很辛苦，犯戒很容易，犯戒再懺悔，再改過。持戒的過程本身是一個矛盾衝突很激烈的過程。這個地方很有意思，我們不是還說過，佛法追求的是一個沒有矛盾的境界嗎？但是修行的起始階段，通常都是矛盾重重的，因為你本身有很強的業力，那為了控制自己的業力，就要給業力一個反作用力，所以剛開始的階段，一定是矛盾重重的。佛法之所以覺得人很可憐，就是覺得人很勞累。佛法覺得人很可憐，不是因為人會死，因為死不是終點，

死了還會生的。佛法覺得人可憐，是因爲人太勞累了，叫塵勞。我們剛開始學佛的時候，其實是更勞累的。因爲不習慣，最不習慣的就是持戒了。慧能大師告訴我們，持戒這麼辛勞，那你不用持戒，心平就可以了，心平了，就不用持戒了，行直了，就不用參禪了。修禪也很累啊，打坐，要盤腿坐，一般人開始都不習慣。單盤，雙盤，一盤一炷香兩炷香，腿會又麻又疼。方法掌握不好，還有可能損害到身體本身。還有更加精進的修禪的方法，就不只是打坐了，而是連覺都不睡，不躺下，休息就只是坐一坐而已。這些都很辛苦啊！慧能大師在這裡給我們解套，心平就不用持戒，行直就不用參禪。後世有很多人學了這句話，但是都學偏了。這句話的核心在於眞的「心平」，的確就不用持戒了。爲什麼心平就不用持戒呢？從菩薩戒來說，你之所以會犯戒，是因爲你心裏有不好的念頭，有不好的追求，這叫本質上的犯戒。其實在比丘戒也是一樣的，你有意願、行爲和效果三個東西合一，就是犯戒。如果說你把我身體捆住，拿著我的手去殺人，那我是沒有犯戒的。核心是你的意願。那心平了，你就不會有不好的意願，那就解決了。所以心平，是持根本戒。如果一個人心平，見平等相，無論做什麼都不會犯戒，即使殺了人也不會犯戒，因爲心平的人沒有殺心。你只要能保持心平，就永遠不會犯戒。行直不用參禪，這裡我們需要講一下直心直行的問題。我們前面曾經講到過佛洛依德的情結的問題。我們爲什麼行不直？我們都覺得自己還算是個誠實人。但凡夫的心都不是直的！爲什麼直不了呢？就跟情結（complex）有關。情結，就是有不同的價值觀，有不同的欲望和業力，不同的力比多或者說業力的方向，這些不同，它們一定會形成衝突，你就會進入到情結之中，就會改變方向，就會拐彎。這就好像你進入一個交通樞紐，你一定是會發生方向的變化一樣。凡夫一定是有很多情結的，所謂心有千千結。我們的不安、焦慮和恐懼，都是從這裡來的。因爲有這樣的情結，所以你的內心之中一定會有衝突。你的內心如果有衝突，就一定不直。你如果完全是直的，說明你內心是沒有衝突的，如果你內心沒有衝突，那就超越了業力對你的支配，沒有執著和顛倒了，這就叫做行直。這種情況下，你是直心直行，是沒有情結的。在這種情況下，你是不用修禪的，修禪的根本目的，是爲了讓你解決所有的情結。

一般的佛法的修行方法是，通過持戒達到心平，通過修禪達到行直。持戒和修禪是因，心平和行直是果。六祖惠能大師的禪法的特點是，他直接拿

果當因，直接把果端出來，直接對著果成就。這是慧能大師禪法與其他修行方法不一樣的地方。只要講到慧能大師和其他修行方法的區別，就都在這個地方。直接告訴你不二，不二其實是果啊！你達到不二，你就成就了。即使沒有成佛，也是大菩薩的境界了。慧能大師是拿果來修行的，這就是直指人心，直指佛果。這是慧能大師禪法的核心。但是這句話流傳到後世，惹出了很多的弊端。因為心平和行直，很難做到，甚至絕大多數人是不知道什麼叫心平，什麼叫行直的。當你離得比較遠的時候，你是看不清楚，借不上力的。你如果以為行直就是想幹什麼幹什麼，要吃就吃，要喝就喝，肆意妄為那就掉溝裏了。本質上的直心直行，是你沒有「想要」。你有了強烈的「想要」，你是不可能直心直行的，因為你的各種「要」之間，會有矛盾，會有衝突。後世對這句話有很多的誤解，以為想說什麼說什麼，想幹什麼幹什麼是直心直行，其實是大錯特錯了。直腸子的人是不是比一般的人更直心直行呢？答案是不一定的，要具體情況具體分析。「直腸子」的人可能沒有太多心機，但是如果他有強烈的欲望，那也不可能是直心直行的。心直口快中可能包含了一些「直」的因素，但是同時也可能包含「不直」的因素，這需要具體情況具體分析。我們不能簡單地把心直口快，或者說言行不考慮後果的人，認為是直心直行的人。再回到剛才說過的心平的意思，心平就是你要見到平等相，才算是心平。這個平等相主要不是指善惡標準的平等相，而是對自身欲望的平等相，有沒有見到這個平等相。如果你能誠實地面對自己，就能知道是否見到平等相。

《無相頌》的開頭兩句境界是非常之高的，後面接下來的句子就說的相對比較具體，全部是善惡之內的境界。第一句開頭講無善無惡，後面講**恩則孝養父母，義則上下相憐，讓則尊卑和睦，忍則眾惡無喧。若能鑽木出火，淤泥定生紅蓮。苦口的是良藥，逆耳必是忠言。改過必生智慧，護短心內非賢。**這跟儒家講的沒有任何區別。儒家一般的家訓裏都是類似這樣的話。所以如果不懂的話，就不知道《無相頌》在說什麼，所以有很多人斷章取義引前面兩句，後面不說，他不知道怎麼把這個頌整體一起看。整體看，就是六祖慧能首先講一個最高的境界，告訴你最終的目標，根本的東西是心平，是行直，到了這一步，持戒參禪都是不用的了。但是，下面講真實修，因為普通人你是既不心平又不行直，那這種情況下怎麼辦？就要從孝養父母、上下相憐，謙讓、忍、改過、懺悔開始。護短就是沒有羞恥心，不願意懺悔，《論

語》有一句話，「君子之過也，如日月之食焉。過也，人皆見之；更也，人皆仰之」，過大家也見到，改大家也見到，這就是不護短，這裡不護短是不護自己的短。我們經常不好意思承認自己的短處，這是我們凡夫很大的一個心理障礙。

<u>日用常行饒益，成道非由施錢。</u>日常生活中儘量與人方便，成道不是因為你施錢，<u>菩提只向心覓，何勞向外求玄？</u>所以根本在於你對內心的改變，這個改變從哪裏改變？就是從斷惡修善開始改變，然後再達到超越善惡，達到心平，達到見平等法，達到行直，<u>聽說依此修行，西方只在目前。</u>按照這個方法修行，西方就在眼前了，不管你身在哪裏，哪裏都是西方。最終如果你能超越善惡，那你就眞見淨土。所以，對於《無相頌》，我們是要做一個整體的理解，跟我們自身的生命相結合，誠實面對自己，就能讀懂這個《無相頌》。

下面我們再講一下《好了歌》。前段時間偶然聽到蔣勳講《紅樓夢》，覺得他可能會有一些誤解和誤讀《好了歌》的地方，所以，今天來討論一下。

蔣勳在講《好了歌》的時候，大概意思是這樣的，一個是說《好了歌》反對的是儒家的傳統，反對爭取功名，進一步說一切其實都是無所謂的，好了就是了，了了就是好，人生終須是個了，所以一切都是無所謂的，這是蔣勳的意思。那麼過渡到所謂的責任、善惡，也都無所謂。這裡是有很多問題的，從《好了歌》反對功名，反對爲了利益爲了做官拼命去努力的意義上來講，他的解讀是對的，但是，接下去他的解讀就是有問題的了。從《好了歌》來說，一切都是平等的：

<u>世人都曉神仙好，惟有功名忘不了！</u>
<u>古今將相在何方？荒冢一堆草沒了。</u>
<u>世人都曉神仙好，只有金銀忘不了！</u>
<u>終朝只恨聚無多，及到多時眼閉了。</u>
<u>世人都曉神仙好，只有嬌妻忘不了！</u>
<u>君生日日說恩情，君死又隨人去了。</u>
<u>世人都曉神仙好，只有兒孫忘不了！</u>
<u>癡心父母古來多，孝順兒孫誰見了？</u>
後面甄士隱給它做了個注：
<u>陋室空堂，當年笏滿床。</u>

衰草枯楊，曾爲歌舞場。

蛛絲兒結滿雕梁，綠紗今又在蓬窗上。

說甚麼脂正濃、粉正香，如何兩鬢又成霜？

昨日黃土隴頭埋白骨，今宵紅燈帳底臥鴛鴦。

金滿箱，銀滿箱，轉眼乞丐人皆謗。

正歎他人命不長，那知自己歸來喪！

訓有方，保不定日後作強梁。

擇膏梁，誰承望流落在煙花巷！

因嫌紗帽小，致使鎖枷槓，

昨憐破襖寒，今嫌紫蟒長。

亂烘烘你方唱罷我登場，反認他鄉是故鄉。

甚荒唐，到頭來都是爲他人作嫁衣裳。

　　《好了歌》和後面這個注的基本意思是一樣的，說事到終了，都沒有什麼好追求的，一切的追求都是虛妄的，所以蔣勳基於這個就說其實一切都是無所謂的，我們所牽掛的在意的事情都是不重要的，轉過來說到責任和善惡也無所謂。我們如果把《好了歌》當作一種理論，或者說《好了歌》是對事實的一種描述，這是一方面。但從另一個角度出發，把《好了歌》當成一種生活，是完全不一樣的。《好了歌》的理論是比較容易的，我們也比較容易可以認識這樣的理論，但是如果把《好了歌》作爲一種生活，是另外一回事。就像齊物的理論很高，但是眞正按照齊物去生活是很困難的。同樣的道理，《好了歌》作爲一種理論來說比較容易，但是你眞的把《好了歌》貫徹到你的生活中去是很難的，因爲你馬上就會發現你在實際生活中都「了不了」。你那個追求的心，十二因緣裏那個愛取的力量，還是很強的。當然，如果你反覆地讀這樣的道理，在一定程度上可以幫助你削弱愛取的力量。但你要知道這個力量是非常強大的。既然有了愛取，就會有不平等，那你就很難「了」，不了有不了的做法，了有了的做法。

　　所以蔣勳這個講法，說責任和善惡都無所謂，一切都無所謂，其實是不可能的，或者說得準確一點，如果沒有經過很好的修行，修行到很高的境界的話，那一定有很多很有所謂的東西。既然有所謂，你就一定會有所分別，你就需要決定怎麼樣去做是好的，怎麼樣去做是不好的，所以一定會分好壞。就像吃飯一樣，你吃飯吃菜會分好壞，那你的行爲就會分好壞，這也就是善

惡的問題。所以，從《好了歌》簡單過渡到現實生活中價值觀的無所謂，善惡的無所謂，這其實只是在給自己找藉口，而不是真的達到了「齊物」和「好了」的境界。比如有些人他會對很多東西無所謂，一般人這種無所謂，並不能對所有的一切都無所謂，他只是和別人比起來對某些東西的無所謂有點不一樣，或者說他對善惡無所謂，但是他並不是對一切都無所謂。所以，表面上看起來，《好了歌》是一種比較消極的哲學，大家覺得這種思路和生活方式好像是很消極的，覺得什麼東西都了了，沒有什麼值得追求，但如果要把它當作一種生活方式的話，你真的能夠在生活中實踐這樣一種生活方式，真的能夠把生活中的一切事物都當作一定要了的一個東西，或者說當下就是了的，這是非常不容易的。讀一遍《好了歌》容易，理解《好了歌》也不難，但是你真的要做到，是非常不容易的。所以說，提起不容易，放下尤其難。功名也好，善惡也好，提起不容易，放下也不容易，放下的目的並不是為了逃避，而是追求生命真實的改善，所以一定是在改善生命的這樣一種要求中，才會往《好了歌》的方向去努力。

當你面對的，不管是《好了歌》這類的道理，還是佛道的說法，普通人一定不可能在初期的階段做到無所求，一定是從有所求下手的，然後才能到無所求。那你剛開始這種有所求就是對生命真實的改善，在這個基礎上，你再去追求平等法。要先有一個這樣的不平等，才能學得會這樣的平等法。因為我們生命中習慣的這種不平等法太多了，我們有所愛恨的東西太多了，一般是轉不過來的，必須要用修行的方式才能轉過來。所以，蔣勳簡單地把《好了歌》當作一種無所謂來消解一切價值觀，實際上是做不到的，如果他真的體悟到了平等法的話，把消除價值觀、體悟平等法說得那麼輕鬆簡單，也是不對的。所以我認為他對這個問題其實並不是很明白，他說的並不是真的平等法，或者說他只是在善惡的問題上說平等，想解除掉善惡的束縛，達到其他一些不平等法的實現，滿足心底裏的一些欲望。

我們現在學習的《壇經》，它是一個比較高的法門，裏面經常提到平等法。所以我要反覆告訴大家，真實的平等法是什麼意思，當我們在這樣一個不平等的世界中，還沒有達到平等法的狀態時，我們一定要注意不能簡單地用這種平等法的說法作為消除善惡的束縛、消除自己人生努力的藉口。學佛學不好是很容易出問題的，蘇東坡曾經說：「學佛老者，本期於靜而達，靜似懶，達似放，學者或未至其所期，而先得其所似，不為無害。」學佛人本來想要

達到靜定，但是靜與懶惰相似，因為不用追求了，都無所謂了，但是累和舒適是有所謂的，有的人學到了懶惰，有些人學佛本意是消除善惡，結果學成了狂禪。禪宗這些說法，我們一定要真實地分辨清楚，而不是簡單地玩一些概念的遊戲。

第十一講　定慧等學

　　《定慧品第四》中慧能大師和其他法門也有不同的講法。我們以前提到過，佛法裏有戒定慧三學。戒定慧三學，是由戒得定，由定開慧。佛法裏說戒成就的意思是，通過修戒，產生了定力，就叫做戒成就。什麼叫定成就呢？就是通過修定，產生慧力，就叫做定成就。佛法裏面，定是一個樞紐，是核心。因為慧是很難直接去修，可以學習一些道理，可以受到高人或者書本的啓發，但是很難直接去修慧。「慧」不是知識，由「定」發出來的「慧」，才是眞正的慧，知識只是一些方便而已。我們之所以沒有慧，是因為我們的心不定！定了之後，才能見到平等相，之所以沒有見到平等相，是因為你心不定。我們一般的說法是，先修定，再修慧，但六祖慧能說的是定慧不二：

　　師示眾云：「善知識！我此法門，以定慧爲本。大眾勿迷，言定慧別，定慧一體，不是二。定是慧體，慧是定用，即慧之時定在慧，即定之時慧在定。若識此義，即是定慧等學。

　　這裡說的即慧之時定在慧，即定之時慧在定，那什麼叫定，什麼叫慧呢？我們之所以看不清楚這個世界，其實是因為我們心裏的波瀾太多。佛法裏經常用一個比方，就是鏡子，鏡子是可以把世界照得很清楚的，但有一個要求，就是鏡子表面是平的。現在哈哈鏡好像比較少了，我小時候公園裏經常會有哈哈鏡，哈哈鏡裏看到的人就是扭曲的，是變形的。同樣的道理，你心如果是平的，那你照出來的東西就是準確的，就是如實的。定慧的關係就是這樣的，定，就是你的心象鏡子一樣，心是平的，就像湖水是平的一樣，就能準確照出這個世界的樣子，如果湖水有波瀾，好像哈哈鏡一樣有起伏，那照出來的世界就是不準確的。我們普通人不是不能照到這個世界，我們也不是不

能認識這個世界，其實我們對這個世界必然有所認識，但我們的認識是會扭曲的，看這個世界看得不準確，扭曲其實就是因爲我們不定。我們的心會隨著外境的變化而產生愛和恨，所以你看到東西就不能如實地反應它。

即慧之時定在慧，就是說有了智慧就會定，反過來說也是一樣，有了定就有了智慧。我們之所以不能定，心不平，會波動、會躁動不安，本質的原因就是因爲沒有智慧，看不清緣起的眞相，我們看不清空性的樣子，就像《心經》裏說「觀自在菩薩，行深般若波羅蜜多時，照見五蘊皆空，度一切苦厄」，菩薩看五蘊皆空，我們看五蘊是不空的，我們的五蘊都很實在，眼耳鼻捨身，色受想行識，都很實在，每個東西我們都會受它實在的影響，這個時候就是不定，不定的原因是你不能照見五蘊皆空。我們不能照見五蘊皆空，我們就不能度一切苦厄。反過來說也是一樣的，我們剛才講不定是因爲沒有慧，反過來說一樣，不慧是因爲沒有定。你有眞實的慧，就會有眞實的定。這裡主要是針對一般的修行而講的。佛法裏一般講戒定慧，因戒得定，因定生慧，所以我們爲了得到智慧，先打坐，靜坐，讓自己靜下來。但六祖在這裡更強調另一邊，就是你之所以不定，還是因爲你沒有慧，你有了慧自然就會有定。定和慧是一體的，所以說有了定，然後再慧的說法是不對的，因爲倘若你沒有慧的話，那個定也不是眞實的定。如果不能洞徹緣起的眞相，不能洞徹空性的話，你的那個所謂的定也定不住，你必然會受八風的拂動。如果沒有行深般若波羅蜜多時，就不能照見五蘊皆空，不能照見五蘊皆空，就不可能眞正定下來。

佛法裏強調的慧，主要是強調看到本性，看到空性。去掉愚癡，就是慧。所以愚癡去掉了之後，你自然得定。我們爲什麼不定，原因是我們愚癡，我們看不到眞相。我們把自己製造出來的假象投射到這個世界，然後我們又根據這個投射的假象來引發種種的情緒，這就是我們的不定。佛法裏有句很刻薄的話，我翻譯成白話，就是人都是自己玩自己。你自己先投射出一個東西，然後又根據這個投射來引導情緒上下波動。佛法裏說，根本上不存在你被別人騙這回事，所有的騙，都是你自己騙自己，自己玩自己。

諸學道人，莫言先定發慧，先慧發定各別。作此見者，法有二相。口說善語，心中不善，空有定慧，定慧不等。若心口俱善，內外一如，定慧即等。

這裡說到二相，那佛法是不二法，二相就是把定慧分開來講，所以就有問題。慧能大師的修法是強調由慧入手。定到慧，慧到定，這是一個雙向的

運動，辨證的過程。所謂辨證，就是它們其實是一體的。有了定就自然有慧，有了慧就自然有定。這個和戒不一樣，六祖就沒講戒和定慧是一體的，戒是特別的。尤其是比丘戒，主要強調的是行為上的，行為上守好了戒，並不證明馬上就有定慧，所以六祖沒講戒定慧三者是一體的，主要強調定慧一體，定和慧的關係是更加密切的，更直接的，就是一體的。

下面一個問題是不諍。諍就是爭論。

自悟修行，不在於諍；若諍先後，即同迷人。不斷勝負，卻增我法，不離四相。

諍的問題很嚴重，這個世間不管是在俗世還是在佛門，都會有一些問題，不同的意見，都要爭一爭，佛門裏主要就是說我學的這個法門更好，你那個法門差一些。而且一個大的法門下面還分很多派，禪宗一花開五葉，禪宗下面五個門派，可能就會互相爭，第一個就是爭「我更好」，第二個就是我想改變你，把你拉到我的這邊來，跟著我這個路子來學。所以六祖說**自悟修行，不在於諍**，修行還是自己的事情，不要去跟別人爭勝，也不要老想著試圖去說服別人。當然這裡有一個度，適當的勸解是可以的，但是不要起大的爭論。諍最大的過患，就是**增我法**，就是增長我見。我見有兩種情況，一種是我慢，爭論中總是希望我比你更高一籌，我說的比你好；然後就是我見，強調自己知見的正確。這是諍的問題。下面接著說定慧。

「善知識！定慧猶如何等？猶如燈光。有燈即光，無燈即暗；燈是光之體，光是燈之用。名雖有二，體本同一。此定慧法，亦復如是。」

這裡是打了個比方，定就像燈一樣，真的定，光就有了，有光就說明有定。

下面說「直心」的問題。

師示眾云：「善知識！一行三昧者，於一切處行住坐臥，常行一直心是也。《淨名經》云：『直心是道場，直心是淨土。』莫心行諂曲，口但說直，口說一行三昧，不行直心；但行直心，於一切法勿有執著。

經常有人心直口快，什麼話都直接說出去，還經常會傷到別人，話比較硬。那我們看看這個是不是六祖慧能在《壇經》裏講的「直心」呢？這裡說**莫心行諂曲，口但說直，口說一行三昧，不行直心**，這裡直心和諂曲相對，那人為什麼要諂曲呢？人之所以有所諂曲，是因為有所求，出於自私的心理。所以直心的本質，不是說人講話快，不考慮婉轉，婉轉是一種必要的技巧，

因爲很多時候出於慈悲心，爲了不傷害別人，要替人著想，這裡我們要分清楚慈悲的婉轉和諂曲完全是兩個概念。人諂曲，心裏動一些機巧，不誠實地面對自己，也不誠實地面對別人，這個原因都是因爲有所求，有所愛取，愛取心重了，或者爲了得到或者不捨得放棄，那這個時候就要想辦法，這裡就會有諂曲，就要轉個彎，動一些機巧，來保護自己的利益，自認爲的利益。所以我們不要把普通說法的心直口快和佛法裏說的直心混淆起來，我們常說的心直口快常常只是因爲少了慈悲心而已，不替別人考慮，而不是眞正的直心。

　　<u>迷人著法相，執一行三昧。直言常坐不動，妄不起心，即是一行三昧。作此解者。即同無情，卻是障道因緣。</u>

　　也有一種修行，認爲我們種種的問題都是因爲妄念太多，躁動不安，翻來覆去，那我就把這些念頭壓住，不讓它生起來，打坐，消除所有的念頭，不就是沒有煩惱了嗎？我們修行不就是要解除煩惱嗎？很多人就認爲<u>坐不動，妄不起，心即是一行三昧</u>，可是六祖說，如果這樣，<u>作此解者，即同無情，卻是障道因緣。</u>

　　佛法裏講我們都是有情眾生，有情眾生一般也是有煩惱的眾生，情本身是佛法要解決的一個問題。不要說惡的感情，即使是同情心，裏面也是有一些問題的。佛法裏講慈悲心，儒家裏面也講泛愛眾但假設我們對一切人都非常有同情心，把一個路人的痛苦和親人的痛苦一樣去對待的話，你根本就承擔不了。這個世界上每天多少個人死去？每一秒鐘都有人死亡，如果把路人的死亡看成跟親人的死亡一樣的話，你能承擔起那樣的痛苦嗎？所以，如果說從一個很高的角度來看，情是有問題的。

　　爲什麼儒家說愛有等差呢？愛有等差，一方面是客觀的描述，一般的人情自然如此；另外一方面是不得不如此，要是愛沒有等差，每秒鐘都在死人，你怎麼辦？你是悲傷還是不悲傷？要是都相等的話，你只能是完全的不悲傷。但如果我們普通人完全不悲傷的話，又會喪失同情心，同情心和悲傷是聯繫在一起的。因爲我們對他人的悲傷和我們自身的悲傷是聯繫在一起的，我看到他人痛苦悲傷，因爲我不願意自己有這樣的痛苦，這是自他相換的做法，儒家說的感情，就是用這樣的方式來處理。我的親人病了，我很著急，我要解除他的痛苦，是因爲我自己能夠感受到，如果我自己也是這樣病的話，我也會很痛苦，所以我要解除他的痛苦。這個感情是在有痛苦的基礎之上的，他不是像觀世音菩薩那樣的照見五蘊皆空，度一切苦厄。

　　所以這兩種是不同的方式。佛法在情方面提的調子比儒家高很多，當然儒家也反過來批評佛教的調門唱的太高了，不切實際。從佛法來說，有情是要解決的一個問題，因為有情就有煩惱，就會有痛苦。那怎麼度一切苦厄呢？如果無情，也是不行的，無情就喪失了慈悲心，就跟石頭一樣，所以佛法說有情有問題，但又並不走向無情，而是「覺悟的有情」，有情而又覺悟，覺悟之後，證悟了空性，洞徹了緣起真相，所以能超越痛苦，但是超越痛苦又不妨礙對眾生抱有一種慈悲心。再說到真諦和俗諦，真諦是從空性超越痛苦，俗諦是說世界本來是空，但是因為眾生不解這個空，所以會有痛苦。佛法講，這個世間本來不應該有任何痛苦的，因為世間一切本來是空，一切本來是平等的，但是我們不解空，所以不解平等，所以我們有痛苦，那佛還是要來幫助眾生的，因為眾生實實在在感受到痛苦了，本來不應該有痛苦，後來因為迷惑造成的，那也沒辦法，所以菩薩還會來幫助眾生，所以他不進入到無情的狀態，他處於覺悟有情的狀態，這個有情是感知眾生的痛苦，保持大悲心，覺悟的狀態，就是空性，所以既有真諦又有俗諦。我們一般普通人就是只有俗諦沒有真諦，小乘人相對真諦多俗諦少，大乘佛法是要悲智雙運的，既有真諦又有俗諦，中道而行。當然，這個確實很難，但我們要先認識和理解它。接下來說：

　　「善知識！道須通流，何以卻滯？心不住法，道即通流。心若住法，名為自縛。

　　所以，佛法的修行一方面要解除煩惱，但它並不是要把一切東西都固定下來，把念頭定下來，都不動了。所謂心不住法，道即通流，我們的問題不在於我們對這個變化無常的世界有所感知，真正的問題不在於感知到這個變化無常的世界，而是我們的心要去抓這個變化無常的世界。這是問題之所在，你要抓它，道就不通，因為世界是無常的，而你想固定住這個無常的世界，喜歡的留下來，不喜歡的就趕走，那就出現滯。所以心若住法，名為自縛，我們感受到的這種生命的不自由，這種纏縛，其實都是自己束縛自己。

　　若言常坐不動是，只如舍利弗宴坐林中，卻被維摩詰訶。

　　善知識！又有人教坐，看心觀靜，不動不起，從此置功。迷人不會，便執成顛。如此者眾。如是相教，故知大錯。

　　如果你認為常坐不動可以解決問題，就好像舍利弗宴坐林中，卻被維摩詰訶。這是維摩詰經裏的一個典故。維摩詰是一個大居士，有一天他病了，

這個時候佛陀就要派自己的弟子去看望他，他派了好幾個弟子，他們都說自己不夠資格去看他，後來就指定舍利弗去看望。《維摩詰所說經》裏是這麼說的：

> 爾時，長者維摩詰自念寢疾於床，世尊大慈，寧不垂愍？
>
> 佛知其意，即告舍利弗：「汝行詣維摩詰問疾！」
>
> 舍利弗白佛言：「世尊！我不堪任詣彼問疾。所以者何？憶念我昔，曾於林中，宴坐樹下。時維摩詰來謂我言：『唯！舍利弗！不必是坐，爲宴坐也。夫宴坐者，不於三界現身意，是爲宴坐；不起滅定而現諸威儀，是爲宴坐；不捨道法而現凡夫事，是爲宴坐；心不住內亦不在外，是爲宴坐；於諸見不動，而修行三十七品，是爲宴坐；不斷煩惱而入涅槃，是爲宴坐。若能如是坐者，佛所印可。』」——《維摩詰所說經》

舍利弗說當年我在樹林裏靜坐，維摩詰居士就說你這樣靜坐不是眞的靜坐，那眞正的靜坐是什麼呢？是不於三界現身意，是爲宴坐，三界是欲界、色界和無色界，你的心不在三界內，才是眞的靜坐。前面講過我們爲什麼出生在欲界，是因爲我們有一個欲界的心。一般的科學講，因爲你有這樣的基因，所以你有這樣的性格和這樣的想法，佛法恰恰是反過來的，佛法說恰恰是因爲你有這樣一個性格和想法，所以你出生會是這樣一個身體，你會有這樣一套神經反應系統。我個人認爲，這是一體兩面的。所以你不於三界現身意，欲界、色界、無色界，欲界是比較低的，但三界中最高的無色界也還沒有出六道輪迴，如果你心在這三界之中，你的身就出不去，所以如果你心不在三界，是爲宴坐。不起滅定而現諸威儀，是爲宴坐；不是坐在這裡，而在日常生活中現諸威儀，行爲都如法，隨時隨地對自己的行爲保持覺醒，這是非常不容易的。不捨道法而現凡夫事，是爲宴坐；一方面做凡夫應該做的事情，但是同時不捨道法，心不住內亦不在外，是爲宴坐；小乘一般只看內不看外，凡夫一般只看外不看內，這樣都不行，兩邊都不住，既不只看內，更不能只看外，這個是宴坐。於諸見不動，而修行三十七品，是爲宴坐；不隨各種知見而動，在日常生活中修行三十七道品，不斷煩惱而入涅槃，是爲宴坐。不離開這個世間，就在這個煩惱的世間，但是還是要入涅槃。沒有涅槃只有煩惱，這就是凡夫，小乘是入了涅槃但是不到這個世間來，到一個清淨的世界，不理會這個娑婆世界。那中道就是進入到這個煩惱的世界，進入到這個紅塵中，但是心中隨時是一種涅槃相，不起煩惱。若能如是坐者，佛所

<u>印可</u>。如果能做到這樣的話，佛陀才是認可的，如果只是在樹林中坐，這是差的很遠的。舍利弗聽了非常佩服，覺得這才是眞正的高人，所以不好意思去探病，覺得自己不夠資格去看望維摩詰居士。

當然這裡我們要反過來說一下，維摩詰居士所說的這些是一個果相，是果地，是修行成功的境界，而不是一種修行的方法。如果把它當做一種修行方法，你會覺得根本就無從下手。不斷煩惱而入涅槃，你根本就不會，心不住內亦不住外，你也不會，不捨道法而現凡夫事，你也不會。這些說的都是一個結果，但是從因地的修行來說，舍利弗那樣的修行方法，在樹林中找一個安靜的地方去靜坐，是沒有問題的。因地的修行一定有缺陷，因爲倘若沒有缺陷，就不用再修行了。佛法裏有一個次第，有一個位置，叫「無學」，無學就是不用學了，那誰才是無學呢？只有佛陀才是無學。在無學之下，都是有學，就是有問題有毛病才有學，所以當你還在修行的時候，沒有一種法門是沒有問題的，法門都有各自的問題，只是看從什麼角度來說，只是看它契合你還是契合別人。爲什麼沒有適合一切人的法門呢？因爲你的根器不一樣，法門本身不是沒有問題的，但如果這個法門契合你的情況，那對你就是好的法門，它不一定適合其他人，因爲從根本上講因地修行也不是法門的問題，而是你修學者的問題，因爲你是有煩惱的，所以你在修行過程中還是有煩惱的，只不過煩惱比以前少，你正在通往一個沒有煩惱的目標。所以你不要因此覺得這種方法是不對的，因爲維摩詰居士說的是果地，修行方法是因地上的。靜坐這個方法還是有效的，不能輕易地就說不要靜坐，直接<u>不捨道法而現凡夫事</u>，那只能說明你對因地果地這個東西不明白。

<u>師示衆云：「善知識，本來正教，無有頓漸，人性自有利鈍。迷人漸修，悟人頓契，自識本心，自見本性，即無差別。所以立頓漸之假名。</u>

所以我們一定要知道頓漸只是個假名，並不存在眞正的法門上的頓與漸，頓漸是就個人的根器而言的，不是說你學了禪宗就會頓悟了，你就一定比別人快，別人學教理，比如學天台，淨土，一點點學，他就一定是慢的，就一定是漸法，不是這樣的。頓悟的根本關鍵還在於個人的根性，法門都是平等的。頓悟在自己，學禪宗的人很多，如果說禪宗就是頓悟法門的話，那爲什麼那麼多人學禪宗學一輩子，最後還是頓悟不了呢？當然法門還是要有所分辨的，法門在佛門修行裏一般有兩條，一個是說正法邪法，有些方法是錯的，假使說大家要去修學的話，一定要有所分辨，流傳中有毛病的法門還

是有不少的，如果你的理論基礎不很紮實，又沒有一雙慧眼，那走偏的可能性是很大的。另外一個是講適合自己的法門，這就像衣服一樣，統一、抽象、合適的衣服是不存在的，只有合適某個人的衣服，修學的法門也一樣。所以對自己的觀察和對法門的觀察都非常重要，仔細判斷才能找到一條好的修學道路。

「善知識！我此法門，從上以來，先立無念為宗，無相為體，無住為本。無相者，於相而離相；無念者，於念而無念；無住者，人之本性，於世間善惡好醜，乃至冤之與親，言語觸刺欺爭之時，並將為空，不思酬害，念念之中，不思前境。

無相是<u>於相而離相</u>，而不是一定要絕對的離相，就是每一個相在我眼前，但是我不去抓它。<u>於念而無念</u>，於每個念頭，我不去抓它；我們遇到世間善惡好醜，冤或親，<u>並將為空</u>，一切東西，當你接觸它的時候，你就把它當作是空的，<u>不思酬害</u>，不思報酬也不思加害，這就是要空，當然這很難，這也是一個比較高的境界，我們普通人離這個都還比較遠，開始的時候比較難以下手。剛開始，還是要先把善惡做好，到後面再說<u>不思酬害</u>。<u>念念之中，不思前境</u>。我們一般心裏總裝著過去的，心裏總有很多放不下的東西，這就是前境。你放不下，這就是執著，這就是有住。

若前念、今念、後念，念念相續不斷，名為繫縛。於諸法上，念念不住，即無縛也。此是以無住為本。

佛法的根本不在於要完全無念，尤其是大乘佛法，有觸動有相，就有念頭，但是這個念頭當體皆空。我看到一個相，接上去一個念，但是當體皆空，不能相續不斷。我們的思維抓住一個東西，昨天的事情，今天還在想，十幾年前的事情還在想，還在懊悔還在遺憾，這就是念念相續不斷，這樣就叫「繫縛」，也包括我們對未來的妄想。我們的妄想有兩個方向，一個是對過去，經常想過去要是那樣就好了，另一個是對未來，假使未來是那個樣子，這些想法都是繫縛。所以關鍵不在沒有相，而在於有相有念，但是不住，當下就能看到它的空性，它的緣起，所以你的相和念本身就是緣起的，就是因緣而生起的相，因緣而生起的念，因緣而滅掉的相，因緣而滅掉的念，你隨時都要接受它，不要用自己的妄想企圖去建構一個自己喜歡的世界。

「善知識！於諸境上，心不染，曰無念。於自念上，常離諸境，不於境上生心；若只百物不思，念盡除卻，一念絕即死，別處受生，是為大錯，學

道者思之！若不識法意，自錯猶可，更誤他人；自迷不見，又謗佛經；所以立無念爲宗。

　　這個意思和前面差不多，就是不要老想著一念絕即死，別處受生，這樣想還是不行，因爲別處受生還是在六道輪迴之中，沒有出離，所以死不是一個辦法。學道的人有很多不識法意，沒有眞正理解佛法的眞義，再去跟別人講，講錯了，那就是謗佛了，這個問題就很大了。

　　「善知識！云何立無念爲宗？只緣口說見性，迷人於境上有念，念上便起邪見，一切塵勞妄想，從此而生。

　　有人嘴上說自己見性了，但是迷人於境上有念，一入境界就有念頭。什麼叫邪見？就是執著，就是愛取，愛取就是邪見。這個邪見不是我們普通世間法所說的大奸大惡、壞人壞事才叫邪見，它說的是你只要有愛取，就是邪見，這是非常高的標準。然後就一切塵勞妄想，從此而生。這裡說塵勞，我們爲什麼勞呢？我們經常會感慨說活著很累，年紀越大說這樣的話的人越多。人累的原因就是愛取在作怪，有愛有取有厭有恨，整天在這裡面打滾，即使坐在那裡不動，精力已經被這些念頭消耗掉百分之九十了。坐著不動，腦子也都是念頭啊，情緒的調動，愛恨交織，愛恨戰鬥，這些都跟塵土一樣，這就是塵勞。塵勞這個詞是非常形象的，一個是多，我們整天愛恨交織念頭有多少，當然其實我們能意識到的其實是比較大的塵了，小的我們已經忽略掉了，但如果眞的能靜下來會發現小的也非常多，第二個是細，密密麻麻的，我們腦子裏的念頭整天轉來轉去的，幾乎沒有縫隙。

　　自性本無一法可得；若有所得，妄說禍福，即是塵勞邪見。

　　這是一個非常高的境界，是從一切法無所得的角度，從「本來無一物，何處惹塵埃」的角度來談的。佛法比儒家高的地方就在這裡。這裡說禍福就是塵勞邪見，但佛法在講得比較淺的時候也還是講禍福的，佛法裏的人天乘就是講禍福的。《十善業道經》就是講禍福的。所以我還要再次強調一下，佛法的修學是有層次的、有次第的，在小學的基礎上才能學中學，在中學的基礎上才能學大學，本科碩士的基礎上才能學博士，這是一個不斷超越的過程。福禍法，要看對什麼程度的人而言。大家一定要注意次第，世間有很多講法流傳很廣，但很多講法都很害人。我們普通人都在禍福之中，所以對於我們普通人來說，禍福的講法是有道理的，教人怎麼樣趨利避害，用正確的方式獲得福報，避免災害。對普通人一定要講這個道理，如果普通人拋棄了禍福

的想法，他就一定會胡來，那就招禍了。一般的拋棄，並不是超越禍福，而必然會招禍，所以對於普通人來說，就要講正確的禍福觀。但如果往更上層更高的境界走，要無所得，那當然無所謂禍福，這就跟齊物論一樣，「至人不知利害」，利害就是禍福，最高的人，至人跟佛法裏講覺悟的人是一樣的，是沒有利害，沒有禍福的，沒有禍福就可以不說善惡，有禍福就必須說善惡。我一再跟大家強調層次的問題，這非常重要，佛法自身的說法叫判教，天台宗是判教最有名的。判教很重要的一點就是歸類，不同的說法都是屬於哪一類，幹什麼的，處於一個怎樣的等級，強調層次。還有《菩薩道次第廣論》也強調次第，一定要善分別次第，否則就會有很多邪說邪見出來。

　　故此法門，立無念爲宗。善知識！無者，無何事？念者，念何物？無者，無二相，無諸塵勞之心；念者，念眞如本性，眞如即是念之體，念即是眞如之用。眞如自性起念，非眼耳鼻舌能念，眞如有性，所以起念；眞如若無，眼耳色聲當時即壞。

　　無念就跟前面慧能大師自己那個偈子「本來無一物，何處惹塵埃」是相應的。這個「無」就是「本來無一物」那個「無」。無者就是沒有塵勞，不分二，不分愛憎好壞，就沒有塵勞。

　　我們每個人的念是很有意思的，我們的很多痛苦都來自於念，但是念本身又是一個很好的一個功能。我們的問題是毒藥和蜂蜜一起吃，都是夾雜的。所以不是說念本身不行，而在於我們念了以後會執著，如果念了還不執著，那這個念就是眞如之用，也就是我們明瞭之心，覺悟之心，我們心裏大放光明，能夠照見外界的能力。這是有情眾生，尤其是人，比較強的方面。我們看世間生物的區分，從最簡單的動物到人，最大的區別就是心的明瞭，明瞭到什麼程度，一個小蟲子它也是有認識的，只是它認識的範圍很小，認識的東西很少，高級一點的動物比如狗和馬，它們認識的東西就多很多，猴子可能認識的更多一些，人是認識最多的，人的念頭比它們多多了。所以念本身其實是一種能力，但有時候可能因爲不善用這個能力，會出偏差，給我們帶來麻煩，佛法是要把這個麻煩去除掉，同時，這個能力還是要用。眞如有很多種判教，這個基本屬於如來藏的體系。我們心裏本來有一個清淨乾淨的本性，就是如來藏，就是如來藏在這裡。我們之所以出問題時因爲在本性之上有所遮蔽，一旦遮蔽沒有了，眞如本性就顯現了。

　　「善知識！眞如自性起念，六根雖有見聞覺知，不染萬境，而眞性常自

在。故經云：能善分別諸法相，於第一義而不動。」

　　能善分別諸法相，於第一義而不動。這句話非常有名，經常被引用。我們前面講了，佛法告訴我們不要愛取，不要跟著這個花花綠綠的世界的運轉起各種各樣的煩惱，但絕不是說你不要去分別諸法相，不是不要去看見，如果那樣就跟木頭一樣了。我們要能善分別諸法相，有能力分析這個世界，看清這個世界，比一般人看得更清楚更透徹，但同時呢，要於第一義而不動，這個第一義不是分別之後的第一，是不分的，不是後面跟著一二三的，跟講不二法門的那個道理是一樣的。我分別的諸法相，這是俗諦，於第一義而不動，這是真諦。一切法是空，本不分別，尤其是沒有價值觀的分別。萬法平等，這叫第一義。世間萬法其實本無價值，本無高下，高下都是人的扭曲心給出來的。你要知道這個第一義，守住這個第一義，當然就不會動。我們的動，其實都是跟著價值觀動的，有了價值，你就有高低上下，你就會扭曲，如果沒有價值觀，就自然不會扭曲。

第十二講　外離相內不亂

　　這一講主要講《坐禪品第五》。<u>師示眾云：此門坐禪，元不著心，亦不著淨，亦不是不動。若言著心，心元是妄，知心如幻，故無所著也。若言著淨，人性本淨，由妄念故，蓋覆真如，但無妄想，性自清淨。起心著淨，卻生淨妄，妄無處所，著者是妄。淨無形相，卻立淨相，言是工夫；作此見者，障自本性，卻被淨縛。</u>

　　心本身是個妄想。我們的心總在變化，總在妄想之中，而不是一個真實相，所以慧能大師說要不著心，同時也不著境。我們普通人都是跟著心裏的妄動跑，喜怒哀樂，貪嗔癡慢，有恨有愛，都是心裏的變化。從修行的角度講，這是不對的，我覺得這樣不清淨，有煩惱，應該要轉過來追求一個淨。但是如果你真的認為有一個淨這樣的東西可以去追求，追來追去，反而會著一個淨妄。淨相也是一個相，淨相和染相還是一個對立，如果你設置出來一個二元對立，然後你取中間的一邊，這本身也是一個妄想。所以如果執著於淨，排斥染，那你還是在妄想之中，這個妄想就是淨妄。所以接下來說：<u>妄無處所，著者是妄。</u>沒有一個固定的東西是妄，妄在什麼地方？你真的要把它趕走？其實任何東西，你只要不執著於它，就不是妄。任何東西，不管是看上去是淨的也好，染的也好，只要你執著，它就是妄。所以根本的問題是在執著上。追求一個淨相，到山林裏打坐，見不得紅塵，一見紅塵就煩惱，這就是著了淨妄。<u>為淨所縛</u>，他也是不自由的。當然我們剛才也說到了，在初始的階段，出現淨妄也是難免的，因為一開始如果你不給自己立一個「淨」的假相的話，你也很難起修。但修學到一定程度，就要把它放棄掉了。佛法裏有非常重要的一部經典叫《楞嚴經》，是一部比較大部頭的經典，比《壇經》

厚得多。《楞嚴經》裏說到五十種陰魔，不是說魔鬼，是指五十種境界。這五十種境界實際上都是修行修出來的，反過來說，如果你不修行的話，這五十種陰魔跟你沒關係，修行才會遇到五十種陰魔，而且並不是說你就是走了邪路了，實際上是你修到了這個境界，然後又很享受這個境界，不願意離開這個境界，它就是陰魔。如果修到這個境界，然後超越這個境界，那就很好。佛法的修行是這樣的，就是修行到一定境界以後，是非常大的一種喜樂的享受，法喜充滿。世間是痛苦的，修行是通向快樂的，如果你感受到了某一種快樂，你是要把這個快樂拋棄掉的，要超越它的，你才能達到更高的境界，感受更高級的喜樂。你如果貪著於這樣的喜樂，那就叫陰魔，著魔了，就是你自己障礙了你自己。所以你不斷要拋棄掉你已達到的境界，每一個層級都拋棄掉，你才能往前走，如果你執著於自己修行的成績，那就是陰魔。

這個「淨相」也是一樣，剛開始的時候如果不立一個「淨」，大多數人，除了極個別上上根器之人，像六祖慧能這樣的，大部分人如果不立一個淨相的話，你很難下手，很難起修。當你如果修到了一定境界，之前立的這個「淨相」就要破除掉。如果你修到了淨相，你覺得這個淨相很好，很享受，出現了貪著，就著了魔了。

「善知識！若修不動者，但見一切人時，不見人之是非善惡過患，即是自性不動。善知識！迷人身雖不動，開口便說他人是非長短好惡，與道違背。若著心著淨，即障道也。

修行很重要的就是要不見他人之善惡過患，我們普通人是特別會見別人的善惡過患的，看別人的毛病都看得特別準，這是我們的「特長」。迷人雖然身坐在那裡不動，但是喜歡說人短長，普通人都有這個毛病，尤其女生會多一些。喜歡說別人是一個很大的毛病。這個問題，在之前講「若真修道人，不見世間過」的時候已經講得比較清楚了，開口說人是非長短，是與道相違背的。

師示眾云：「善知識，何名坐禪？此法門中，無障無礙，外於一切善惡境界，心念不起，名為坐。內見自性不動，名為禪。

一般的坐禪是一門功課，一方面要打坐，另一方面用各種方法，比如數息觀，讓自己的心定下來，讓自己少起煩惱。慧能大師這裡講「此法門中，無障無礙，外於一切善惡境界，心念不起，名為坐。」這個地方的善惡，不完全是道德評價，喜歡的就是善，你不喜歡的就是惡，你要是沒有什麼喜歡

不喜歡，這就是坐。<u>內見自心不動</u>，你沒有什麼喜歡不喜歡，內心不動，那就是禪。所以坐和禪也是一體，這樣才叫坐禪。所以六祖說的這個坐禪不是簡單坐在這裡叫坐禪，走路、吃飯、勞動，都可以是坐禪，這就難上加難了。你坐在那裡不動，要不分別善惡都很難，走出去外面了，別人罵你、打你、誇你，你都不起善惡，那就更難了。坐禪是不容易的。

　　<u>善知識，何名禪定？外離相爲禪，內不亂爲定。外若著相，內心即亂。外若離相，心即不亂。</u>

　　這都是一個意思，從不同的側面去講。我們每個人心裏都有亂的時候，各種各樣亂的原因，我們回頭反省一下，爲什麼會亂？通通都是一個原因，就是外面著相了。外面有一個東西，你覺得對於你的人生很重要，你心就亂了。這個每個人都會有體會。當你覺得外面那個東西非常重要的時候，外面稍微有點波動你就不能接受了，那你心裏就亂了。一切世間法無常，因緣隨時都在變化，所以外界一變，你就接受不了。外面著相越多，你的心就越容易亂，讓心不亂的唯一的方法，就是離相。當然，我們一般的做法恰恰不是這樣，一般我們是想辦法讓外面的東西不動不變，保持我們喜歡的樣子，想辦法去控制外境，當然，有的時候因緣比較合適，你也能暫時控制住。但因緣是總在變化的，所以從長遠來看，你終究還是控制不住，表面上的控制其實都是暫時的。

　　<u>本性自淨自定，只爲見境思境即亂。若見心不亂者，是眞定也。</u>

　　本性是淨的是定的，你只要去思境，看見是明瞭的，但不要去思這個境，這個地方的思，就是你去思考這個境怎麼得怎麼失，就亂了。不管這個境界怎麼變，泰山壓頂心不亂。這是眞的定。學佛以後考驗自己，或者說你覺得自己到了什麼程度，這樣的檢驗其實並不難，看自己是不是眞的有定慧，有比較高級的定慧，就是你以前特別看重的東西，當它來的時候，當它走的時候，你的心裏會不會亂。如果是你最看重的東西，來了你也不喜，走了你也不悲，那你就是眞定了。不過，達到眞定，是一個漸進的過程，過程中可能你亂的程度是慢慢輕一些，過去可能亂的睡不著，現在可能只是想想，那說明你還是有進步的。

　　<u>善知識！外離相則禪，內不亂即定。外禪內定，是爲禪定。《菩薩戒經》云：我本性元自清淨。善知識，於念念中，自見本性清淨。自修，自行，自成佛道。</u>

這個才是六祖講的禪定，六祖以前講禪定，只是一個因地的修行法門，禪是有兩個意思的，早期印度傳過來的禪，是一個修行方法，包括數息觀、坐禪、行禪，走路的時候很關注自己走路的姿勢，每一步怎麼走的，這都是一種修行的方法。但是六祖慧能在這裡說到禪定，是對果地的一個形容，<u>外離相則禪，內不亂即定</u>，這個東西是沒法修的，這是你修成以後自然而得的，你說一下手就修外離相內不亂，這是沒有的啊，不可能的。除非你已經很接近這個境界了，普通人是不可能去修的。

《六祖壇經》有一個非常大的特點。我們看到其他佛經主要是給你講修行方法的，但是在《壇經》裡，傳統上放在因地修行的一些概念，這裡都是說的果地。當然一般所說的禪修與《壇經》裡說的禪，這兩個禪也不是不相干。絕大多數人還是要先通過因地的禪定的修習來達到外離相、內不亂這樣一個果地的禪定的。這一點我們一定要分清楚，因為後來又很多人出問題，都是因為把果地概念當作因地概念來理解。<u>「我本性元自清淨」</u>的「元自」是原本的意思，<u>於念念中自見</u>，你隨時感受到自性的清淨，那就自然修成了，就是自修、自行、自成了。

這一品主要還是講心的狀態，自性本清淨，不著外相，即得禪定。《心經》也講同樣的道理，我們再來看看《心經》：

<u>觀自在菩薩，行深般若波羅蜜多時，照見五蘊皆空，度一切苦厄。舍利子，色不異空，空不異色，色即是空，空即是色，受想行識，亦復如是。舍利子，是諸法空相，不生不滅，不垢不淨，不增不減。是故空中無色，無受想行識，無眼耳鼻舌身意，無色聲香味觸法，無眼界，乃至無意識界。無無明，亦無無明盡，乃至無老死，亦無老死盡。無苦集滅道，無智亦無得。以無所得故，菩提薩埵，依般若波羅蜜多故，心無罣礙，無罣礙故，無有恐怖，遠離顛倒夢想，究竟涅槃。三世諸佛，依般若波羅蜜多故，得阿耨多羅三藐三菩提。故知般若波羅蜜多，是大神咒，是大明咒，是無上咒，是無等等咒，能除一切苦，真實不虛。故說般若波羅蜜多咒，即說咒曰：揭諦揭諦波羅揭諦波羅僧揭諦菩提薩婆訶。</u>

中國人最熟悉的就是《心經》了。《心經》之所以這麼流行，主要的原因不是因為它容易懂，主要的原因是因為它短，念起來比較容易。不過它的下手是很困難的。我們看第一句話：<u>觀自在菩薩，行深般若波羅蜜多時，照見五蘊皆空，度一切苦厄。</u>觀自在菩薩就是觀世音菩薩，觀世音菩薩的兩個名

字，用「觀世音」的時候主要強調菩薩的慈悲大用，觀到世界上一切痛苦的聲音，尋聲救苦。「觀自在」主要是從智慧的角度來講的，有智慧就有自在。觀自在菩薩爲什麼能自在呢？他<u>行深般若波羅蜜多時，照見五蘊皆空</u>。五蘊就是色受想行識，色受想行識是空，他才能<u>度一切苦厄</u>，我們爲什麼有一切苦厄？因爲我們覺得色受想行識都是實在的，所以我們就會苦。別人罵你一句，你也會很苦，你喜歡的人離開你，你也會覺得很苦，身體會受傷生病，也會苦，都是色受想行識。我們一切的苦都來自於色受想行識，最終都作用到一個識，我們就認這個識爲苦，你只要有色受想行識，就不可能不苦，這是必然的，因爲諸行無常，所以我們就會苦。

　　舍利子是佛弟子的名字，不是我們平常說的佛舍利。<u>色不異空，空不異色</u>，這樣的話是對高人講的，如果對我們普通人講，就會先說<u>色即是空，空即是色</u>，再講<u>色不異空，空不異色</u>，像我們這樣比較低的人，根本就還沒有修過空，在空上還沒有下過太多的工夫，也沒有多少見識，所以我們首先要解決的是<u>色即是空</u>，凡夫最主要的特點是執色爲有，我們對色是有強烈的執著，我們還沒有到執著於空的層次。但舍利子已經有比較高的修行了，所以跟他說<u>色不異空，空不異色</u>，<u>色即是空，空即是色</u>，色和空是一體的。我們看到的色裏本來就是空。所有的色受想行識，只要有所感受，都是空。<u>舍利子，是諸法空相，不生不滅，不垢不淨，不增不減</u>。一切都是空的，所以是不生不滅，不垢不淨，不增不減的。這個宇宙，的確就是不生不滅，不垢不淨，不增不減的，一切都只是因緣轉化，並不是眞的消失，我們覺得一個東西消失了，其實它只是變化了。

　　現在這個科學的基本知識我們都有，以前我們說物質不滅，後來核爆炸發現物質會少一點，但是它轉化成能量了，還是一個轉化，$E=MC^2$。核心就是一切都在轉化。<u>是故空中無色，無受想行識，無眼耳鼻舌身意，無色聲香味觸法，無眼界，乃至無意識界</u>。這裡講無，不是那個有無的無，不是沒有了的意思，不是說這些都沒有了，不是說觀世音菩薩看也看不見，聽也聽不著，這樣的菩薩就沒有什麼值得羨慕的了，這裡的「無」就是前面「色不異空，空不異色」的道理，就是不以它爲實。這個「無」不是有無兩個中間取一個，到這個境界我們不能只看字面意思，到這個境界都已經是超越語言了，語言只是一個暗示，<u>無無明，亦無無明盡，乃至無老死，亦無老死盡</u>，佛法認爲凡夫有無明，修行的核心就是去除「無明」，那就是無「無明」了，但其

實也不是無「無明」，不是選擇有無對立的無。修行要從苦集滅道開始修到無苦集滅道。**無智亦無得**，佛法說修智慧，但根本的盡處是沒有智的，沒有智指的是沒有分別智，也無得。**以無所得故，菩提薩埵，依般若波羅蜜多故，心無罣礙，無罣礙故，無有恐怖，遠離顛倒夢想，究竟涅槃。**這裡要注意，我們為什麼有掛礙？因為我們都有所得，有得就必有失，得失一體，心裏的得失越多，掛礙就越多。沒有得失，就沒有恐怖，那就可以遠離顛倒夢想了。我們凡夫都是顛倒想，不是如實想。**三世諸佛，依般若波羅蜜多故，得阿耨多羅三藐三菩提。**阿耨多羅三藐三菩提就是無上正等正覺。佛都是以此智慧而成佛的。同樣的，《覺林菩薩偈》也強調離相。在中國佛教中非常流行的《地藏經》前面常常收錄這個偈子，它出自《華嚴經》。

華嚴第四會，夜摩天宮，無量菩薩來集，說偈讚佛。爾時覺林菩薩承佛威力，遍觀十方，而說頌言：

譬如工畫師，分佈諸彩色。虛妄取異相，大種無差別。
大種中無色，色中無大種。亦不離大種，而有色可得。
心中無彩畫，彩畫中無心。然不離於心，有彩畫可得。
彼心恆不住，無量難思議。示現一切色，各各不相知。
譬如工畫師，不能知自心。而由心故畫，諸法性如是。
心如工畫師，能畫諸世間。五蘊悉從生，無法而不造。
如心佛亦爾，如佛眾生然。應知佛與心，體性皆無盡。
若人知心行，普造諸世間。是人則見佛，了佛真實性。
心不住於身，身亦不住心。而能作佛事，自在未曾有。
若人欲了知，三世一切佛。應觀法界性，一切唯心造。

《覺林菩薩偈》這個境界是很高的，是對佛的果地的一個講法，境界跟《心經》差不太多，當然它沒有《心經》那麼有名。但我覺得它比《心經》講得更細。《覺林菩薩偈》是用畫畫來比喻我們的心識。我們前面講過十二因緣，無明緣行，行緣識，識緣名色，名色緣六入，六入緣觸，觸緣受，受緣愛，愛緣取，取緣有，有緣生，生緣老死憂悲苦惱。這個偈子比較高明，它講的是無明緣行，行緣識，識緣名色，到名色為止。所謂的「譬如工畫師，分佈諸彩色。虛妄取異相，大種無差別。」我們說的識，我們有識，然後就有名色，這個世界對於我們體現出來的是名色，這個「色」在佛經裏通常有三個解釋，第一個是指女色，這是最俗的一個解釋；第二個就是你眼睛看到

的一切東西，就是視覺，就是你眼睛對待的一切，眼識能看到的都叫色；還有一個最廣義的解釋，就是所有六識能緣到的都是色，眼睛看到的也叫色，耳朵聽到的也叫色，嗅覺感受的也叫色，舌頭嘗到的也叫色，觸覺感知的也叫色。這是最廣義的一個解釋。一切的感覺都叫色。這個偈子講的是所有的「色」，但是拿眼識的色來更強化一下，眼識的功能是很強大的，眼識分辨的能力是很強的，所以說「譬如工畫師，分佈諸彩色」，就像一個畫家，把所有的畫畫出來，虛妄取異相，大種無差別。我們在看這個色的時候，我們有一個分別，有了分別，綠的葉子紅的花，我們還有一個取，我喜歡花，這就叫虛妄取異相，我們普通凡人看到的都是異。大種無差別就是本心是沒有差別的，能觀察所有色的這個本心，是一樣的。區別的只是我看到的這些相而已，我看到的這些「色」是有差別的。如果沒有這個根本的種，其實什麼也看不見。你能感受到這些色，是因為你有一個本心，你有識，才有所謂的名色。如果本心上有一個顏色，那看到的東西事先就有了一個顏色。事實當然不是這個樣子。本心是空的，你才能夠分辨這些顏色，本來應該是無色的，你才能去看外面的這些色。這個叫「大種中無色」。

然後說到，「色中無大種」。我們本心能看到這個杯子，不是因為這個杯子裏有我的本心在裏面，但是如果離開了這個大種，就沒有色可得，也就是離開了我的心識，這個世界也就不存在所謂的顏色了，就像對於死人來講，這個世界沒有顏色。要有這個大種，才能有色。不離大種，而有色可得。所以說心本來是不住的，所以它才有無量的東西。如果你的本心是住的話，那其他東西是進不來的。比方說，看了一個東西，這個東西永遠留在我的眼識裏，那下一個東西我就看不見了。所以我現在看到這個東西，出門看到那個東西，是因為東西不住在我的眼識裏。因為我的眼識裏什麼都不住，所以我才能看到無量無邊的色，這些無量無邊的色，各個不相同，互相是不知道的。我現在看到教室，一會兒出門看到樹，教室不知道那個樹，那個樹也不知道這個教室的。「譬如工畫師，不能知自心。而由心故畫，諸法性如是。」你的識是向外的，所以工畫師是不知道自己的，就是「I」和「me」的區別。英語裏面比較說得清楚，漢語裏字都一樣，就不容易分別。你永遠只能看到「me」，你永遠看不到「I」，你以為你看到的是自心，其實你只是看到自心在其他東西上留下的一個殘影，在「色」上留下的一個殘影，而不是心本身。你只知道你的心當時想了什麼。你知道你自己前一分鐘想了什麼，說了什麼，但是你

卻不知道心本身。你只能知道這個心想過什麼，心上流過的色是什麼，工畫師可以畫出形象，也有自畫像，但是自畫像不能畫出我現在正在畫的那個樣子。只能是畫給自己確定出來的一個樣子，所以工畫師畫不了自己。一切畫出來的像，這一切色，我們都生活在種種的色中間，都是由心畫出來的。你不知道自己的心，但是你感知的一切色，都是由這個心畫出來的。「諸法性如是」。我們的心畫出這世間種種的形象。五蘊把這些東西創造出來，一切法都是有你的五蘊所造。這個世界對於我們來講，就是我們的五蘊所感受到的。我們都有眼耳鼻舌身的感受，但我們並不知道真正的物質的本身。一切法都是由眼耳鼻舌身造出來的，沒有一個東西是可以脫離眼耳鼻舌身而出來的。

「如心佛亦爾，如佛眾生然。應知佛與心，體性皆無盡。」心就是佛，佛就是心，佛就是一個明瞭的心。我們如果能夠證實到自己的心體，能夠去除掉所有的障礙，使這個心真正明瞭，那就成佛了。眾生和佛沒有本質的區別，佛心和眾生心沒有本質的區別。我們心的體性是沒有窮盡的，因為一切東西都可以裝進我們的心裏。之所以現在的心走不了那麼遠，是因為有障礙，我們給自己設定了很多障礙。如果我們能夠反省，會發現我們有種種的煩惱，種種的知見，我們總覺得應該是這樣，不應該是那樣，我就是這樣，我不是那樣，所有這些都是我們給自心設定的障礙。我們身在其中的這個十二因緣，就是重重障礙。你有了這樣的障礙，本來無盡的心性就變得有盡了。

「若能知心行，普照諸世間」，如果我們知道自己的心是如何行的，就可以普照諸世間，見佛了佛真實性，那麼你就見到了佛。什麼叫見到了佛？其實就是你自己成佛。你為什麼還沒見到佛呢？是因為你還沒有成佛。當然，如果你很有福報，出生在釋迦牟尼佛在世的時代，很多人都當了釋迦牟尼佛的弟子，其實那個時候的見，只是見到佛的應化身，而不是佛的法身。核心的是佛的法身。你要怎麼樣才能見到佛的法身呢？你自己成佛，就能見到佛的法身。你如果不成佛，你就見不到佛的法身。平常我們去廟裏拜佛，只是作為一個因緣給你一些幫助，那個不是本來的佛。「世人則見佛，了佛真實性」。大菩薩就是相似佛，就是離佛很近的境界，比如說觀世音菩薩這樣的。就離佛很近了。「心不住於身」，這裡的心不是心臟的心，是超越生死的心性，這個心並不是在我們身體裏的。我們的這個身體在佛教裏講，沒有我們現在以為的那麼重要，因為我們本質的心並不住於身。「身亦不住心，而能做佛事，自在未曾有。」心本來是自在的，這是對果地的一個表達，也就是說我們現

在是不自在的。自在和不自在的原因就在這裡。什麼是自在呢？就是要知心行。我們不知心行，就是虛妄取異相，就設定了種種的障礙，你就把心捆起來了。如果你知道心行，這些障礙和繩索就都是假的，貪嗔癡慢疑種種都是假的，都是可以拋棄的。這種情況下，你就能夠做佛事，你就能夠自在，就能夠像觀世音菩薩一樣。

「自在未曾有」，是講真正的自由。法國哲學家薩特也講絕對的自由，但他的辦法其實不行。他從理論上講為什麼人在本性上是自由的，但是他沒有講走向自由之路到底應該怎麼走，沒有操作性。沒有操作性，就是如果沒有真正的修行，沒有真正通達心行，其實還是不能自在的。理論上也許你是自由的，但是你並不知道通向自由之路。佛教一方面在理論上告訴你，你是自由的，另一方面給你很多經典，告訴你通向自由之路。比如《覺林菩薩偈》和《心經》是在告訴你，你的本性是自由的，你本來是自由的；還有一些經典，比如《地藏經》，還有各種各樣的法門，比如淨土的法門，都是告訴你怎樣通向這個自在，都有層級，一層一層，從人天乘做起，一層一層往上升。

「若能欲了知，三世一切佛，應觀法界性，一切唯心造」，人如果能真的了知佛在哪裏，佛是什麼樣子，那麼「應觀法界性，一切唯心造」。佛教的唯心，不是指的意識的本源。佛教說萬法唯心造，是說你應該知道，一切法都是你的心變現出來的。佛教並不否定物質世界，並不是否定外物的存在，但它也不是說外物就一定是存在的。佛教強調的是，你觀到的一切東西，都是從你自心出來的，都是你心裏變現的。佛經裏有一句話叫，「唯心所現，唯識所變」。佛教講的這個本體是唯心。佛教裏有唯識學是分析人的心識。什麼叫唯心所現呢？所有的「有色可得」，都是從心裏出來的。一切的相，並不是說有一個固定的相，一切相都是在心裏的。你以為相是在外面的，這其實是個錯覺。凡夫是認為我們所看到的相都是在外面的，有個杯子，有個教室，有一群同學，其實你是受外物的牽引。所以說我們的心是唯物的。你只要認為有一個確定的外物，你就會受外物的牽引。佛法是說唯心所現，就是我認識到實際是唯心所現的，不存在離開心識的外物。慧能大師說，「本來無一物，何處惹塵埃」！就是一切的物，其實都只是我的心。你以為所謂的存在的一切物，其實只是你的心的一個反映，和你心產生的一個效果。這個就叫唯心所現。什麼叫唯識所變呢？識跟我們的業力有關，在我們的業力裏，識上有所現，每個現都不一樣。這就叫做唯識所變。如果沒有這個所謂的識變的話，

表面上大家的心都是一樣的。我們如果都已經體會到了唯心，那我們看到的世界就會是一樣的。佛佛道同，講的就是這個道理。佛跟佛，看到的都是一樣的。我們眾生和眾生看到的都是不一樣的。我們的煩惱各不相同，就是唯識所變。這個識是受我們業力的影響，我們的阿賴耶識讓我們看到的東西不一樣。佛法上講唯心，是從這個地方來講的。佛法講的唯心和我們一般講的唯心是不一樣的。一般講唯心主義是在理論上解決問題，這個在佛法上來講只是萬里長征的一小步。你們覺得《覺林菩薩偈》很好，挺有道理的。這是你能夠體悟到唯心的一小部分而已。後面如果你真的要「應觀法界性，一切唯心造」，是還需要長時間的修行來解決問題的。存在主義也是告訴我們應觀法界性，一切唯心造，但後面沒有達到這個目標的方法，沒有佛法的八萬四千法門，告訴你怎麼才能通向真正的自在。它告訴你人本來應該是自在的，但是沒告訴你，現在一個迷路的你怎麼通向那個本來的自在，所以解決不了實際問題。佛法不僅告訴你，你本來是自在的，而且還告訴你很多很多辦法，怎麼樣能通向這個自在。你們把這個《覺林菩薩偈》學懂，回頭再來看《心經》，什麼叫做「色即是空，空即是色，色不異空，空不異色」，你的感覺就會不一樣了。它可以幫助你理解，什麼叫做「本來無一物，何處惹塵埃」。

第十三講　懺其前愆悔其後過

　　今天我們進入到《壇經》裏非常重要的一品——《懺悔品》。《壇經》第一品比較長，第二品到第五品都不長，《懺悔品》不但比較長，而且還涉及到佛法裏一些特別關鍵的問題。所以我們要來好好學習一下《懺悔品第六》。

　　時，大師見廣韶洎四方士庶，駢集山中聽法，於是升座告眾曰：「來，諸善知識！此事須從自性中起。於一切時，念念自淨其心，自修其行，見自己法身，見自心佛，自度自戒，始得不假到此。既從遠來，一會於此，皆共有緣。今可各各胡跪，先為傳自性五分法身香，次授無相懺悔。

　　有緣才來聽法，我們也是有緣才來一起讀《壇經》。胡跪就是單腿跪，中國人下跪一般是雙腿跪，這裏是胡跪。到唐朝以後，椅子才真正在中國流行起來。很久以前中國人都是跪著坐的，日本人的跪坐是從中國學過去的，跟那個時候的中國一樣。你們現在看電視劇都能看到，跪坐的時候，臀部是坐在腳後跟上的，還有一種長跪，是身體直立起來，雙膝著地的跪法。有考證說椅子是從胡人那裏來的，胡人行禮的跪是單腿跪。中國人是不會單腿跪的，因為本來就是雙腿跪坐說話的。佛教是從印度傳過來的，印度很多也是用的胡跪。這是個行禮的情景，我們可以想像在之前他們是坐著的，前面的幾品都沒有跪，我們可以猜測他們是坐著聽的，那這一品六祖讓大家胡跪，就顯示出這一品的不同尋常。這裏也會涉及到佛門裏一些重要的儀式問題，也比較重要。

　　這裏說到五分法身香。我們後面再講什麼叫法身，佛法裏講三身，法身、應身、報身。這裏從戒定慧講起，第一個就是戒香。

　　眾胡跪。師曰：一戒香，即自心中，無非、無惡、無嫉妒、無貪嗔、無

劫害，名戒香。

中國傳統文化，儒釋道三家都有這樣一個問題，儒家的中庸是很高的境界，道家的眞人也是很高的境界，佛法講出六道輪迴也是很高的境界，但這些都怎麼下手呢？《中庸》講「喜怒哀樂之未發，發而皆中節」，讓你發而皆中節，你一發就不中節，普通人一般都不能中節，今天下個決心說我要發而皆中節，你也中不了啊！道家眞人的境界，水火不侵，齊物，這些都一樣無有下手之處。我們上節課講到「善能分別諸法相，於第一義而不動」，但我們的心總是在動的。六祖給我們講有定有慧，境界很好，因爲這樣的境界都超越了煩惱，自由、灑脫，聽起來都令人神往，但是我們不會啊！所以，對於普通人來講，儒釋道三家開始的下手處都一樣，其實就是從戒開始下手。

看儒家，大學中庸講的很高，然後接下來就講愼獨，愼獨就是戒，沒有人看到你的時候，你也要守住戒律，這就叫愼獨，不能做不能想的，就不要做不要想，勿以惡小而爲之，就從這裡下手。佛教裏也一樣，從戒講起。以前聽淨空法師講，現在講法的人包括在家出家，很多時候都不專門講戒了，爲什麼不講呢？因爲大家都不願意聽，不喜歡聽。不喜歡聽有兩個原因，一個是戒這個東西顯得比較低，我們說「心平何勞持戒，行直何用參禪」，這多高級！上來就講戒，這個不讓做那個不讓做，顯得比較低，不像是一個高級的法門。第二個就是，前面聽了很高的東西，也很認同，顯得我也很高，我和那些高人的看法差不太多，但是一聽到戒律呢，就會覺得這都是在罵我管我，因爲戒律非常具體，我平時做的跟戒律都不一樣，或者說我時時刻刻都在犯戒。但是我們靜下來想想，這其實也正好說明了，我們是可以從戒這個地方下手的。

儒釋道三家的法，你一聽都會覺得很高級，能夠認同，你跟這些想法差不太多，那說明什麼呢？說明你境界高嗎？不是的，完全不是！那只能說明這些跟你沒太大關係。你能認同，說明你有善根，但是你的生活境界還差得遠。聽儒釋道如果聽出來，這些東西都是說我錯了，都是在批評我，那這就跟你比較有關係了，你不僅僅有善根，而且跟你的日常生活能夠結合得上。講那些很高的東西，你聽上去似乎跟他差不多，說明你根本就不夠資格學。我們前面講過，覺悟的一個根本，就是知道自己錯了。你聽那個高級的東西，你聽不出來自己錯了，說明那個高級的東西其實跟你沒有直接的關係，也很難讓你有眞正的覺悟。戒這個東西，你一聽，怎麼說的都是我是錯的，說明

這個東西是真的有可能讓你覺悟的,有可能讓你在現在這個基礎上取得進步的。所以,非常有價值、有效的是戒,但我們現在末法時代,人的判斷能力比較差,所以我們不知道什麼東西真正有效。大家一定要知道,戒是非常重要的。

我們前面講過業力的問題,我們認識了業力,就要學習從業力中擺脫,那你怎麼擺脫業力?我們反覆說過一個問題──凡夫是不自由的,我們受業力的推動,恆轉如瀑流,我們就像那河面上的葉子跟著河水漂,河水沖到哪裏,我們就漂到哪裏,想要擺脫這樣的狀況,從業力之流裏得到真正的解脫,依靠什麼?就是靠戒。戒的根本,就是讓你從河流中停下來,我不往那裡走。戒是什麼?就是不做你想做的事情,而要做你應該做的事情。這就是戒的根本。想做而不應該做的事情,我不去做,不想做的應該做的事情,我還是勉力去做。業的基本表現,就是「想做」,當然「不想做」也是業的表現。如果我能通過戒的力量,通過我的信心,通過學習對戒產生一個堅定的信心,產生一個堅定的意志,當我不想做而應該做的時候我能夠去做,想做而不應該做的時候我能讓自己不去做,就從業力的河流裏爭得了一份自由。雖然還沒有達到完全的自由,但是,你只要在行為上戰勝了業力的力量,實際上你就爭得了一份自由,在你身上,業的力量就顯得稍微弱了一些。佛法的修行裏,你要鬥爭的就是兩個敵人,一個是想做,一個是不想做,戒的根本,就是不管你想做還是不想做,你只能做你應該做的。這就是戒。要是沒有戒,你基本上是沒有辦法學習的。

《壇經》很有意思,前面給你講「心平何勞持戒,行直何用參禪」,給你講心平就不用持戒啊,行直就不用參禪啊,可是這裡講五分法身香,第一香還是從戒講起。所以大家一定要注意層次的問題。「心平何勞持戒,行直何用參禪」,那個是持戒已經到了一定水平啦,你已經超越了需要跟它對抗的境界了,已經不需要用對抗的方式了,而要用另一種方式來化解,這個時候才可以。普通人根本就做不到,還老是順著想和不想,完全跟著愛取跑,一點抵抗能力都沒有,「心平何勞持戒,行直何用參禪」這樣的話其實跟你真的沒有太大關係,真正有關係,能用上的,還是戒。這裡說「無非、無惡、無嫉妒、無貪嗔、無劫害」,我們看看我們心裏有沒有非,有沒有惡,有沒有嫉妒、貪嗔、劫害。這個戒,已經是要求比較高的了,這已經是往菩薩戒的方向走了,他是講心的,而不是講行的。我們一定要先從行做起,從五戒下手,五戒是

講行為的。你首先要管住自己的行為，才能管住自己的心。

還有一個問題。大家現在平時可能也會接觸到一些基於佛教心靈雞湯。在社會上流傳的這種心靈雞湯，總體上來講還是正能量的，但是方法上存在一些問題，這裡強調比較多的是要轉變你的內心，強調行為不是根本的，內心才是第一位的。你把你的內心轉變過來，這個世界就好了。這個說法有沒有錯呢？理論上講是沒有錯的。我們看慧能大師也是這麼講的，<u>即自心中，無非、無惡、無嫉妒、無貪嗔、無劫害，名戒香</u>。但我們一定不能忘記層次的問題，這個是菩薩戒的層次，對於初學者來說是不適合的。慧能大師是接引上上乘人，那他就用類似於菩薩戒這樣的講法，從心上入手，但是對於絕大多數人來說，從心上入手，是非常難的。就剛才這一小段<u>無非、無惡、無嫉妒、無貪嗔、無劫害</u>，我們心中是隨時隨地都在犯的，你整天懺悔都懺悔不過來。所以，在這樣的情況下，你的下手處就比較困難，你不知道真正的下手處在哪裏，而且會陷入一種挫敗感裏，因為你犯戒的次數太多，你要認真反省你自己的內心的話，你會發現犯戒的地方太多，根本就懺悔不過來。所以剛開始入手，一定是要從行為上入手，中下乘人，一定要從行為上入手，行為上我先做到不犯五戒，等你已經可以保證行為上沒有問題了，再往心上下手。這要一層一層來，如果一開始就要在心上下手，那只有兩種辦法，一種是自己騙自己，另一種就是你忙懺悔忙不過來。你的心力不夠強大，轉不過來。所以，剛開始要先保證行為上不出問題。

儒釋道三家的講法都差不多，儒家講小學，小學有兩個意思，一個是文字學。另一個是講行為的，就是灑掃應對，這個小學有一個總結，就是《弟子規》，《弟子規》是清朝人總結的，總結得非常好，可以當作儒家入手的一個戒律，佛法裏有很多也是類似的，其實儒釋道三家在比較低的層次上是沒有什麼大的區別，講因果，比如道家的《太上感應篇》。這些基礎的講法都很相接近，很多都是對行為的具體規定。其實如果你真的對照這些「規定」去做一做，你就會對業力有比較明確的感受，這個感受就是當你想改變你的習慣的時候，你就會感受到業力對你的巨大的衝擊力，如果你沒有按照這些戒律做過，你可能就不知道業力到底是怎麼回事。就像葉子在水上漂一樣，漂來漂去它不會覺得水流的力量很強大，只有有一天這個葉子不想跟著這個水流走的時候，要自己決定自己走的路，想要逆流而上的時候，這個時候才會覺得水流的力量很強大。所以初始的時候一定要學戒，不管你選學哪一家，

其實道理都一樣，都要從戒開始。如果你要學儒家的話，要從《弟子規》學起，如果要學道家的話，要從《太上感應篇》學起，佛教的話，要從《十善業道經》開始學起，這些說的都是行為上的戒律。從這些地方學起，你才能真正有一個覺悟，否則你思想上的那種一時覺得很好很美的東西，那都是很淺的，你自己可能覺得很興奮，但其實很淺。這說的是戒香。

<u>二定香，即睹諸善惡境相，自心不亂，名定香。</u>

有戒才有定，這是戒定慧之學。這裡說的善惡境相，不僅僅是我們講的所謂的倫理上的善惡，其實這裡講的就是不區分好壞，喜歡的和不喜歡的，你才能夠自心不亂。我們前面講到你只有先從行為不亂下手，才能做到心不亂。你心裏還有惡法的話，你的心就都是亂的。所以如果你戒還沒有修到，你說我要定，那一定是假的，有的人沒有戒定，就說自己開智慧了，那更是假的。有定了以後，你能不隨外界流轉，心裏不起波浪，這個時候你才能夠準確地反映世界，你才能對自己有一個比較正確的認識。

接下來是慧香。

<u>三慧香，自心無礙，常以智慧觀照自性，不造諸惡；雖修眾善，心不執著，敬上念下，矜恤孤貧，名慧香。</u>

能以智慧觀照自性，當然不會造惡了。這裡說**雖修眾善，心不執著，**但是我們要知道我們剛開始戒開始的時候，一定是會有所執著的，而且你要對戒有執著，如果剛開始你對戒沒有執著的話，是修不了戒的。當你到了比較高的境界以後，你才能**雖修眾善，心不執著，**不執著於善，也不執著於我造了什麼善，什麼功德。**敬上念下，矜恤孤貧，名慧香。**這個時候還是要去造眾善的，要行善，但是不執著於自己造了福，更加不要去計算我今天做了什麼好事明天會有什麼好的回報。你不去計較，而認為行善是理所當然的一件事情，完全基於自己的悲心去做，而不是基於利益的計算。這就是慧香。

接下來是解（jié）脫香，也有人念解（xiè）脫香。解脫香比較重要。

<u>四解脫香，即自心無所攀緣，不思善，不思惡，自在無礙，名解脫香。</u>

你有了智慧就會是<u>自心無所攀緣，</u>我以前第一次讀到的時候不明白這句話是什麼意思。不懂攀緣的原因，其實是因為我們隨時隨地都在攀緣，我們已經攀的非常習慣了，所以就不識盧山真面目，只緣身在此山中。我們都有一顆攀緣的心，心裏總是要想著點什麼東西，來給自己消費一下。攀緣的對象可以是比較實在的，比如點幾個好菜來吃。虛一點的就在腦子裏先想想，

假設我發了財，我要買什麼，假設以後我談了戀愛會怎樣，想想幸福一下，這也是攀緣。我們隨時隨地心裏都在攀緣，以前講過「心」和「心所」，我們的心裏總是裝著東西，我們不讓它空下來。一個「心所」剛剛過去，馬上接上一個新的，一個所愛的過去可能轉了一個所恨的，一個所恨的過去可能轉了一個所愛的，我們的心是閒不下來的，做夢也是在抓東西，來給自己消費一下，按照弗洛伊德的理論，就是滿足一下力比多。我們醒著的時候，是白日夢滿足，睡著了，就夜夢滿足。我們總是隨時隨地要抓一個東西讓自己滿足，這個就叫攀緣。有大的攀緣，小的攀緣，事業、愛情、家庭，這是大的攀緣，也會有小的攀緣，比如一支很漂亮的圓珠筆丟了就不高興。我們的心所是不停的，這是因為我們不見空相，把一切東西當真，我們總是要把無常的一切當作有常的。《華嚴經》裏講，「因緣所生法，我說即是空」，我們是一切因緣法都當真，所以你會要想去抓住它。如果你有了智慧，看清楚了因緣的生滅，能看到空相，就沒有了愛取，你就不攀緣了。所以叫<u>不思善，不思惡，自在無礙，名解脫香。</u>我們之所以不解脫，是因為我們總是要抓東西，所以我們不要總覺得我們抓到了一個東西才能滿足，覺得自己得到了，一定要知道你抓什麼，什麼就把你抓住了，因為我們想抓的東西是不捨得放手的，除非換一個東西，先抓吃的，沒抓著，那再換個穿的抓。表面上你控制一個東西，但實際上，你想控制什麼，什麼就控制了你，這個就使你不能自在無礙。你只有不攀緣，才能自在無礙。

　　<u>五解脫知見香，自心既無所攀緣善惡，不可沉空守寂，即須廣學多聞，識自本心，達諸佛理，和光接物，無我無人，直至菩提，真性不易，名解脫知見香。</u>

　　解脫完了之後，還是有知見的。我們前面講要戒、要定、要慧、要解脫，是根據一些佛理來做到的，用空性的道理說服你做到這一點，最後，你要把你這些知見也放下。前面是依據知見來修行，到了最後一個階段，把你的知見也放下，然後<u>廣學多聞，識自本心，達諸佛理，和光接物，無我無人</u>，這個時候你就不是拘泥於某一種知見，就八萬四千法門無所不知。在前面的階段，你是固定在一個法門，淨土也好，禪宗也好，等你學到一定境界了，把之前的這些知見也放下，那就一切都能學到。這個就是解脫知見香。

　　<u>善知識！此香各自內薰，莫向外覓。</u>
　　這五香從根本上說，是從內心而來的。

今與汝等授無相懺悔，滅三世罪，令得三業清淨。

善知識，各隨我語，一時道：弟子等，從前念、今念及後念，念念不被愚迷染；從前所有惡業愚迷等罪，悉皆懺悔，願一時消滅，永不復起。

弟子等，從前念、今念及後念，念念不被驕誑染。從前所有惡業、驕誑等罪，悉皆懺悔，願一時消滅，永不復起。

弟子等，從前念、今念及後念，念念不被嫉妒染；從前所有惡業嫉妒等罪，悉皆懺悔，願一時消滅，永不復起。善知識！以上是為無相懺悔。

這就是傳的一個懺悔詞。這裡我們要能還原當時的情景，就是慧能大師在上面念一句，下面聽法的大眾跟著重複一遍。我們下面著重講一下懺悔。從本質上來說，一切修行的根本，就是懺悔。沒有懺悔，就無所謂修行。為什麼這麼說？

云何名懺？云何名悔？懺者，懺其前愆。從前所有惡業：愚迷驕誑嫉妒等罪，悉皆盡懺，永不復起，是名為懺。悔者，悔其後過。從今以後，所有惡業，愚迷驕誑嫉妒等罪，今已覺悟，悉皆永斷，更不復作，是名為悔。故稱懺悔。凡夫愚迷，只知懺其前愆，不知悔其後過。以不悔故，前愆不滅，後過又生；前愆既不滅，後過復又生，何名懺悔？

儒釋道三家都共用一個概念，叫「修行」，儒家裏可能說的更多的是修身，其實修行和修身的意思是完全一樣的。修身的身，是身心一體的身。《大學》裏說儒家的八條目：格物、致知、誠意、正心、修身、齊家、治國、平天下，然後說「壹是皆以修身為本」。前面是「格物、致知、誠意、正心」，都是心理活動，心理活動的目的是讓你知道正確的方向在哪裏，知道了正確的方向，就要落實到你的行為上，這就叫修身。格物、致知、誠意、正心、修身、齊家、治國、平天下，這句話對應到《論語》裏第一句話，「學而時習之，不亦說乎。」「格物、致知、誠意、正心」就是學，修身就是習，「修身、齊家、治國、平天下」都是習，當然可能很多人沒有治國、平天下的機會，但是修身、齊家的機會總是有的。習就是實踐的意思，很多中小學老師講這個習是溫習功課，那都不對，不是溫習，而是實踐。習這個字，在文字學裏看本義，就是小鳥跟著大鳥飛，上面一個與「羽」，下面一個「白」，就是鳥飛的樣子。

修身是什麼意思？就是從行為上約束自己，所謂從行為上約束自己，就是要改變自己，就是不按照自己過去的習慣來，修就是修正、改正的意思。修身就是懺悔嘛，跟這裡講懺悔的意思是一樣的。懺悔是什麼？懺其前愆，

悔其後過。懺其前愆，就是認識到我以前是不對的，那我從今天開始要改正，不再犯這個錯誤，這個就叫懺。懺悔的關鍵，不在於你跪在佛前說我錯了。懺悔這個詞，基督教也用，叫 confession，confession 可能更多的還是在言語上，向上帝，或者找一個神父作爲上帝的代表，承認自己錯了，當然也涉及到改正，但是這個詞不像中國「懺悔」這個詞說的這麼明白，懺悔的核心是悔其後過。悔其後過，就是這個錯，你眞的再也不犯了，那就叫眞的懺悔了。如果你只是說我承認錯誤，承認完了以後，你接著再犯，那你這個懺悔就沒有成就。懺悔的根本就在於你修身眞的修正了，眞的用戒律來約束了，這才是懺悔。所以，根本是戒，儒釋道三家修行都一樣。儒家經典裏講，戒愼乎其所不睹，也用「戒」這個詞，只是不像佛教裏有一個非常系統化的戒，但道理都是一樣的，愼獨和戒其實也是一樣的。

懺悔是非常根本的。按照佛教的講法，菩薩分很多等級，到最高級是十地菩薩，再往上一級就是佛了。你從凡夫修到十地菩薩，每一級的修行都是在懺悔，因爲你要認識到自己的錯誤，你才會改進，改進了才能得到提升。懺悔的核心問題，就是認識自己的錯誤，改正自己的錯誤，這其實就是一個覺悟的過程。如果用儒家的講法，就是一個學而時習之的過程，學就是覺悟，習就是按照覺悟的去做，所以能「不亦說乎」，因爲你能解脫煩惱，就是一種解脫的感覺。所以學習是快樂的啊！那爲什麼有的人覺得學習是痛苦的呢？是因爲學習沒有讓你眞的覺悟，當然這也有可能是你覺悟之前的一個過程，可能要經過一個痛苦的過程，才能覺悟，但你覺悟的時候，你一定是快樂的。你覺悟了，而且你在行爲中按照覺悟的去做，你一定會有一種解脫感，「不亦說乎」。按照孟琢老師的考證，這個「說」在辭源上，跟一種感覺很像，就像我們身上有時候會出現一塊死皮，你一下子撕掉那種感覺是一樣的，就是一種解脫，一種喜悅。

懺悔是一個根本的問題，很多人講《壇經》的時候都對《懺悔品》重視的不夠，尤其是佛門外的人講，很多心靈雞湯裏面講禪宗的講《壇經》的，很少講懺悔，都是講心靈的自由。你不懺悔，你怎麼可能有心靈的自由？不懺悔，只能被業力帶著轉，根本就不可能體會到什麼是心靈的自由。

還有一點我們講一下，佛門裏一般用的懺悔詞，跟六祖慧能在這裡用的是不一樣的，我們現在用的比較多的，一般是《華嚴經普賢菩薩行願品》裏的一段，是這樣的：

往昔所造諸惡業，皆由無始貪嗔癡，從身語意之所生，一切我今皆懺悔。

慧能大師這裡講愚迷，愚迷是跟癡對應的，後面沒有講貪，沒有講嗔，主要講驕狂、嫉妒。這是六祖慧能應機說法。貪嗔癡的講法是對一般大眾的，貪嗔癡是人的根本煩惱。六祖講愚迷、驕狂、嫉妒而不講貪嗔癡是因為這是對修行人講的，而且是對修行比較好的人講的。修行到了一定境界，取得了一定成就，周圍所有人都誇你，比較容易得意的時候，最容易掉的陷阱是驕狂和嫉妒，愚迷是根本煩惱。六祖慧能這段話，是對有境界，進步大的人說的。一般貪嗔癡的講法是對普通人的講法，普通人的根本煩惱就是貪嗔癡。懺悔完了以後，就有一個四弘誓願。四弘誓願在佛門裏是日常的功課裏經常重複的，不管出家在家，每天都要念好幾遍，普通的四弘誓願是這樣說的：

眾生無邊誓願度，煩惱無盡誓願斷，法門無量誓願學，佛道無上誓願成。

這是四個根本的願望，這些願望非常弘大。這個誓願不容易生起來，更不容易保持住。這四個願，簡單念一念比較容易，讓自己簡單感動一下，也不難。但是如果你要讓它成為一個真實的願望，並且保持住，念念不忘著四個願望，就不容易了。佛門裏對願的理解和我們一般人是不一樣的。我們一般理解的願，就是一個自然生起的過程，比如我想發財，我想出國留學，我想找個好工作，或者我想讀博士做學問，這就是我們普通人認為的自然的願望，這些其實都是業力的表現。佛法裏講，克制業力，那怎麼克制業力呢？改變業力的根本靠什麼呢？這就是要靠願望，是你的願望推動你去守住戒律。所以佛門裏有一句話叫「神通不敵業力，業力不敵願力。」神通那個東西用處不大，有一些人喜歡學佛是因為喜歡搞神通，覺得神通很好，這種是很危險的。說實話，我一看到佛門裏對神通感興趣的我就害怕，很容易出問題，精神上出問題的人很多，多半都是在這裡走錯了。追求神通非常危險。佛門裏是不看重神通的，所以叫神通不敵業力，那什麼能夠戰勝你的業力呢？只有靠願力。業力從本質上來講是一種心裏的力量，願力也是心裏的力量。這願力是要培養的。藏傳佛教特別重視次第，在前面的階段，在前行修法裏，有很長一段時間是要專門練習願望的。怎樣通過各種各樣的方式，通過磕頭、拜懺，讓自己的願望堅定下來，要培養願望，在整個修行過程中都要保持這樣的願望。如果你能夠把這個願望練習到堅固不破，就是菩薩了。我們想，一個人如果隨時隨地想的都是這四個願望，那他是不是菩薩？

六祖慧能當時發現了大家在學習四弘誓願的時候可能有一點問題，這個

問題就是可能把這個用心指向外面了。眾生無邊誓願度，眾生是外面的眾生，這麼多眾生，度不過來你還忙，有的人是悲心很大的，看到世間人受苦，像自己受苦一樣，會傷心落淚，這不能解決問題。煩惱無邊誓願斷，煩惱也都推給外面了，都是外界讓我煩惱。法門無量誓願學，佛法裏法門眾多啊，那就這個也學那個也學，也有人跑很多道場。佛道無上誓願成，那很多人會認為是外面存在一個佛道要去追求。當時就很多人有這個問題了，所以慧能大師才提出來下面這個偈子，改了一下：

　　自心眾生無邊誓願度，自心煩惱無邊誓願斷，自性法門無盡誓願學，自性無上佛道誓願成。

　　自心眾生無邊誓願度，就是我們心裏有無邊眾生，其實外面的眾生都是在我們心裏面的，我們心裏的不解脫，其實就是跟眾生之間種種的糾纏，所以首先要度的是自己心裏跟眾生的糾纏。佛門裏的眾生分為有情眾生和無情眾生，我們跟有情的也糾纏，跟無情的也糾纏，不過一般好像跟有情的糾纏更深一些。自心的眾生要度，就是自心的眾生要空掉。自心煩惱無邊誓願斷，煩惱來自於自心，不來自於外界，這在佛法裏是尤其強調的，禪宗格外強調這一點，所以煩惱不要從自己心裏起，不要歸罪於外界，再去尋一個了斷。自性法門無盡誓願學，這裡的意思是，法門其實都是從自性中來的，不是從外面來的，雖然佛法裏有很多法門，經常說八萬四千法門，但不管多少法門，寫在哪本書上，本質都是從自性裏來的，從佛性中來，從我們自性的光明覺照中來。自性無上佛道誓願成，人人內心本來是佛，修學的過程就是讓本來的自性佛慢慢顯明，其實根本上是自己成就自己。

　　所以，六祖慧能核心的就是，人從本質上來講，是自己成就自己。其實中國儒釋道三家都是這麼講的，當然可能對這個結果的理解會不太一樣，但都是強調自己成就自己的。《大學》說，「大學之道在明明德，在親民，在止於至善」。大家都是強調自己成就的。所以我跟你們強調，儒釋道三家都是education，不是 religion。這兩天看到一個新聞，說深圳搞一個孔聖會，要把儒家變成一種宗教，一種 religion。我個人認為這都是倒退和墮落，這不是發揚儒家，而是一種墮落，這樣的做法，沒有抓到儒家根本的精神。儒家根本的東西和這裡講的是一樣的，自性自成，外面的聖人和賢人，只是作為老師在幫助你，不是作為一個神來決定你的。

　　善知識，大家豈不道眾生無邊誓願度？恁麼道，且不是惠能度。

　　<u>恁麼道</u>是當時的口語，就是怎麼道的意思。這裡說<u>且不是惠能度</u>，不是六祖慧能在度你，不是那個法師在度你，甚至不是釋迦牟尼佛，不是阿彌陀佛在度你，本質上都是自性自度。佛也好，菩薩也好，法師也好，都是給你個機緣，給你一個幫助你的好因緣。就像大家在學校裏學習一樣，本質上是自己學會的，不是老師教會的。

　　<u>善知識，心中眾生，所謂邪迷心、誑妄心、不善心、嫉妒心、惡毒心，如是等心，盡是眾生。各須自性自度，是名眞度。</u>

　　我們不斷的說「眾生」，眾生是什麼意思？眾生的意思，就是眾因緣和合而生。我們看我們所有的邪迷、誑妄、不善、嫉妒、惡毒，都是眾多的因緣和合而生，我們要把這些度掉。所以不要老是先想著度化別人，先把自己內心這些不好的眾生度化掉。<u>各須自性自度，是名眞度。</u>這才是眞正的度。求佛菩薩保祐其實也不是不讓求，在初始階段比較弱的時候，求佛菩薩幫一幫，就像學生請老師幫一幫是一樣的，也是可以的，但是從本質上來說，還是靠你自己。眞正要有所成就，還是要自性自度。

　　<u>何名自性自度？即自心中邪見煩惱愚癡眾生，將正見度。既有正見，使般若智打破愚癡迷妄眾生，各各自度。邪來正度，迷來悟度，愚來智度，惡來善度。如是度者，名爲眞度。</u>

　　自性自度就是將邪見改變成正見。前面我們講儒釋道三家是相通的，前面講到《大學》，「格物、致知、誠意、正心」，意思都是相通的。我們心裏有不正的，那就正過來，我們心裏各種各樣的問題，都要轉過來。那有一個問題，前面說不思善不思惡，現在說<u>邪來正度，迷來悟度，愚來智度，惡來善度</u>，這裡有沒有矛盾呢？這是個比較難的問題。前面說「不思善，不思惡」，就是沒有好壞之別，對吧？這裡說<u>邪來正度，迷來悟度，愚來智度，惡來善度</u>，好像又有好壞之別。整體而言是這樣的意思。不思善不思惡，就說明你已經超越了愛取，超越了二分，這是一個很高的境界，它本身就是一個度。善惡法門它是有等級的。《道德經》裏面講「有無相生，難易相成，長短相形，高下相傾」。善惡的道理也是一樣的，沒有一個本質的善本質的惡，都是相比較而言的。「不思善，不思惡」本身就是一個很高的善了，如果降一個等級，就是我們日常所說的善，那就是有邪有正，有迷有悟，有愚有智。我們普通人都是在這個二分的境界裏，既然我們在這個二分的境界裏，那就要用好的來取代壞的，這是一種度法。如果度到一定的程度，到了一定的境界，就可

以徹底地超越這個二分，所以是一個修學的層級不一樣，是不一樣的功課。舉一個例子，雖然可能不是很準確，比如大家中學學的是牛頓物理，在大學繼續學，就會學相對論，大概就是這個意思。學牛頓物理學的時候，牛頓是對的，學相對論的時候，相對論是對的，這兩種理論當然有不一樣的地方，但是在中學的時候就是要學牛頓物理，沒辦法學相對論，因為你學不會，不應該在中學的時候學相對論，。到了大學，你要學習更高的物理學，你就要拋棄牛頓物理，進入到相對論和量子力學。

佛門的教學也是一樣的，剛開始的時候，因為你還在二分的世界裏，所以就教你二分的學法，在有貪嗔癡的世界裏，那就先告訴你怎麼解決貪嗔癡的問題，但是當你貪嗔癡的問題基本解決了以後，在二分的世界裏的二分的問題基本上已經解決了以後，再教你怎麼超越二分。所以是不可以在你還有比較強的貪嗔癡的煩惱的時候，直接教你超越二分的，你學不會的，而且你會越學越糊塗。。這跟普通的教育是一樣的道理，就像如果給中小學生講相對論和量子力學，他不會成為科學家，他會學不懂。佛法的教育也是一樣的，你在二分的世界裏，就給你講二分的講法，當你有可能超越了，接近超越的時候，再給你講超越的講法，所以這裡不是矛盾，而是層次的不同。這是一個教學的規律，這叫因材施教。所以，是要教你**邪來正度，迷來悟度，愚來智度，惡來善度**，還是教你「不思善，不思惡」，這是需要因材施教的。我們要從教學的規律上來思考這個問題，而不是從哲學抽象推理的角度來講這個問題，有些人講佛法用抽象推理的方式去講，到處是矛盾。如果從這個角度看，光是《壇經》裏面就有很多矛盾的地方，更不用說經與經之間了。那你對比起來，都是對立的，一部經這個講法，另一部經那個講法，到底哪個是對的？其實就是因材施教。

又煩惱無邊誓願斷。將自性般若智除卻虛妄思想心是也。又法門無盡誓願學，須自見性，常行正法，是名真學。又無上佛道誓願成，既常能下心，行於真正，離迷離覺，常生般若，除真除妄，即見佛性，即言下佛道成。常念修行是願力法。

真學的核心，就是常行正法，所以是學習一體，才是真學，有學無習，不是真學。《六祖壇經》針對的最大的敵人是慢心，反反覆覆提到的都是針對慢心的。這裡說的下心就是謙虛的意思。《道德經》裏也是一樣的，說上善若水，因為水能就下，水利萬物而不爭。人往高處走，就容易摔跟頭。儒釋道

三家都非常重視謙虛心。

　　四弘誓願接下來是三皈依。皈依，有寫「皈依」，也有寫「歸依」的，這兩個字都有歸回、回頭的意思。回頭是岸！所有的佛教經典給你講的都是一回事，就是要你回頭。我們的問題就在於不回頭，為什麼不回頭呢？因為總是向外求，回頭就是向內，向外就是煩惱，向內就到彼岸。皈依和懺悔其實是一體的。我們需要皈依，是因為我們現在是一種「不歸」的狀態，也就是說我們不在自己本來應該在的地方，所以我們才有皈依的必要。皈依的方法是什麼呢？皈依就是要通過懺悔來皈依。皈依的時候，你會意識到兩個問題，第一個是你認識到所謂本來的狀態應該是怎樣的，第二個是你認識到你自己不在本來應該的狀態。既然有這兩點，所以你就需要皈依，因為你不在本來應該的狀態裏，對於這種「不在」，應該懺悔，現在所在的是一種「不對」的狀態。通過懺悔，才能回到本來應該在的狀態。佛法中對佛有很多的稱呼，其中一個佛的稱號叫做「大醫王」。為什麼叫「大醫王」呢？因為佛會治病。誰是病人呢？我們都是病人。從佛法的角度來看，凡人就是病人。凡人就是不在自己本來應該在的地方。我們有煩惱！我們一般人不認為自己是病人，我們雖然不承認，但是我們有症狀，我們的症狀就是煩惱和痛苦。如果我們沒有病，我們怎麼會有煩惱和痛苦呢？有痛苦，有煩惱，心不安定，其實都是病的症狀。要解決這些病症，就得要懺悔和皈依。

第十四講　一燈能除千年暗

　　我們繼續講《懺悔品第六》裏三皈依的問題。

　　善知識，今發四弘願了，更與善知識授無相三皈依戒。善知識！歸依覺，兩足尊。歸依正，離欲尊。歸依淨，衆中尊。

　　三皈依很重要，一般講皈依三個東西，真正回頭，回頭回到哪裏呢？皈依佛、皈依法、皈依僧。這是一般的講法，一般的講法在慧能大師那個時候就已經有問題了，到了現在問題更多。問題是什麼呢？講「皈依佛、皈依法、皈依僧」的時候，大家還是覺得這些都是外面的東西。皈依佛，那佛在哪裏呢？現在寺廟裏有很多佛的雕像，都是法相莊嚴。皈依佛是皈依佛像嗎？皈依法，法在哪裏呢？經書裏說的都是法。皈依僧，僧是指出家人，僧團。我們不能說這種說法完全不對，因爲某種程度上來講，他們的確是三皈依的代表。但是，因爲這三個東西都是不完美的，佛像跟真正的佛不一樣，他是個教學工具，培養我們生起恭敬心，不是真正的佛。真正的佛、真正的法、真正的僧在哪裏呢？實際上都在內心。所以，慧能大師在這裡說，我講三皈依，不講皈依佛法僧，而講皈依覺正淨，其實這兩組的道理是一樣的。慧能大師講，皈依覺，兩足尊。一般的講法是：皈依佛，兩足尊；皈依法，離欲尊；皈依僧，眾中尊。慧能大師改成了：**歸依覺，兩足尊。歸依正，離欲尊。歸依淨，衆中尊。**因爲覺就是佛，佛就是覺悟的人，這裡強調覺，是因爲覺是在你內心的。兩足是智慧和福德，福慧兩足。佛的智慧和福德都是圓滿的。在佛法的修學團體裏，會很明顯的感覺到每個人的特長是不一樣的，有些人相對聰明一點，讀書多一點，喜歡研究理論，看問題看得比較清楚，這些人的長處在智慧方面。另外一些人呢，可能思考不那麼強，但是非常踏實和努

力，願意爲大家服務，這樣的人的長處就在福德方面。一般人很難是福慧兩邊平衡的，都是一邊強一點，一邊弱一點。佛不一樣，佛是兩邊都圓滿的。

接下來是皈依正，離欲尊。正就是法，法就是正，這個正也是我們內心之正，佛經就是告訴我們正確的道路，正就是不偏。離欲尊，離欲爲尊，有欲就一定有偏，有欲就一定有苦。儒家裏有句話叫無欲則剛！「有容乃大，無欲則剛」。欲望越少的人，越有尊嚴，欲望越多的人越容易失去尊嚴。皈依淨，眾中尊。所有人裏，他是最尊貴的，因爲他淨。傳統說法說皈依僧，僧的一個核心的體現，就是淨，清淨。染污越少，就越接近合格的僧人的標準。這個淨也是我們內心的淨。修行的目標就是讓我們恢復到淨。《壇經》裏講，要淨靠哪兩條？一個是時時勤拂拭，莫使惹塵埃，另一個最根本的淨是本來無一物，何處惹塵埃。能夠做到這樣的淨，就是眾中尊。

所以六祖慧能這個講法，就是把三皈依的根本講出來了，因爲講佛法僧怕別人著了外相，所以講覺正淨，往內心去講。

從今日去，稱覺爲師，更不皈依邪魔外道，以自性三寶常自證明。勸善知識，皈依自性三寶。佛者，覺也；法者，正也；僧者，淨也。自心皈依覺，邪迷不生，少欲知足，能離財色，名兩足尊。自心皈依正，念念無邪見，以無邪見故，即無人我貢高貪愛執著，名離欲尊。自心皈依淨，一切塵勞愛欲境界，自性皆不染著，名眾中尊。

若修此行，是自皈依。凡夫不會，從日至夜，受三歸戒。若言皈依佛，佛在何處？若不見佛，憑何所歸？言卻成妄。

善知識！各自觀察，莫錯用心，經文分明言自皈依佛，不言皈依他佛。自佛不歸，無所依處。

今既自悟，各須皈依自心三寶。內調心性，外敬他人，是自歸依也。

所以本質來說，是皈依自性的，皈依到自己的佛性，這是根本皈依。向他佛尋求幫助，請教，這只是一個方便，佛對我們的幫助是一個方便，不是根本，根本是在皈依自己的佛性。皈依在很多英語翻譯裏翻譯成 take refuge，這個翻譯其實是用了基督教的概念，基督教用 take refuge 是沒問題的，是上帝有一個地方，你可以逃到那裏去，上帝給你一個庇護，而且按照基督教的說法就是上帝決定是否讓你上天堂，最終是上帝來解決你的問題。但是在佛教裏的皈依，不是一個 refuge，佛教裏的皈依也許用 identification 可能更好一些，就是我要跟佛一樣的意思，我是認同佛，認同法，認同僧。當然這只是我自

己的一點看法。不過 identification 說起來外國人可能不一定能理解到佛教的這一層意思，用 take refuge 因為有基督教的傳統，他們可能比較好理解。但是從本質上來講，佛教的皈依和基督教、伊斯蘭教的皈依是不一樣的。基督教和伊斯蘭教的皈依，本質上是要上帝和真主來救拔你，這一點與佛教是不同的。這一點也是我為什麼反覆強調佛教不是一般宗教的原因。皈依佛法僧三寶，皈依自心三寶，我們每個人心裏都有三寶，佛法僧和覺正淨都本來在我們的心裏。沒有哪裏可以逃跑，一切都在自己的心裏，你不可能跑到自己心外面去。

善知識！既皈依自三寶竟，各各志心，吾與說一體三身自性佛，令汝等見三身，了然自悟自性。總隨我道：於自色身，皈依清淨法身佛；於自色身，皈依圓滿報身佛；於自色身歸依千百億化身佛。善知識！色身是捨宅，不可言歸。向者三身佛，在自性中，世人總有。為自心迷，不見內性，外覓三身如來，不見自身中有三身佛。汝等聽說，令汝等於自身中，見自性有三身佛。此三身佛，從自性生，不從外得。

這裏說到佛法裏說的三身的問題，法身佛、報身佛和化身佛。化身佛也有稱應身佛的。法身，指佛所說之正法、佛所得之無漏法，及佛之自性真如如來藏。簡單說，就是真的意思，就是真理、真相的意思，這個世界的真相就是佛的法身，所以佛的法身無處不在，因為真實世界無處不在，佛的法身是沒有邊界的。我們為什麼不是周遍世界的呢？我們為什麼是拘泥於身的呢？這是由我們的煩惱和界限決定的，因為我們的阿賴耶識給了自己這樣一個界限，也就是我認為我就是這樣一個「我」，其他就不是「我」。這如果從佛法的角度來看，是一種迷惑的思想。本來自體和這個世界是一體的。

法身又做法佛、理佛、法身佛、自性身、法性身、如如佛、實佛、第一身。大乘、小乘都有法身的說法，小乘強調無漏功德法，沒有貪就沒有漏。大乘，出此之外，還有一個自性真如淨法界。所謂的自性真如淨法界，不是在我們這個世界之外有一個法界是清淨的，當然淨土宗的淨土是在十萬億佛土之外有一個淨土，但並不意味著對於佛來說，他需要在外面找一個淨，之所以要在外面找一個淨，是對於我們凡夫而言的，因為凡夫沒有能力擺脫娑婆的穢土，所以在開始的時候要尋求一個淨土。對於佛來說，這個世界必然是清淨的，心淨則土淨，佛的心是淨的，他是沒有煩惱沒有區分的，所以這個世界在他看來必然是淨的。我們有煩惱，有區分，不平等。前面我們講過

齊物論，我們這個世界是不齊物的，所以我們才有淨與染、苦與樂的問題。對於佛來說，這個世界本來是齊物的，本來是一切法平等的，所以必然是乾淨的，對於佛來說，這個世界無處不淨。所以佛的自性真如淨法界不是在外面有一個淨法界，不是有一個淨的空間和現在這個染的空間相對立，而是對於佛來講，這個世界無處不淨。我們通常說，佛很慈悲，我們也會很受感動。不過，如果你到了頂級智慧的境界，慈悲對你來說就是一種當然的狀態，因為，其他本來就和你是一體的。這就好比我很關心我的手，我的眼睛，這樣的關心我不會覺得這是一種慈悲，我會覺得這是理所當然的。對於佛來說，他對眾生的這種關心，包括他的付出，實際上和他自己都是一體的。佛法裏有一句經常講的話，叫做「無緣大慈，同體大悲」。所以一切在佛看來，一切眾生都是一體的。這就是所謂的法身。法身是周遍世界的，而不是說在某一個具體的地方有一個法身。這個世界本來是一體的，但是我們因為自己的迷惑顛倒而做了種種的切割，我們就見不到自己的法身了。我們每個人其實都有法身的。我們的法身和佛的法身是沒有任何區別的。這就是法身佛。法身佛是佛的根本。

然後是報身佛。報身佛，是佛的一個果報，這個是他的受用身。前面說有一個自性真如淨法界，所以會有一個受用，這個受用是很美好的，因為有因果。我們前面講過，人長什麼樣子，是我們前世的因果，當然不只是前面一世，還有前面很多世的因果，這一世才會變成現在這個人的樣子。佛是沒有業力的，但還是有因果的。酬報因位無量願行之報果，為萬德圓滿之佛身。報身是萬德圓滿的。我們的身體其實都是很醜陋的，我們前面也講過觀身不淨，不管你多帥多美，人人都要去廁所，那能乾淨到哪裏去？佛的報身不是像我們這樣一個血肉的身體。只有當你的智慧能夠認識到同體的法身的時候，你才可能會有一個報身顯現。報身也是周遍世界的，因為你的法身是周遍世界的。

接下來是化身（應化身），化身就是佛的變化了。報身，我們是看不見的，非常廣大，在佛經裏面的形容是不可思議的，釋迦牟尼佛降生到印度來拯救我們，就是應化身。應化身，即是應眾生心之所感化，地球人長什麼樣子，他就變化成跟地球人一樣的相貌來應化。應化身，就會顯得比較陋劣了，跟我們普通人差不多，但即使跟普通人差不多，也是相貌莊嚴的。《華嚴經》裏講毗盧遮那佛，那也是應化身。《阿彌陀經》和《無量壽經》對佛的身相的形

容也是很多很莊嚴的。佛身是非常非常巨大的。這些莊嚴的身相都是他的功德所化。大家有空可以去看看《無量壽經》裏對佛身相的敘述。如果你能去到極樂世界，你自己也會有一個非常廣大的身相，不是我們現在這樣矮小的身。應身有很多。釋迦牟尼佛來到我們這個世界，就是應身。他到這個世界來，也可以用一個跟我們類似的一個身體。一般形容佛身，是三十二相八十種好，這通常說的是應身。也有人認爲三十二相八十種好是報身。應身有時候也不表現爲我們認爲好的形象，因爲佛的應身，不是由他自己的喜好而變現的。我們凡夫，通常會喜歡去呈現或者裝飾，比如要化妝，穿好看的顏色，把自己打扮得漂亮一點，甚至還有去美容整容的。我們是出於一種執著的方式，對自己的身體有一個要求。佛的應身不是有他自己的意念發出來的，佛自己是無所求也無所得的。佛的應身之所以會產生，是應眾生的需求。眾生對佛有需求，佛就會到這裡出現一個應身。應身是隨眾生心而來的，佛到我們這個地球上來，那就會應化出一個跟我們差不多的相貌，兩個眼睛，一個鼻子，一個嘴巴，這樣他才能跟我們是同類，才能接近我們，才能給我們講法，我們才會聽。如果佛長的很奇怪，我們就很難接受。釋迦牟尼佛到這個世界來講法，就是受這個世界上的眾生之心的感召，我們感召他是什麼樣子，他就會呈現一個什麼樣子，所以佛才有千百億應身，千百億化身。

佛經裏講阿難尊者，阿難算是佛陀的堂弟，阿難學佛的因緣就是覺得佛長得很帥，法相莊嚴，之所以佛長的這麼帥，是因爲修行的很好，那阿難也就要跟隨佛陀修行。兜率天以下，佛都是應化身，成佛以前，都是在兜率天講法。彌勒佛大家都聽說過，不過按照佛經的講法彌勒菩薩現在還沒有成佛，還是菩薩位，十地菩薩位，將要成佛，當然這個將要的時間還很長，大概是幾十億年以後，就是釋迦牟尼佛之後的一尊佛。釋迦牟尼佛已經入了大般涅槃，不在我們這個世界應化了，下一尊成佛來應化的就是將來的彌勒佛。絕大多數寺廟一進山門有一個天王殿，一般來說你看到的第一尊佛像就是彌勒佛，就是「大肚能容容天下難容之事，笑口常開笑天下可笑之人」的那個彌勒佛。彌勒菩薩是跟一個布袋和尚的故事有關的，有一個和尚背著布袋到處講法，別人問他，什麼是佛法？他就把布袋往地上一放，放下就是佛法。人家又問，放下之後怎麼辦呢？他又把布袋提起來，這個就是修行。後來大家覺得布袋和尚是彌勒菩薩的化身，彌勒菩薩的像就根據布袋和尚的樣子來做了。

我們講了三身，這三身在我們的自性裏都是有的，我們人和人都有，我們自心迷了，就見不到這三身，就會向外尋覓，如果自心覺悟，就會發現自心裏本來就有這三身。我們現在的這個色身，不是我們的本來面目，佛法裏有一個很重要的，就是要破除我見和身見，就是要破除以我們的身體爲我的觀念，你如果執著於這個身是我，你就一定會有大苦，我們的身體不僅不乾淨，還會有病，還會老，還會死，所以要從對身體的執著裏慢慢擺脫出來，使我們能夠比較從容地面對病、老、死。

何名清淨法身佛？世人性本清淨，萬法從自性生。思量一切惡事，即生惡行。思量一切善事，即生善行。如是諸法，在自性中，如天常清，日月常明，爲浮雲蓋覆，上明下暗。忽遇風吹雲散，上下俱明，萬象皆現。世人性常浮遊，如彼天雲。

人的本性本來是清淨的，這是一個很深刻的道理。所謂「世人性本清靜」的意思就是人本來是沒有煩惱的，沒有一般意義上的一個定性。我們通常會說，我們是一個怎樣的人，比如說我是一個男人或者一個女人，我是一個勇敢的人或者一個害羞的人，我是一個聰明的人或者一個笨的人，我們給自己種種的定義，從本性上來講，應該是沒有的，也就是沒有任何本質上的道理說明一定應該繼續以前的行爲。比如說，你今天睡了懶覺，不一定證明你明天一定要睡懶覺。沒有一個本質上的原因決定你一定要這樣去做。今天你是一個懦弱的人，並不能證明明天你就不能成爲一個勇敢的人，從本性上來講，你是可以勇敢起來的。或者說你現在是一個勇敢的人，也不能保證你下一秒鐘不會陷入到懦弱的狀態中去。人沒有一個決定的「性質」決定我就是什麼樣子的。存在主義代表人物薩特有一句非常根本、非常經典的話，叫「存在先於本質」。這個存在就是「being」，我們現在把「being」翻譯成「存在」，主要不是從物質上講的，而主要是從生存上講的，所以也有人把存在主義翻譯成生存主義。「Being」是一個核心，後面才有你的本質，你的「nature」，你存在於這個世間的時候，你已經是作爲一個「本質」存在於世間了。你現在存在這一秒鐘，我們每個人對自己有一個所謂的「認定」，認爲我是一個什麼樣的人，這種認識只是對自己的一個限定而已，而不是一個本質的存在。比如說，我現在是一個老師，我們會認爲「老師」是我的一個性質，但這個所謂的性質是可以被打破的，我隨時可以放棄這個身份。這種可能性不是不存在的。只不過是我們根據習慣認爲，我現在必須以一個老師的身份來面對大家，

那只是我接受了這樣一種習慣而已。但是它並不是我的本性，也就是說我的存在並不能決定我就是一個老師。這裡並沒有一個本性的要求。這就是所謂的「存在先於本質」。薩特從存在先於本質這一點上就推理出來第二個結論，就是人人都是絕對自由的。因為人的存在先於本質，所以人是絕對自由的。我們都是因為假設我們有一個「本質」，所以我們就被限定了，就不自由了。假設本質先於存在，那人就不自由了。所以這些東西，比如說桌子、手機，就是不自由的，它不能自己決定自己，但是人不一樣，人可以決定自己要幹什麼，這時候人就是絕對自由的。從薩特的觀點上來說，你即使手腳都被捆住了，你也是自由的。因為你被捆起來，你也是有選擇的，你可以選擇屈服，或者繼續反抗。薩特認為，人是絕對自由的。「世人性本清靜」！這個「性」和薩特說的那個本質（nature）不一樣，這裡的「性」類似於薩特說的「being」，類似於「存在」。存在本身是沒有色彩的，沒有規定的，並沒有一個本質上的規定說我應該是怎麼樣的，所以這個地方的「being」是本質清淨的，就是它本來是沒有東西（規定）的。你所謂的「東西」，比如你說你是一個惡人還是一個善人，是在你這個存在之後的，加上去的。我思量了惡事，那麼我就做了惡行，思量善事，就是善行。所以人的本性既不是惡的，也不是善的，你既不是生來就是一個惡人，也不是生來就是一個善人，你的本性是清淨的。所以你是惡是善，全在於你念頭的變化，而這個念頭的變化，是操之於己，而不是操之於人的。這就是世人性本清靜，萬法從自性生。這個「being」是可以生萬法的，可以生惡法，也可以生善法。這種講法在儒釋道三家也是一樣的。朱熹注的《大學章句序》也是一樣的講法，講人性本善，我們之所以有惡的不善的地方，那是所謂氣稟的問題。佛教的講法也是一樣的，講本來是佛，本性清淨。我們現在不是那個本來的狀態，要做的事情是回到原來的狀態，，而不是走向一個很遠的地方，這是要理解儒釋道精神之根本的一個很重要的地方。就我們凡夫、凡人而言，我們一般講到聖人的時候，我們會認為我們現在凡人的狀態是一個普遍的正常的狀態，而聖賢是一個特殊的、不一般的狀態，他們是很高遠的，他們是遠離我們生活常態的一個狀態。我們一般的理解大多是這樣的，我們不光是在理性上這樣認識，而且我們的感覺就是這樣的感覺，我們凡夫是正常的，聖賢是不正常的，他們是特殊的人。說共產黨人是特殊材料製成的，聖賢也是特殊材料製成的。那麼，在儒釋道的講法裏，我們會發現，聖賢才是正常人，我們之所以是凡夫，是因為我們

都有不正常的地方，就是我們都有這樣那樣的問題。我們有問題，所以我們不是聖賢，不是聖賢，就是有問題的，聖賢才是正常狀態。所以，所有的修行、修身都是重新回到正常狀態，儒家的講法叫「復性」，回復我們的本性。佛教的講法也是一樣的，叫「去弊則明」，這個弊不是本來有的，把毛病解決了，那麼就回復正常了，毛病不是本來應該有的。

當然，儒家講的性本善，佛教講的本自清淨，這個「本」不是說你出生的樣子。人天生是有所不同的，這個不同是毛病有多有少，有這個方面的有那個方面的，氣質有清有濁。本性不等於天生，荀子說因為人天生有問題，所以人性惡，但孟子的講法和儒家主流的講法不是這樣的。人雖然天生有問題，但是天生不是本性，本性是善的，佛教的講法人本來是清淨的，所有的不清淨和惡的東西都不是我們本性所有的，不是本來所有的。這跟我們常規的理解不一樣，不光是跟普通人的理解不一樣，而且跟一般修行人的理解也不一樣。那些已經立志修行的人，很多人也認為我現在是一個普通的正常的狀態，我們修行是要追求一個高遠的狀態，這與真正的高人的理解是不同的，在高人看來，凡夫才是偏離常軌的，修行到問題都解決了，才能回到常軌。儒家講，才能回到「仁」的狀態，佛家講回到佛的狀態。

這裡要提一下曾國藩先生，一代大儒，應該是中國近代以來最重要的儒家人物，按照儒家的說法那是立德、立功、立言三不朽，不管是學問上，還是德行上，還是功名上，三方面都取得了特別大的成就。曾國藩先生有一句非常有名的話，「不為聖賢，即為禽獸」，就是剛才那個邏輯，對於曾國藩而言，只有聖賢才是有人性的人，充分實現人性的人，你只要不為聖賢，你的人性就沒有得到充分的實現，沒有「復性」，那就是禽獸。從這個角度，我們才能理解曾國藩先生為什麼能說出這句話。我們現在很多人一般都簡單地把這句話理解成勵志的話，其實它不僅僅是勵志，背後有它遵循的理路。我們要知道當高人提出一些規範性的話語的時候，其實背後都有學理的基礎，都有他對真實世界的理解，如果只是簡單的一種規範，那是層次比較低的。曾國藩先生這句話，「不為聖賢，便為禽獸」，這背後是有他的學理基礎的，就是他對「復性」的理解。當然這都是要去實踐，嘴上說說，難有收穫。

下面說到「如是正法在自性中，如天長清，如日月長明。為浮雲蓋覆。上明下暗。忽遇風吹雲散。上下俱明。萬象皆現」，這是一個比喻的方式來說，上明下暗就是說天地，風吹則上下俱明，上下皆現，也就是說我們的昏暗和

迷惑不是牢不可破的，只要有一天我們看清楚了，只要風吹散了迷霧，我們就看清楚了。所以，從本質來說，人的智慧不是向外求的，甚至也不是外面的知識。當然，外面的知識也會有所幫助。但是知識對你有幫助，本質還是因為你看到了這個「being」，實際上也就是你看到了一個根本的存在狀態，你如果明白了這樣一個根本的存在狀態，這樣一個「being」的狀態，那麼你就可以把一切看清楚了。我們現在沒有能夠看清楚，就是因為我們的迷惑知見太多。

　　善知識！智如日，慧如月，智慧常明。於外著境，被妄念浮雲蓋覆自性，不得明朗。若遇善知識，聞真正法，自除迷妄，內外明澈，於自性中萬法皆現。見性之人，亦復如是；此名清淨法身佛。

　　善知識！自心皈依自性，是歸依真佛。自皈依者，除卻自性中不善心、嫉妒心、諂曲心、吾我心、誑妄心、輕人心、慢他心、邪見心、貢高心及一切時中不善之行。常自見己過，不說他人好惡，是自皈依。常須下心，普行恭敬，即是見性通達，更無滯礙，是自皈依。

　　這裡說皈依是皈依自性，六祖慧能在這裡強調所有的皈依都不是向外的，本質上都是向內的皈依。皈依佛的根本，皈依釋迦牟尼佛也好，皈依其他佛也好，從本質上來講首先是皈依自性佛，就是皈依你自己本來清淨的那個佛性，這是你的根本皈依處。外界的佛法僧的教導，只是一個幫助，一個助緣。從根本看，是自性的皈依。這是六祖特別強調的一點。下面就是要消除自己種種的問題，有一個很大的特點。「除卻自性中不善心、諂曲心、嫉妒心、憍慢心、吾我心、誑妄心、輕人心、慢人心、邪見心、貢高心」。這裡列舉了這麼多不善，主要的不善就是慢心。這裡講的跟慢心有關的不善，有嫉妒心，無我心，狂妄心，輕人心，慢他心，貢高心。這裡一共列了大概十個不善心，跟慢心有關的就有五個。我們講過，在《壇經》中，當六祖慧能講惡的時候，主要是講慢心，其他的講得比較少。原因很簡單，就是因為六祖講法的對象是修行人。這些人是已經把名利看得比較輕的人。所以這裡講貪欲心講的比較少。其他的佛教經典和一些世間法的經典裏，一般普通的講法主要是針對貪財貪色。《壇經》裏在貪財貪色這方面就涉及的很少，就是因為來學《壇經》的這些人的境界要高一些，畢竟已經開始求道了，已經有一定的道心了。這樣的人比較容易出的問題就是慢心。而且慢心，從學習上來講是最大的障礙。不僅是學佛的人，其實包括學習世間的知識，這個道理也一

樣。如果慢心重，你的傲慢心一起來，你的學習能力和學習效率就會差很多。謙虛才能使人進步！這段的核心就是要消除慢心，因爲修道的人容易升起慢心，因爲修道之後就會覺得自己比別人高，你看這些道理我都明白了，比你們強。你們都是惡人，我是善人。這個心就是慢心，慢心生起，人就墮落了。這就是慧能大師對修道人的叮嚀和囑咐。修道的過程中，經常會以善惡的角度來看待這個世間，這是和普通人不一樣的地方。俗世中的人看問題的角度經常是利益。比如說，這個人今天賺了，那個人虧了。修道人，特別是剛剛入門的時候，通常會從善惡的角度來看問題。比如，這是個好人，那是個壞人；我今天做得好，或者是不好。這樣一種善惡，就是一種價值觀，有價值觀就有高有低，這種高低也會經常擾動你的內心。我們都有我執，在我執消失之前，我們經常容易把自己看得比較高，容易把自己跟善聯繫起來，把自己跟「高」聯繫在一起，這個時候就很容易生起輕慢之心。所以慧能大師在《壇經》的每一個章節都對慢心的對治一再強調。「常自見己過，不說他人好惡」，前面也說到「若眞修行人，不見世間過」，那個更難一些，是更高的境界。「不見」的境界比「不說」要高，確實不容易達到。「常自見己過，不說他人好惡」，這個境界相對來講比較容易做到。最起碼，你得做到不說他人好惡。說世間好惡的過失比較大，不說他人好惡是自皈依，也就是念念都在解決自己的問題，而不是去看別人的好壞。中國古代的說法就是見賢思齊，見不賢則內自省。不管看好看壞，都不要變成一種言語上的東西，都要變成觀察自己，變成改變自己的一個契機。

「常須下心，普行恭敬」，「常須下心」就是以自己爲下。這裡說「常須下心」，如果是從表面上看，也不全對，因爲上下還是二分，不上不下才是最高境界。佛法是藥，這裡講「常須下心」，也是針對眾生之病講的，我們的病是什麼？就是把自己放的太高。所以常須下心是一種藥，來對治我們的毛病。如果你沒有慢心的毛病，那也就不需要下心這味藥。如果你做到了不上不下，那就不必特地加一個下心，沒有病的人是不需要吃藥的，但有病的人就得好好吃藥。我們凡夫，幾乎人人都有慢心這個病，而且修道人是更容易滋長這樣的病，再加上我執，就很容易貢高我慢，所以我們要常常提醒自己「常須下心」，以自己爲下。這一點上，儒釋道三家都是通的，儒家講乾坤之德，這個坤德就是以自己爲下。以自己爲下，並不是一件很倒楣的事。如果你眞的有能力以自己爲下，是一個很高的境界，你的容納能力就很強。所以我們講

地的德行，大地有一個很高的德行，佛經裏也講地藏王菩薩，就是以自己爲下，就是一切都能接納。地最重要的一個德行，就是什麼東西都能接納，不管是好的東西，像黃金；還是髒的東西臭的東西，屎尿橫流，它都可以接納。對它來說，是不需揀擇的。爲什麼呢？因爲它總是以自己爲最下，所以不會排斥任何其他的東西。所以「常行下心」，就能「普行恭敬」。我們一般的眾生是選擇性的恭敬，對特定的人恭敬。或者對一個很有地位的人恭敬，或者對很友好的人恭敬。但是對於普通人，或者你認爲有毛病的人，就不恭敬了，很容易就產生一種輕視，以別人爲下，以自己爲高。這個就不是「普行恭敬」了。所以佛法裏強調「普行恭敬」，就是對一切人都恭敬。這裡有一點我們要明確一下，普行恭敬，不是說你對每個人每件事都認同。我恭敬他，不一定是我認同他。我們一般的恭敬是，我願意成爲這個樣子，我才恭敬。比如說，你看到一個有學問的人，你也想成爲這個樣子，所以你就恭敬。或者你想成爲一個很好的人，一個大善人，那你也恭敬他，你也希望自己成爲這樣的人。這裡所說的「普行恭敬」，不是以我們平常的高下作爲基礎的，你是要盡可能的使自己低於一切人。對一切眾生都要恭敬，是非常不容易做到的。說起來容易，道理很容易。說起來謙虛很好，卻非常不容易做到。佛法裏有很多方法來解決這個問題。藏傳佛教有一種方法叫「知母」，這很像中藥裏一味藥的名字。佛法裏講我們是無數劫輪迴，因爲無數劫輪迴，所以我們跟一切眾生都有緣，其中有一個緣就是當你的母親。你遇到的一切眾生，以前都曾經當過你的母親。修知母就是做這樣的觀想，這種觀想需要練習。要觀想兩件事情，一是一切眾生以前都當過你的母親，二是觀想一切眾生將來一定會成佛。一切眾生皆有佛性，所以不管多遠，他將來一定會成佛的。你的母親你一定會恭敬，那眾生過去都做過你的母親，所以你要恭敬；他將來會成爲佛陀，那你對他也會恭敬。所以佛教裏修恭敬的觀法，就是這兩種最重要的觀法，尤其要觀想你平常不恭敬的人，你討厭的人。通過這樣的方式，修兩個東西，一個是恭敬，第二個是把我們的嗔心、怨恨消除掉。佛法是很有操作性的，我自己曾經試驗過，很有用。「普行恭敬」即是見性通達，眞正的「普行恭敬」，就能眞正見性。我們現在爲什麼不能見性，我們現在總是在高低上下裏，你高低上下，你做出這樣的隔絕，就不能見性。見性是見平等相。什麼叫見平等相？你對一切眾生都同樣恭敬，你就見到了平等相。反過來也是一樣的，如果你見到了平等相，那你對一切眾生一定是同樣恭敬的。你之所以不恭敬，

就是你自以爲上，看別人爲低。所以說「即是見性通達。更無滯礙。是自皈依。」

何名圓滿報身？譬如一燈能除千年暗，一智慧滅萬年愚。

報身，是佛在清淨佛土裏的一個相貌。這個清淨在哪裏？這裡還是用的一個比喻，<u>一燈能除千年暗，一智慧滅萬年愚</u>。我們講過，業力很強大，我們過去造的罪業很多。這裡的意思就是，雖然我們有這麼多的罪業，但如果你能夠明白，不管你造罪造了多少，就像一間黑屋子一樣，不管你黑了多長時間，只要一盞燈，它就明亮了，這是剎那間的，暗不是要你一點一點地去滅除，頓悟之後就有了放下。佛法裏有一句話，大家可能很熟，叫「放下屠刀，立地成佛」。這些話說的道理其實都是一樣的，放下屠刀是外面的一個表現，而這個關鍵在於你內心中放下了殺心，如果你內心裏徹底放下了殺心，那你就能立地成佛。那也許有的人會說，這豈不是很容易？如果是這樣，我今天殺生也沒關係，只要我把屠刀一放，我就成佛了。這裡涉及到一個根本的覺悟的問題，當你有這樣的念頭，就是說我殺了人也沒關係，殺了我可以再改，或者有些人說我幹點壞事沒關係，反正我可以懺悔，但是你要知道當你有這樣的想法的時候，你的心念是不清淨的。第二層意思呢，這從理上來講，一念覺悟了你就覺悟了，但實際上，業力的力量是非常強大的，這樣的覺悟，普通人是很難保持住的，倘若你能保持住，你覺悟了，不再受外面的誘惑，能看穿，能抵抗，那確實是真的覺悟了，但大多數人還是不行的。佛門裏的懺悔有很多，各種宗教也都有懺悔，但不是說你修一次懺悔，問題就都解決了。當然每個人根性不一樣，有的人也許比較猛厲，懺悔之後就不再造這個罪了，那他就解決了。但是大多數人懺悔之後還是會再犯同樣的錯誤。這裡強調的關鍵是在因。前面我們講過《地藏經》裏的一句話，叫「南閻浮提眾生，舉止動念，無不是業，無不是罪。」雖然無不是罪，無不是業，就好像千年暗室一樣，但只要你一念清靜，就像一燈一樣，這些罪業馬上就消失了。罪雖然有外在的行爲和效果，但是人根本的罪是在心裏的，你做了一件惡事，它是在你的心念裏留下了這個罪，這也是在因果鏈條裏，最後你會受到果報的一個根本的原因。根本的原因不在於這個罪在外境上的表現，而是你在內心中的一種表現。我們講因果的道理的時候，有時候會覺得因果比較玄，我們經常看不清楚前因後果。因果的道理其實最根本的在於「從樂入樂，從苦入苦」。我們要知道，所有的罪，其實都是苦，這一點可能大家不容

易體會到，也許會問說很多人犯罪不都是爲了追求快樂嗎？弄錢也好，花天酒地也好，甚至包括吸毒，當時的感覺都很快樂啊。事實上，所有的罪都是一種苦，人之所以會犯罪，是因爲當時處於一種不自由的狀態，人只有在不自由的狀態下才會犯罪，不管你是被欲望所牽動，還是被仇恨所牽動，它在推動你做這些事的時候，你是不自主的。很多人犯罪，並不是他不知道這是不應該的，而是當時他控制不了自己。這是一種根本的苦的狀態，當一個人說我一定要追求一種樂的時候，我沒有這個樂不行的時候，實際上是一種苦的狀態。這就好像吸毒一樣，這個時候不吸這個毒就無法忍受，必須要感受一下那個所謂爽的感覺，因爲沒有那個爽的感覺，我就無法忍受。這就是一個苦因種在裏頭了。世間諸多所謂感覺上的快樂，它的裏面都藏著一個苦因，有的時候我們能體會到這個苦，有的時候我們體會不到這個苦。我再強調一次，所有的這些表面的樂裏都是有苦因的，你是因爲這個苦因，將來一定會結苦果。從樂入樂的道理是一樣的。善裏面，含藏著樂的種子，樂就是能擺脫苦的東西，這個善不僅僅是在幫助別人擺脫痛苦，一個人之所以能夠幫助別人擺脫痛苦，是因爲他自己有能力擺脫痛苦，自己處於一種比較自由的狀態，才有能力幫助別人。佛法裏講，最大的善還不是幫助別人，最大的善其實就是擺脫苦，就是你自身的覺悟是最大的善，這個覺悟本身就是樂。我們到底怎麼來理解苦和樂，人生是苦的，能夠不苦了，就是樂，能夠從苦的狀態中擺脫出來，就是樂。你種下一個樂因，從這個樂因，就知道後面會有樂的果報。這個是因果根本的道理。要是把這個道理弄明白了，就知道佛法裏的因果既不是所謂的封建迷信，也不是什麼神秘的東西，它就是一個很自然很正常的一個過程，種瓜得瓜，種豆得豆，種苦因就得苦果，種樂因就得樂果。人生爲什麼會有種種的煩惱？而且年紀越大煩惱越多，是因爲我們在這一生裏種的苦因不少，不明白道理就越種越多，有一些可能即時受報，有一些可能以後受報。因爲不斷地在種苦因，所以後面的苦果就會越來越多。這一生中，如果不修行的話，你的執著是會越來越強的。小孩子相對來說，是比較容易快樂的，生活更簡單，我小時候吃的也不好，穿的也不好，家裏房子也很小，沒什麼玩具沒什麼錢，但因爲小時候執著的東西少，所以容易快樂。慢慢長大，執著的東西越來越多了，抓的東西都不捨得放，慢慢地煩惱就會越來越多。從樂入樂，從苦入苦，這是因果的根本道理。所以我們受任何苦，都不要怪別人，因爲所有的苦都是你過去種下的種子。

　　莫思向前，已過不可得，常思於後，念念圓明。自見本性，善惡雖殊，本性無二。無二之性，名爲實性。於實性中，不染善惡，此名圓滿報身佛。

　　自性起一念惡，滅萬劫善因。自性起一念善，得恆沙惡盡。直至無上菩提，念念自見，不失本念，名爲報身。

　　所以佛法講懺悔，不是我後悔過去幹的事。懺前愆的時候比較重要的是你以後不要再犯，強調的是你認識到過去的錯誤的性質，對自己的錯誤有充分的認識，但是不要老是去回憶這個東西。你如果老是去回憶你犯錯的情景，實際上是會增強這個業力的，它會加強阿賴耶識中的業力，反而不利於你懺悔。所以要認識到過去不可得，不要去想「我過去假使不那樣，現在就會更好一點」，這樣的想法幫助不大，要少一點。懺前愆要想我以後堅決不要再犯，不要二過，要常思於後。懺悔法更重要的是強調悔其後過。懺其前愆主要是要認識到錯誤的性質，你知道自己不應該這麼做，加強這樣的信念，重要的是你要悔其後過，重要的你以後不要再犯。我們心裏總是翻來覆去地顛倒的。凡夫，普通人，很少有人純善，也很少有人純惡，善的惡的念頭，兩邊不停打架。如果你念念修善，直至無上菩提，就能回復本性，回到了報身的狀態。

　　何名千百億化身？若不思萬法，性本如空。一念思量，名爲變化。思量惡事，化爲地獄。思念善事，化爲天堂；毒害化爲龍蛇，慈悲化爲菩薩；智慧化爲上界。愚癡化爲下方。自性變化甚多，迷人不能省覺。念念起惡，常行惡道；回一念善，智慧即生。此名自性化身佛。

　　善知識！法身本具，念念自性自見，即是報身佛；從報身思量，即是化身佛；自悟自修，自性功德，是眞皈依。皮肉是色身，色身是宅舍，不言歸依也。但悟自性三身，即識自性佛。吾有一無相頌，若能誦持，言下令汝積劫迷罪，一時消滅。

　　我們每個人每個不同的念頭，都會給我們化現出不同的境界。當你憤恨到要殺人的時候，你的地獄相已經顯現了。如果你是感恩報恩或者是幫助別人的心，那這個時候就可能是一個菩薩的境界。人就是這樣翻來覆去地在三界跑來跑去，我們死亡的時候去哪裏是要看那個時候哪個力量最大，就會把你拉到哪裏去。我們平常也可以觀察到自己內心的力量總是各種各樣的，有的時候貪心比較重，有的時候嗔恨的心比較重，有的時候感恩和慈悲的心佔了上風，不同的時候現出不同的心，我們的情緒就跟著走了。我們的心情，我們的精神狀態，其實就是我們的情緒，哪個念頭帶著你走，你就表現出哪

種相來，是歡喜？還是悲傷？還是憤怒？這都是表現，你的心就會在這之間不停地轉化。

後面六祖提到了無相頌：

迷人修福不修道，只言修福便是道。

布施供養福無邊，心中三惡元來造。

擬將修福欲滅罪，後世得福罪還在。

前面講過，修福是不解決問題的，要覺悟。懺悔不能是為了修福，我們懺悔的原因不能是因為幹壞事損傷了我們的福報，我懺悔是為了彌補我的福報。如果是出於這個動機，我們的問題是得不到解決的，因為心中善惡原來造，貪嗔癡不滅，你還會不斷地造惡業。所以從根本上來說，要各自性中真懺悔，看到自己的自性，才是真正的懺悔。有人說佛教是到廟裏去賄賂，從低層次來看，的確很多人有這樣的心理，但這不是佛教的本質。佛教的本質毫無疑問是追求自性，一種特別強烈的自覺。有些文章拿佛教和基督教對比，說佛教都是去廟裏燒高香，賄賂佛菩薩，覺得基督教才是真正的懺悔，這些都說得不對。我們今天學習這些，就明白佛教真正的懺悔是什麼，看到佛教的懺悔在道德上的這種高度的自覺性，完全是自覺的，甚至不需要像上帝這樣一個外在的參照物來解決自己真正的罪惡的問題。

但向心中除罪緣，各自性中真懺悔。

忽悟大乘真懺悔，除邪行正即無罪。

學道常於自性觀，即與諸佛同一類。

吾祖唯傳此頓法，普願見性同一體。

若欲當來覓法身，離諸法相心中洗。

要真正除卻罪緣，佛法裏講真正重要的是懺悔，懺悔比修福更重要。修行的根本在懺悔。老老實實改錯比你做善事，對修行來說是更根本的。「見性同一體」，就是你能看到所有眾生的本性，本質上是一體的。我們現在看眾生都不是一體的，都是有一個「我」，有了「我」，就有「我」跟「他」的一個對立和執著。那你要見了性，你就會發現，我的性和你的性沒有任何的區別。你真正見到自性，你就會發現是同一的，沒有差異的，這個時候你就徹底解決問題了，所以「離諸法相心中喜」。核心是要覓法身，要找到我們真實的佛性，要回復我們的自性，要遠離法相，種種法不在心中執著。

努力自見莫悠悠，後念忽絕一世休。

若悟大乘得見性，虔恭合掌至心求。

在《華嚴經》的《普賢菩薩行願品》中，普賢菩薩述說自己的願望：「我此懺悔無有窮盡。念念相續，無有間斷。身語意業，無有疲厭。」這是真實懺悔的榜樣，以這樣的心至誠懺悔，沒有什麼罪業是不能消的，也一定能明心見性。

《懺悔品》就到這裡結束了。

第十五講　前念不生後念不滅

這一講是《機緣品第七》。機，就是時間、時機，緣就是緣分。佛法裏講緣分很多，我們以這種方式交流，也是緣分。《機緣品》裏講了很多故事，每個故事都是來參法修學的人的故事，每個人有不同的故事，是因爲每個人有不同的機緣。就像大家讀同一本書，說明有共同的機緣，但是共業之中又有別業，所以雖然都讀這本書，但是每個人的感受和所得又都不相同。同中有不同，不同中有同的地方。我們接下來就來看看這些禪宗的公案。

師自黃梅得法，回至韶州曹侯村，人無知者。有儒士劉志略，禮遇甚厚。志略有姑爲尼，名無盡藏，常誦《大涅槃經》。師暫聽，即知妙義，遂爲解說。尼乃執卷問字。

師曰：「字即不識，義即請問。」

尼曰：「字尙不識，焉能會義？」

師曰：「諸佛妙理，非關文字。」

尼驚異之，遍告里中耆德云：「此是有道之士，宜請供養。」

有魏武侯玄孫曹叔良及居民，競來瞻禮。時，寶林古寺，自隋末兵火，已廢。遂於故基重建梵宇，延師居之，俄成寶坊。

這說的就是當時六祖回到韶關，當地有一個儒士叫劉志略非常好地招待六祖。劉志略有個姑姑出家爲尼，名叫無盡藏，經常讀誦《大涅槃經》，六祖在旁邊聽了，就知道了經文妙意，就爲她講解。然後無盡藏比丘尼可能有些字不認識，就拿著來問慧能大師，覺得慧能大師學問很大，能講《大涅槃經》。結果慧能大師回答說，這些字我不認識，道理我可以給你講。無盡藏比丘尼就覺得很奇怪，字都不認識，怎麼會知道義理呢？六祖就說，**諸佛妙理，非**

關文字。後來嚴羽寫《滄浪詩話》的時候也說，詩有別材，非關書也。無盡藏比丘尼就跟當地人說，他是有道的人，應該供養。我們看到這裡也覺得很有意思，當時慧能大師是不認識字的，但是道理都已經明白了，所以說<u>諸佛妙理，非關文字。</u>本性中根本的東西是非關文字的，文字只是一種工具，但是這個地方我們也不能反過來說沒有文字是更好的事情，雖然它作爲工具來說不是根本性的，但是對於絕大多數人來說，這個工具還是非常必要的，除非是像慧能大師那樣的上上根人，就不需要了，普通人還是需要借助文字這個工具的。

接下來我們講法海的故事。《壇經》就是法海集的。

<u>僧法海，韶州曲江人也。初參祖師，問曰：「即心即佛，願垂指諭。」</u>

<u>師曰：「前念不生即心，後念不滅即佛；成一切相即心，離一切相即佛。吾若具說，窮劫不盡，聽吾偈。」曰：</u>

<u>即心名慧，即佛乃定；</u>

<u>定慧等持，意中清淨。</u>

<u>悟此法門，由汝習性；</u>

<u>用本無生，雙修是正。</u>

這段核心的內容是不生不滅，核心在「前念不生」，「不生」，不是說心中沒有感受。這個地方比較難，因爲這樣的境界要用語言來把握已經很困難了。所以，我們要知道六祖<u>「前念不生即心，後念不滅即佛」</u>不是當眞講的。禪宗很多的公案，公案裏的語句和概念，都不當眞的，因爲到了這個層次，就像《道德經》裏講的「道可道非常道，名可名非常名」，就是在講到這樣一個根本性的東西，一個超越的境界的時候，這些概念只是一個提示而已，所以在這個時候，可以說出來的道和名已經不是眞正的道和名。師父給你講這樣的話，他的目的只是在某一個方面破除你的執著而已，而不是說你要去研究他這句話本身怎麼去理解。

祖師的這些話，就其本身來說，很多都是看上去矛盾的，<u>前念不生即心，後念不滅即佛，</u>既然都前念不生了，哪裏來的後念不滅呢？所以如果就按照這句話的文本去分析的話，按照我們通常的邏輯，前念不生，哪來的後念呢？是講不通的，同樣的，如果前念有生，後念必然會滅，有生必然有滅，後念生的時候前念自然就滅了。這裡是講生滅的問題，所謂的生滅和生死是相通的。我們之前講到十二因緣的時候講到生死，生死有分段生死，那是這一生、

下一生，還有就是時時刻刻都在發生的生死，這個是變易生死，就是隨時隨地的，也就是隨時隨地都有一個生一個滅，這個生死是念頭的生死。佛法是要去理解、去聞思修的。尤其是對知識分子，很難不理解就直接信了。但有很多東西，你暫時不理解也沒關係，可以存而不論。沒想明白，就存而不論，先放著。我以前對於前世後世這樣一個說法，也是存而不論的，後來才逐漸理解。

後來為什麼我又認為應該是有前世後世了呢？為什麼比較相信它的存在呢？我主要是從變易生死去理解的。一般說到的生死主要是指分段生死。變易生死，念頭裏面有生有滅，這個是不停息的，這個生滅是哪裏來的？這個生滅與生命的生滅應該是一體的。之所以會有分段的生死，其實就是因為有變易生死，就是念頭的生死。念頭的生死，我不能做主，所以分段生死也不由我做主，道理就是這樣。六祖在這裏說「前念不生即心，後念不滅即佛」，不要把這逗號的前後讀成兩句話，要是讀成兩句話，你就都不懂了，它們實際上是一回事。這裏是有一種文學色彩，我們通常講的對偶。這句話的意思就是，不生滅，就見到了心和佛。分成兩句話，主要是因為從文學的角度比較好聽、好看。有生必有滅，有生必有死，所以只要有了前念生，就必定有後念死，所以它並不是兩個東西，生和死，如果真的明白的話，其實是一體。凡是生出來的，死其實已經包含在裏面了。這個和馬克思講的比較接近。馬克思經常講變化，有生就有死，辨證統一，當然馬克思沒有講那麼深。

我們講生死十二因緣，十二因緣裏有了生，就不可能沒有死。生就是一個變化，會變化出來生，就會變化出來死。生本來就是死的一個因緣。我們所有眾生都會死，為什麼？因為我們有生，所以會有死。所以這個世界上沒有所謂的長生不死。所以說，「不生不滅，即心即佛」。「成一切相即心，離一切相即佛」，我們的心，就像《覺林菩薩偈》裏講的一樣，一切相由心生，這是我們心識的起用。我們心有這個作用，我們就能生相。我們凡夫和佛菩薩的區別在哪裏呢？凡夫有了這個相，就把這個相當真了，就跟著這個相跑了。這個相決定了你的生命，你就完了，你就是凡夫了。我們凡夫是偏於有這一邊的，小乘是偏於空這邊，佛在中間，中觀。中間就是並不完全排斥有，對相不是一個排斥的態度，但是又不被這個相帶著跑，這個很難！說實話，小乘能把這個相排斥掉，就已經很難了。大乘佛法是兩邊不著，不著有，不著空，凡夫在有這邊，什麼都是真的，我們就是被有帶著跑。凡夫都是唯物主

義者。

《壇經》裏的公案還不是最誇張的，如果看《五燈會元》或者《指月錄》，你甚至會不知道到底在說什麼。這些公案裏，師父說的話，關鍵是要讓你從現在固定的思維模式裏跳出來。後面講，**成一切相即心，離一切相即佛，吾若具說，窮劫不盡**，這裏根本的意思是講心即物，心是可以感知外物的，然後心還要離物，我們的心是會即物的，但我們的心是不會離物的，我們的心接觸到東西的時候，就會產生愛取，就會去抓，這就是問題。小乘的做法呢，是拒絕物，不即物，這個做法也是不究竟的，因為從果相上來說，心是可以即物的，是有這個功能的。**即心名慧，**就是善能分別諸法相，**即佛乃定，**就是於第一義而不動。

法海言下大悟，以偈贊曰：
即心元是佛，不悟而自屈。
我知定慧因，雙修離諸物。

「雙修離諸物」，也還是善能分別諸法相，於第一義而不動。對於凡夫而言，最難的還是離諸物。我們還不是小乘根性，我們離小乘還差得很遠。所以普通人講說修大乘看不起小乘，那是沒有道理的。對於凡夫來講，最難的還是要離諸物，不容易離，容易執著。

下面一個是法達的故事。

僧法達，洪州人。七歲出家，常誦《法華經》。來禮祖師，頭不至地。
祖訶曰：「禮不投地，何如不禮？汝心中必有一物，蘊習何事耶？」
曰：「念《法華經》已及三千部。」

一個叫法達的僧人來拜見六祖，磕頭的時候頭不著地。六祖就呵責說，你禮拜頭不著地也不如不磕頭呢。你心裏一定有一個值得驕傲的東西，你平常修行什麼呢？法達就回答說，我念《法華經》已經念了三千部。三千部就是三千遍的意思。《法華經》是非常長的一部經，普通人如果要念一遍的話，最少要一天，三千部是什麼概念呢？就是每天一遍堅持不輟，堅持了差不多十年。這是非常不容易的，所以他心中有此一物，覺得很值得驕傲。

祖曰：「汝若念至萬部，得其經意，不以為勝，則與吾偕行。汝今負此事業，都不知過。聽吾偈。」曰：
禮本折慢幢，頭奚不至地。
有我罪即生，忘功福無比。

　　六祖說，如果你念到一萬遍了，而且明瞭了其中的道理，還不驕傲，那你跟我就差不多了。你現在修習佛法，但是都不知道自己的過錯在哪裏。

　　這個地方大家要理解，禮是爲了什麼？禮的目的是爲了折服你的慢心。我們每個人都有慢心，而且還很重，而且特別是修行人，慢心更容易重。因爲修行人一般來講貪嗔都克服得不錯了，做得越好，越容易升起驕傲，所以這個時候就更要靠禮來折慢。這裡的禮和儒家講的禮，道理是差不多的。禮就是爲了修恭敬。儒家經常講的「毋不敬」，就是告訴我們一切都是從恭敬中來，佛法裏也是這麼講的，所以要修禮。很多人可能以爲磕頭是一種愚癡的行爲，其實在磕頭的過程中，很重要的一個修行，就是修折慢，逐漸克服自己的慢心。人爲什麼會有慢心呢？就是這句有「我」罪即生，這就是我們前面講的「南閻浮提眾生，舉止動念，無不是業，無不是罪」的原因，因爲我們舉心動念都是有「我」的，都是從「我」出發的，即使你心中沒有想「我」這個字，你的思維的原點起點其實都是「我」。接下來是忘功福無比，做了什麼好事，一定要忘了這個功勞，福才會比較大，如果你心裏老記著我幫了誰，應該得到什麼獎勵，那你的福報就很小了。福的根本，在於你的心有多大。你心裏的「我」比較大，你的福就不可能太大，如果你的「我」比較小，甚至沒有「我」，你的福就會比較大。這裡強調的是有我罪即生，忘功福無比。這句話講的是根本的「無我」的境界，但是在修行過程中，這個「我」是逐漸消除的，不是說讀了這個偈子，我們知道「無我」好就可以無我了，你回去念「無我」也還是有「我」，所以我們一定要找到適合自己現在階段的方法來修行。同樣的，我們爲什麼會有一個有功勞的心呢？本質上還是因爲有「我」而起，我們的福有限，根本原因就在於有「我」，有「我」，福就有限；無「我」，福才無邊。所以《金剛經》裏講什麼叫菩薩，就是度一切眾生而實無一切眾生可度者，所以菩薩的功德無量無邊，我們普通人都是幫了別人一點小忙就念念不忘。

師又曰：「汝名什麼？」

曰：「法達。」

那六祖又問你叫什麼名字？回答說法達。

師曰：汝名法達，何曾達法？

復說偈曰：

汝今名法達，勤誦未休歇。

空誦但循聲，明心號菩薩。

汝今有緣故，吾今為汝說，

但信佛無言，蓮花從口發。

也是很重要的一句話，釋迦牟尼佛在《金剛經》裏講，佛無所說法，佛沒有講法，如果你說佛講法，即同謗佛。這個話是很嚴重的。

大藏經內容是非常多的，不要說研究，要是你這輩子把大藏經每個字都讀一遍，幾乎都是很困難的。佛陀講了這麼多內容，佛還說沒有講法，這到底是什麼意思呢？這是有幾個層次可以理解的。最簡單的一個層次，就是和道家講的「道可道，非常道，名可名，非常名」一樣，在根本道理上，所有的名都是假名，都不是真實的表現，所以佛陀在《金剛經》裏講，「佛說阿耨多羅三藐三菩提，即非阿耨多羅三藐三菩提，是名阿耨多羅三藐三菩提。」《金剛經》裏，這樣的句式反覆出現，佛說這個，但又不是這個，但它叫這個名字。這句話分三個層次，第一層，佛說阿耨多羅三藐三菩提，你也聽到了佛說阿耨多羅三藐三菩提，然後佛馬上告訴你你錯了，就是「即非阿耨多羅三藐三菩提」，因為你理解的一定是錯的，不可能是對的，但是它又「是名阿耨多羅三藐三菩提」，我還是要用這個名詞來跟你說，因為我不用這個概念，你無法理解，所以我只能這麼說，幫助你來理解，這些名詞和概念是一種方便，一種工具，你不要把這些方便和工具本身當作一種真實的東西來理解，概念可以是工具，但是本身是不真實的，這是一個層次。

第二個層次，語言本身就是一個二元對立的產物，佛法是不二法門，語言又是二元對立的產物，語言的根本就要有一個「我」和「你」的對立，「我」和「我所」的對立，如果沒有這個對立，語言是不會有的，這要講清楚就要講語言學了，就先點到為止。二元對立是語言的一個根本的東西，所以，中國的道教也好，佛教也好，從本質上來講，是不完全信任語言的，這個和西方是不太一樣的，西方整個思想從「Logos」而來，它對語言是充分信任的，雖然在當代的西方哲學裏，也許是受了東方文化的影響，也出現了對語言、對形而上學的懷疑，包括對「Logos」中心主義的批判，但是從整體文明來講，西方對語言的信任程度比較高，中國的儒釋道三家對語言的信任度都相對比西方低，尤其是道家佛家，從根本上是不信任語言的，儒家對語言的信任程度稍微高一些，但孔子還是說「天何言哉」。中國的思想是不太相信語言能夠表達究竟的真理。也就是在這個意義上，佛是無言的，佛有言叫方便說，這

裡有一個形象的比喻，佛門裏有一本書，叫《指月錄》，這本書是什麼意思呢？就是所有的講經說法，都是相當於你問我月亮在哪裏，我用手一指，你順著我手指的方向，你就可以看到月亮了。但是，如果你把我的手指當成月亮，那就不對了。你只有順著我的手指看，才能看到月亮。《指月錄》就是相當於講經說法的語言的作用，整部大藏經就都相當於指月的手指，它不是真正的月亮，但是它也不是沒有用。如果沒有人指給我呢，我都不知道方向在哪裏。我需要語言來幫我指引，但是語言本身它不是真實的東西，這個世界的真理不在語言裏，還是在那個月亮上。所以說佛無言，不是說佛沒說話，而是從本質上說佛無言，他只是出於無奈，沒有辦法，因為你只聽得懂語言，所以他用語言。如果你從這個意義上理解，就是**蓮花從口發**。《法華經》的全名就叫《妙法蓮華經》。當你念《法華經》，但是不被《法華經》的文字困住，不把文字當真，才能真的有用。你們看，這裡又是「矛盾」，不當真才能念了有用，但是你不當真會念嗎？這其中深意是要好好體會的。

　　達聞偈，悔謝曰：「而今而後，當謙恭一切。弟子誦《法華經》，未解經義，心常有疑。和尚智慧廣大，願略說經中義理。」

　　師曰：「法達！法即甚達，汝心不達。經本無疑，汝心自疑。汝念此經，以何為宗？」

　　達曰：「學人根性暗鈍，從來但依文誦念，豈知宗趣！」

　　師曰：「吾不識文字，汝試取經誦一遍，吾當為汝解說。」

　　法達即高聲念經，至《譬喻品》，師曰：「止！此經元來以因緣出世為宗。縱說多種譬喻，亦無越於此。何者因緣？經云：『諸佛世尊，唯以一大事因緣故，出現於世。』一大事者，佛之知見也。

　　法達還是很聰明的，理解了六祖所說，就請六祖為他開示。六祖不認識字，讓法達背誦《法華經》，當背到《譬喻品》的時候，六祖就說你不用背了，我給你講《法華經》根本的意趣。《法華經》裏講了很多比喻的故事，這些的核心是什麼呢？就是**諸佛世尊，唯以一大事因緣故，出現於世。一大事者，佛之知見也**。諸佛到世間來，唯一的一件事情，就是講佛的知見。

　　世人外迷著相，內迷著空。若能於相離相，於空離空，即是內外不迷。若悟此法，一念心開，是為開佛知見。佛，猶覺也。分為四門：開覺知見，示覺知見，悟覺知見，入覺知見。若聞開示，便能悟入。即覺知見，本來真性而得出現。

我們前面講過，佛就是覺。這裡說四門，開覺知見，就是讓我們有所覺悟；第二個示覺知見，就是佛以身作則，表現出一個標準，做出一個榜樣，讓我們來學習；第三個悟覺知見，就是在學習的過程中體悟真諦；最後是入覺知見，這個時候就真正證悟覺知了。我們現在這個階段，聞思修，有人可能有些聞，有人可能已經有所思，然後可能還會有所修，最後是證。有人可能已經對佛法的道理有所感悟了，但是從有所感悟到證得，就是用生命來體驗實踐這個感悟，需要更多的修才行。

汝慎勿錯解經意：見他道開示悟入，自是佛之知見，我輩無分。若作此解，乃是謗經毀佛也。彼既是佛，已具知見，何用更開？汝今當信佛知見者，只汝自心，更無別佛。

這段主要講的是信自的道理，我們每個人本來是佛。這裡說到因緣，一個核心的因緣就是佛為什麼出現在這個世間，就是為了一椿大事，就是因為世人迷惑，佛出世就是為了把正知正見告訴給大家，不要迷。一念心開，就開佛知見，就和佛的知見一樣。所以你跟佛沒有本質的區別，學佛的人不要自認為自己不是佛，不要認為那個是佛境界，跟我沒有關係，我只是一介凡夫。你如果認為你自己就是凡夫，那你就不可能成佛，你只有相信自己本心是佛，你才能成佛。因為你和佛，本來是沒有區別的。如果你認為你就是凡夫，你跟佛是不一樣的，那只是從相上說，如果從本質上說，你還認為你跟佛不一樣，那就是謗經毀佛。看起來你是在稱讚佛比你高遠很多，實際上你是在謗佛。

蓋為一切眾生，自蔽光明，貪愛塵境，外緣內擾，甘受驅馳，便勞他世尊，從三昧起，種種苦口，勸令寢息，莫向外求，與佛無二。故雲開佛知見。我們要體會到，一切眾生都是自蔽光明，自蔽光明的原因是什麼呢？就是貪愛塵境，外緣內擾，甘受驅馳。這就是我們剛才講的「苦」。為什麼苦啊？就是這三句話，**貪愛塵境，外緣內擾，甘受驅馳，**有所貪愛，心裏就起波瀾，然後就被這個貪愛，被種種情緒，被貪嗔癡慢疑推動著，甘受驅馳。所以我們講，人生不由自主啊！什麼叫不由自主，就是甘受驅馳。為什麼人生是苦的？凡人的生命都是苦的，雖然有的人福報大一點，富貴一些，但是這樣的富貴並沒有能讓你擺脫這樣「甘受驅馳」的狀態，這是內心的，而不是由外境來決定的。福報少一點的人可能甘受驅馳的狀態更嚴重，更容易受到這樣的痛苦。如果是吃不飽穿不暖的狀態，可能在這方面的渴求會更強烈。佛法

裏講人的不自由和人的束縛都是從這裡來的。佛法的一個根本目標，就是要追求自由！你能夠不向外求，就能與佛無二了。前面的甘受驅使，都是向外求造成的。我們都是因爲想要抓一個什麼東西，所以甘受驅使。

吾亦勸一切人，於自心中，常開佛之知見。世人心邪，愚迷造罪。口善心惡，貪嗔嫉妒，諂佞我慢，侵人害物，自開衆生知見。若能正心，常生智慧，觀照自心，止惡行善，是自開佛之知見。

當然，開佛知見的層次有很多，這裡說的是一個比較淺顯的層次，就是去惡從善。《壇經》裏不同的段落講的層次是不一樣高的，這是隨衆生心有所說法。所以，爲什麼前面說佛無所說呢？佛本來沒什麼自己的話好說的，但是對於凡夫來說沒辦法，佛只好順著我們的人的程度，順著凡夫的層次講話。

汝須念念開佛知見，勿開衆生知見。開佛知見，即是出世。開衆生知見，即是世間。汝若但勞勞執念，以爲功課者，何異犛牛愛尾？

禪宗裏強調出世與世間的區別，本質不在於出家，所以說心出家，不求身出家，身出家不是最根本的，因爲身出家不一定能做到心出家。如果你身出家了，心裏還是想著名聞利養，那你還是沒眞正出家。在家的人，如果你心裏拋棄了種種名聞利養，出離了種種煩惱，其實你已經做到了心出家。當然這是理論上的一個講法，實際上，身出家還是會更容易一點，世間對人的干擾還是太多。

達曰：若然者，但得解義，不勞誦經耶？

師曰：經有何過，豈障汝念？只爲迷悟在人，損益由己。口誦心行，即是轉經；口誦心不行，即是被經轉。聽吾偈曰：

心迷法華轉，心悟轉法華。

誦經久不明，與義作仇家。

無念念即正，有念念成邪。

有無俱不計，長御白牛車。

法達就問，如果是這樣的話，我明白義理了，是不是就不用誦經了呢？他已經念了三千遍了，還要不要繼續念呢？六祖就回答說，《法華經》是好的，當然是應該念的，關鍵是要口誦心行，就是嘴巴念經，心念要跟著經義轉過去，如果你只是念經，心念不轉，那就沒用了。下面提到白牛車，這是《法華經》裏的一個故事。法華經對我們娑婆世界的一個比喻，就是我們這個世界是一個火宅，世間就是苦，種種貪嗔癡慢疑，我們都被驅馳，所以我們要

出離這個火宅，佛就勸大家出這個火宅，就告訴你外面有車，跟有些人講外面是一個羊車，跟有些人講外面有一個鹿車，跟有些人講外面有一個大白牛拉的車，其實所有人出來一看呢，外面只有大白牛車。為什麼佛陀要說外面有羊車鹿車呢？是因為人的根性不同，有些人你給他講特別好的東西，他反而不相信，為了讓他離開火宅，只能先講一些他相信的東西，然後等你出來了，都能走上同一條道路。所以不管佛是五乘說法，還是三乘說法，最終的旨趣其實都是一乘法。乘就是車的意思。一乘就是根本，根本上其實只有大白牛車。不管跟你說什麼車，你想上什麼車，其實最終都是大白牛車。

每個人剛開始學佛的機緣是不一樣的，絕大多數人，根性都是比較差的，一開始給你講最高的法，沒法學，也很難升起信心，所以一開始都從簡單的開始講起。給你講簡單的，你開始能聽得懂，然後經過慢慢的修行，你可以學到最高級的道理。這個跟我們世間的學習也是一樣的，比如學科學，如果能不斷的學下去，能學到現在最高的量子力學，但是從小都是從算數開始講起的，不能一上來就給小朋友講多元方程，只能是開始一加二加三，然後雞兔同籠，然後慢慢上升，最終到量子力學。只要不斷地學習，總會達到最高的境界，這個道理是一樣的。

達聞偈，不覺悲泣。言下大悟，而告師曰：「法達從昔已來，實未曾轉法華，乃被法華轉。」

法達聽了以後，就明白了，說我以前是被法華轉了。

再啟曰：「經云：諸大聲聞乃至菩薩，皆盡思共度量，不能測佛智。今令凡夫但悟自心，便名佛之知見，自非上根，未免疑謗。又經說三車，羊鹿之車與白牛之車，如何區別？願和尚再垂開示。」

師曰：「經意分明，汝自迷背。諸三乘人，不能測佛智者，患在度量也。饒伊盡思共推，轉加懸遠。佛本為凡夫說，不為佛說。此理若不肯信者，從他退席。殊不知坐卻白牛車，更於門外覓三車。況經文明向汝道，唯一佛乘，無有餘乘，若二若三乃至無數方便，種種因緣，譬喻言詞，是法皆為一佛乘故。汝何不省？三車是假，為昔時故；一乘是實，為今時故。只教汝去假歸實，歸實之後，實亦無名。應知所有珍財，盡屬於汝，由汝受用。更不作父想，亦不作子想，亦無用想，是名持《法華經》。從劫至劫，手不釋卷，從晝至夜，無不念時也。

這個三車是《法華經》裏面的比喻，在《譬喻品》中，說有一長者，他

的幾個兒子在起火的宅內嬉戲，不覺危險將至，長者乃以方便誘引，告訴他們有羊車、鹿車、牛車在門外，更好玩。主子爭相出門，向長者要車，當時，長者給了他們每個人一乘一大白牛車。這裡的火宅比喻迷執的人間。以羊車比喻聲聞乘（小乘），以鹿車比喻緣覺乘（中乘），以牛車喻菩薩乘（大乘）。最後，無論他們本來是被羊車還是鹿車吸引的，後來都上了最好的車：大白牛車。意思是最後都通向成佛。

> 達蒙啓發，踊躍歡喜。以偈贊曰：
> 經誦三千部，曹溪一句亡。
> 未明出世旨，寧歇累生狂？
> 羊鹿牛權設，初中後善揚。
> 誰知火宅內，元是法中王。
> 師曰：「汝今後方可名念經僧也。」
> 達從此領玄旨，亦不輟誦經。

這就是法達的故事。下面是僧智通的故事。

> 僧智通，壽州安豐人，初看《楞伽經》，約千餘遍，而不會三身四智。禮師求解其義。

《楞伽經》是講唯識的一部經典，唯識是玄奘大師傳回到中國的，玄奘大師在印度主要學的就是唯識。不過唯識在中國一直不是特別的發達，現在中國學唯識學的比較多的是《百法明門論》，《百法明門論》相當於《楞伽經》的一個簡寫版。

> 師曰：「三身者，清淨法身，汝之性也；圓滿報身，汝之智也；千百億化身，汝之行也。若離本性，別說三身，即名有身無智。若悟三身無有自性，即名四智菩提。聽吾偈。」曰：
> 自性具三身，發明成四智。
> 不離見聞緣，超然登佛地。
> 吾今爲汝說，諦信永無迷。
> 莫學馳求者，終日說菩提。

佛法裏的四智是大圓鏡智、平等性智、妙觀察智、成所作智。這個三身我們前面講過一些，報身根本上就是你的行，你行什麼就是什麼身，佛法裏很關鍵的就是行，你做什麼就是什麼。你們如果看法國的存在主義，會覺得這裡有接近的地方。存在主義認爲，人沒有天生的固定的本質，你怎麼做的，

決定了你是個什麼樣的人。

通再啓曰：「四智之義，可得聞乎？」

師曰：「既會三身，便明四智。何更問耶？若離三身，別談四智。此名有智無身。即此有智，還成無智。」復說偈曰：

大圓鏡智性清淨，平等性智心無病，

妙觀察智見非功，成所作智同圓鏡。

五八六七果因轉，但用名言無實性，

若於轉處不留情，繁興永處那伽定。

這裡涉及到唯識的一些基本知識，五八六七是這樣的，五是指我們的五種感官，眼耳鼻舌身，身是指觸覺。唯識學其實就是佛門的心理學，所以大家看唯識，對瞭解人的心理非常有幫助。六是指意識，就是我們一般所說的想法，種種的思想，包括感性的思想，情緒、意識。第七識叫末那識，末那識一個很重要的觀念就是「我」，「我」是在末那識形成的。越往裏面越深，我們越不容易體會到。一般來講，我們對自己的意識還比較容易能醒覺，到末那識就比較難了。第八識是阿賴耶識，阿賴耶識其實跟精神分析所說的無意識有點像，我們所有的意識、感覺，所有心理上的活動，都儲存在第八識裏面，業力的發動也是在第八識，它是一個倉庫一樣的東西，不僅上一輩子的意識存在這個倉庫裏，以前生生世世所有的念頭都存在這個倉庫裏。所以為什麼我們每個人生下來不一樣呢？因為我們的第八識是不一樣的，我們所做的所有的都存在第八識裏。第八識不停在運轉，有時候我們不知道自己的想法從哪裏來的，其實它都是從第八識來的。從佛法的修行上來講，修行只能從第六、第七識上來修，主要是第六識上來修，第七識也可以修，第七識就是無我，第六識修聞思修，你現在之所以能夠修行，主要依靠第六識。就像學習、讀書，一部分覺悟，都是第六識。佛法的修行，最終這八個識全部都要變的，人的根本提高是整個八識的提高，用功之處，主動去改變的，只能去改變第六識和第七識，因為前五識，眼耳鼻舌身你是無法主動去變化的，第八識也沒有辦法直接改變，是個倉庫，是個被動的東西。我們能夠下手的是六七，所以六七是因上轉，然後當你的六七修行有成效的時候，你的五八就會跟著變化。第八識的變化，就是你的業力會有變化，按照精神分析的說法就是你的無意識狀態會發生變化。同時，你的前五識也會有變化的，你對世界的感受是會不一樣的，也會有變的。所以修行人對世界的感覺是不一樣

的。最簡單的一個講法，「相由心生」，當你的精神境界發生比較大的變化的時候，你的相貌也是會有變化的，這就是在前五識上有所變化。佛法的修行是要在根本上徹底地轉，儒家講通過修身「變化氣質」，和這個道理是比較接近的。修身修的就是心，是從第六識開始修的，修的是你的思想，大學之道在明明德，明明德就是從第六識開始的，最終在親民在止於至善，最終你的氣質會發生變化，從明理開始，到最後變化氣質。它不是結束在你思想解決問題，中國儒釋道傳統都不認為解決思想問題，解決了就算解決了，這只能算作一個開頭，這是萬里長征第一步，最終的結果，儒家講要變化氣質，佛教的要求更高，要求要達到大圓鏡智。前面我們講過，我們普通人對世界的反映是有波浪的，我們的心不平，我們的鏡子是個哈哈鏡，大圓鏡智就是你的鏡子不是哈哈鏡了，是平的鏡子了，你的心是定的。平等性智道理也是一樣的，平等性智就是見平等相、平等法，心裏是平等的，外面所見到的就是平等的，見到一個平等的世界就不會有苦了，要是在一個苦樂的世界裏，就是苦的。所以有一句歌詞唱：「苦海翻起愛恨」（《大話西遊》的片尾曲）。愛恨就是苦海，就是因為感受到的那樣一個起伏之樂，最後還是會苦。所以只有平等才能無苦。有了平等性智，心是平靜的，所以就會有妙觀察智，哈哈鏡一樣的不是妙觀察智，是扭曲的觀察，成所作智，就是你最終成就所有的圓滿。

> 通頓悟性智，遂呈偈曰：
> 三身元我體，四智本心明。
> 身智融無礙，應物任隨形。
> 起修皆妄動，守住匪真精。
> 妙旨因師曉，終亡染污名。

轉識成智，轉前五識為成所作智，眼耳鼻舌身整個都要轉過來。轉第六識為妙觀察智。轉第七識為平等性智，我們現在的第七識是不平等的，有「我」就不平等，以「我」為中心就不平等，無我了就平等了。轉第八識為大圓鏡智。所以說六七因中轉，五八果上轉。

> 僧智常，信州貴溪人。髫年出家，志求見性。一日參禮。

有一個叫智常的僧人，很年輕就出家了，但是有些問題沒參透，來請教六祖。

> 師問曰：「汝從何來？欲求何事？」曰：「學人近往洪州白峰山禮大通和

尚，蒙示見性成佛之義。未決狐疑，遠來投禮，伏望和尚指示。」師曰：「彼有何言句，汝試舉看？」曰：「智常到彼，凡經三月，未蒙示誨。爲法切故，一夕獨入丈室，請問如何是某甲本心本性。」大通乃曰：『汝見虛空否？』對曰：『見！』彼曰：『汝見虛空有相貌否？』對曰：『虛空無形，有何相貌？』彼曰：『汝之本性，猶如虛空，了無一物可見，是名正見；無一物可知，是名眞知。無有青黃長短，但見本源清淨，覺體圓明，即名見性成佛，亦名如來知見。』學人雖聞此說，猶未決了，乞和尚開示。」

師曰：「彼師所說，猶存見知，故令汝未了。吾今示汝一偈。」曰：

不見一法存無見，大似浮雲遮日面。

不知一法守空知，還如太虛生閃電。

此之知見瞥然興，錯認何曾解方便。

汝當一念自知非，自己靈光常顯現。

六祖說，你的師父說的還是有知見。說「不見一法」就還有一個「無見」，「無見」同樣會遮蔽你，「不知一法」還有一個「空知」，執著一個空的概念。佛法裏的修行時不能執著有，也不能著空。凡夫容易執著的是有，但是修行人有可能落入空。超越兩邊，才是中道。

智常聽了這個偈子就明瞭了。

常聞偈已，心意豁然，乃述偈曰：

無端起知見，著相求菩提，

情存一念悟，寧越昔時迷。

自性覺源體，隨照枉遷流，

不入祖師室，茫然趣兩頭。

智常一日問師曰：「佛說三乘法，又言最上乘，弟子未解，願爲教授。」

師曰：「汝觀自本心，莫著外法相。法無四乘，人心自有等差。見聞轉誦是小乘，悟法解義是中乘，依法修行是大乘。萬法盡通，萬法俱備，一切不染，離諸法相，一無所得，名最上乘。乘是行義，不在口爭。汝須自修，莫問吾也。一切時中，自性自如。常禮謝執侍，終師之世。

佛法有三乘和四乘的說法。三乘就是前面說過的小、中、大乘，四乘是在此之上還有佛乘。這是天台宗的講法。六祖在這裡說的小、中、大乘的講法，與一般的說法完全不一樣，是他應機教授，不要看成是對三乘的權威解釋。聲聞和緣覺一樣也是要依法修行，不修的話，小乘也無法成就。慧能這

樣說，主要是強調了依法修行的重要性，讓智常不要沉迷於概念的探討，而是要真正聞思修，來獲得真正的體認，而不是限於理論之爭，沒有實際的利益。

下面說一個有成就的人的故事。

行思禪師，生吉州安城劉氏，聞曹溪法席盛化，逕來參禮。

遂問曰：「當何所務，即不落階級？」

階級的意思就是分了等級了，不是指社會階級，是講覺悟的層級。

師曰：「汝曾作什麼來？」

曰：「聖諦亦不爲。」

師曰：「落何階級？」

曰：「聖諦尚不爲，何階級之有？」

師深器之，令思首眾。一日，師謂曰：「汝當分化一方，無令斷絕。」

思既得法，遂回吉州青原山，弘法紹化。諡號弘濟禪師。

所謂聖諦亦不爲，也就是見平等相了。不僅僅是見到世俗間的種種東西都是平等的，而且佛法與世俗也是平等的，世出世間無有一法不是平等，當然也就無所謂階級。不過，這裡還是要提醒一下前面已經說過的，對初學來說，這是做不到的，而且如果沒有真想明白，很容易走偏。

還有一個懷讓禪師很有名。

懷讓禪師，金州杜氏子也。初謁嵩山安國師，安發之曹溪參叩。讓至禮拜。

師曰：「甚處來？」

曰：「嵩山。」

師曰：「什麼物，恁麼來？」

曰：「說似一物即不中。」

師曰：「還可修證否？」

曰：「修證即不無，污染即不得。」

師曰：「只此不污染，諸佛之所護念。汝即如是，吾亦如是。西天般若多羅讖：『汝足下出一馬駒踏殺天下人，應在汝心，不須速說！』

讓豁然契會，遂執侍左右一十五載，日臻玄奧。後往南嶽，大闡禪宗，敕諡大慧禪師。

這就是非常有名的南嶽懷讓禪師。

這裡我們會看到一個很有意思的情況，就是還沒覺悟的人來請教，問答我們基本上都能看懂，知道個大意，但是已經覺悟的人和六祖的問答，你基本都不知道他們在說什麼。你看這裡說「說似一物即不中」，我經常很矛盾，類似這樣的問題到底解釋還是不解釋，不解釋怕大家完全不懂，解釋，佛法裏有一個說法說就會堵塞了你的悟門，就是我給你講完以後呢，這個問題你就永遠不能自己去懂了，因爲你永遠沒有辦法通過你自己的方式去把這句話弄明白了，所以從這個角度來講呢，又不能給你們講。大家慢慢去體會一下，什麼叫做說似一物即不中和修證即不無，污染即不得。

第十六講　隨方解縛假名三昧

　　這一講開始學習《頓漸品》。

　　時，祖師居曹溪寶林，神秀大師在荊南玉泉寺。於時兩宗盛化，人皆稱南能北秀，故有南北二宗頓漸之分，而學者莫知宗趣。師謂眾曰：「法本一宗，人有南北，法即一種，見有遲疾；何名頓漸？法無頓漸，人有利鈍，故名頓漸。」

　　佛法從根本上說就是一乘法，或者是我們前面說過的不二法門。這裡說的頓和漸，是我們眾生的差別，而不是說方法的差別。聖人都是一樣的，凡夫各有各的愚鈍之處。英雄所見略同，凡人所見就不太相同。學某個法門，沒有很快的進步，主要的問題不是法門的問題，根本的問題還是自己根器的問題，自己是頓還是漸，根本上是人有利鈍，每個人要看自己是利的還是鈍的。當然利鈍從兩方面來說，一方面我們確實要承認我們天生下來是不一樣的；另一方面，從佛法的角度來說，人的佛性本質上又是一樣的。所以也沒有必要自暴自棄，自甘墮落，說我就是一定不行的。從佛法的角度來看，利是人的本性，鈍是人的氣秉。從根本上來講，人的利的程度是一樣的，但從鈍的角度來看，每個人受的污染程度是不一樣的，被污染的方式也不一樣，所以每個人煩惱的東西也不一樣。從這個意義上講，<u>故名頓漸</u>。

　　然秀之徒眾，往往譏南宗祖師：「不識一字，有何所長？」秀曰：「他得無師之智，深悟上乘，吾不如也。且吾師五祖，親傳衣法，豈徒然哉！吾恨不能遠去親近，虛受國恩。汝等諸人，毋滯於此，可往曹溪參決。」一日，命門人志誠曰：「汝聰明多智，可為吾到曹溪聽法。若有所聞，盡心記取，還為吾說。」

我們前面講六祖慧能拿到了衣缽，神秀上座沒有拿到衣缽，所以神秀的徒弟是比較氣憤的，兩邊的門人經常互相吵架。其實慧能和神秀是比較看得開這個事情的，但是徒弟不一樣，因爲在中國古代，徒弟的臉面是師父給的，當然希望師父面子大一點，那徒弟分享的面子就大一點。所以神秀的徒弟在這裡罵六祖不識一字，但是神秀說，<u>他得無師之智，深悟上乘，吾不如也</u>，神秀還是非常謙虛的，而且跟徒弟說，如果你們想去學呢，可以去學，<u>可往曹溪參決</u>。曹溪應該就是現在的韶關南華寺。有一天，神秀就跟一個叫志誠的徒弟說，你很聰明，可以爲我到曹溪去聽法，志誠就去了。

<u>志誠稟命至曹溪，隨衆參請，不言來處。時，祖師告衆曰：「今有盜法之人，潛在此會。」志誠即出禮拜，具陳其事。師曰：「汝從玉泉來，應是細作。」</u>

對曰：「不是。」

師曰：「何得不是？」

對曰：「未說即是，說了不是。」

師曰：「汝師若爲示衆？」

對曰：「常指誨大衆，住心觀淨，長坐不臥。」

六祖看到志誠，就說<u>今有盜法之人，潛在此會</u>。志誠就站出來禮拜，說了自己的來歷，六祖就說你應該是細作，也就是今天的間諜，志誠回答說不是，如果說我沒說那就是細作，說了就不是。六祖就問你師父如何開示大衆，志誠說了兩點，住心觀淨是佛門裏常用的一個修行的方法，住心就是常常觀察自己，不要讓自己的心受污染，還是神秀上座之前那個偈子裏說的「時時勤拂拭，莫使惹塵埃」。第二個是常坐不臥，在佛教裏有一個術語叫不倒單，這是一種非常精進的修行方法，一般人是堅持不住的，或者有的人是坐在那裡睡覺，這是錯誤的，常坐不臥是不能睡的，人是不能昏沉的，你坐的時候，神智是清醒的，這非常不容易。但是六祖慧能接下來說：

<u>師曰：「住心觀淨，是病非禪。長坐拘身，於理何益？聽吾偈。」曰：</u>

<u>生來坐不臥，死去臥不坐，</u>

<u>一具臭骨頭，何爲立功課？</u>

六祖對神秀的批評從兩個地方來看。一個叫<u>住心觀淨</u>，是病非禪，他是認爲神秀在這裡還是立了一個「淨」，當你立了一個「淨」的時候，同時就會有一個「不淨」，「淨」這個概念的存在是以「不淨」這個概念的存在爲基礎的。所以立一個「淨」是有問題的，所以叫「是病非禪」。後面講<u>長坐拘身，</u>

於理何益？真正的功課是在心不在身。一具臭骨頭，何為立功課？你常坐不臥還是在身體上下的工夫，佛法的根本不在身體，死了身體就沒了，佛法不是一個鍛鍊身體的法門，也不是保存這個身體長生長壽的一個法門，佛法對於我們這個肉身的生命長短是比較無所謂的，再長也就一百年，所以不能在這個身體上下工夫，而要在身體之外的地方下工夫。志誠聽明白了，就拜曰：

「弟子在秀大師處，學道九年，不得契悟。今聞和尚一說，便契本心。弟子生死事大，和尚大慈，更為教示。」

師云：「吾聞汝師教示學人戒定慧法，未審汝師說戒定慧行相如何？與吾說看。」

誠曰：「秀大師說，諸惡莫作名為戒，諸善奉行名為慧，自淨其意名為定，彼說如此，未審和尚以何法誨人？」

這裡又講到戒定慧，這裡還提到一個很重要的叫「諸惡莫作、眾善奉行、自淨其意。」

師曰：「吾若言有法與人，即為誑汝。但且隨方解縛，假名三昧。如汝師所說戒定慧，實不可思議。吾所見戒定慧又別。」

這和《金剛經》裏說的「若人言如來有所說法，即為謗佛」意思是一樣的，我們前面講過，從本質上來講佛陀是無法可講的。他在後面講到：但且隨方解縛，假名三昧。這個地方要特別注意，佛法本身是沒有法可以講的，沒有一個法是真實的法，因為所有的法都是因緣所生法，都是空，所以佛法本身也是空的，並沒有一個真的要說的法。但是因為眾生有問題，所以佛陀才要說法，佛經裏經常有這樣一個比方，就是眾生有病，所以醫生會開藥方，如果你沒有病，醫生就不用開藥方，所以並沒有一個真實不變的藥方給人用的，藥方是根據你的病情而產生的。這裡說隨方解縛，假名三昧，就體現出特別明顯的禪宗的教學特點，我們前面講過《機緣品》的公案，禪宗的公案我們經常看不明白，你說黑他就說白，你說白他就說黑，你說佛法在上他就說佛法在下，你說佛法在下他就跟你說佛法在上，沒有一定之規，他實際上只是在針對你的執著，就是你執著一個什麼東西，那就告訴你佛法不是你執著的那個東西。他並沒有一個真實不變的東西，你如果要說有一個真實的東西，那本來就是一種執著，所以才叫隨方解縛，假名三昧。我們前面講過，我們普通人都是在一種被束縛的狀態裏，我們學佛的第一步，就是要意識到我們是在被束縛的狀態中，佛法就是瞭解到你是被束縛的哪一種狀態，然後

根據你具體是怎麼樣被束縛的，來解開束縛你的繩子。每個人被束縛的狀態是不一樣的，所以佛陀對每個人說的法是不一樣的，就是因人而異，因材施教，佛法是見不同的病，開不同的藥方。

慧能接著說，你師父所講的戒定慧水平已經很高了，不可思議。但是我講的戒定慧又有差別。

志誠曰：「戒定慧只合一種，如何更別？」

師曰：「汝師戒定慧，接大乘人；吾戒定慧接最上乘人。悟解不同，見有遲疾。汝聽吾說，與彼同否？吾所說法，不離自性；離體說法，名為相說，自性常迷。須知一切萬法，皆從自性起用，是真戒定慧法，聽吾偈。」曰：

心地無非自性戒，

心地無癡自性慧，

心地無亂自性定，

不增不減自金剛，

身去身來本三昧。六祖慧能說，我說的是接引最上乘人的，是比大乘人還要高的人，不同的人講不同的法。

我說法都是不離自性的，不是離開自性講外面的東西。只要心裏沒有非，就守住了戒，心裏沒有愚癡，就是自性慧，心不亂就是自性定，所以說不增不減自金剛，身去身來本三昧，這裏的核心是不增不減，心經裏說不增不減，一切都不增不減，這個話我們念起來比較容易，要做到是非常困難的。為什麼可以不增不減呢？或者說一個人怎麼能做到不增不減呢？看到這樣的文字，一定要回頭琢磨自己的情況才行，否則你是沒有辦法明白的。我們日常的生活都是有增有減，隨時隨地都在增減，有愛取就有增減，你今天多了幾塊錢，明天少了幾塊錢，今天這個人說我好話，明天那個人罵我，今天我吃了一個好菜，過兩天臉上長個痘痘，我們隨時都在增減，增減的核心就是愛取，在這個愛取的世界裏有愛有取，就不可能是不增不減的。什麼叫不增不減？只有見到平等相以後，才可能是不增不減，之所以能看這個世界平等，是因為心裏不再向外追，心裏沒有一個向外抓的東西，只要心裏有想抓住的外面的東西，這個世界對你來說就一定是增減的，只不過增減的東西各不相同。所以我們要知道，六祖慧能說的這些，對我們來講不是一個修行的方法，這是我們反覆強調的。

我們看到六祖和神秀師最大的差別，我們會覺得六祖很高，神秀師比較

低，其實不是這樣的，神秀師已經是接引上乘人的，已經非常不容易了，神秀師講的是一種可以下手的修行方法，你看他講**諸惡莫作名爲戒**，告訴你諸惡莫作，這是一種修行方法，首先要判斷什麼是善什麼是惡，判斷之後去斷惡修善，**諸善奉行名爲慧**，你知道什麼是善，照著去做，**自淨其意名爲定**，你斷惡修善以後呢，還不要被這些善惡過多地牽動你的情緒，這叫自淨其意。這些都是修行的法門，我們要想做到是很不容易的，表面上很簡單，一看就知道是怎麼回事。這裡我們講個小故事，白居易跟高僧談論佛法，討論佛法的旨趣在哪裏，高僧就回答說「諸惡莫作，眾善奉行，自淨其意」，白居易就覺得這話說的很簡單，高僧就告訴他，這句話是黃齒小兒都能說，八十老翁行不得。這三句話的確很簡單，一個小孩子就能說，但是一個修行人可能修到八十歲了還做不到。所以，這三句話大家一定不要看輕了，包括前面神秀師那個偈子，大家都不要看輕了，如果到八十歲的時候能把神秀師那個偈子做好，就非常了不起了。這三句話和神秀師的偈子，包括前面說的住心觀淨，都是修行的方法，但我們看六祖慧能，他講的多半都不是修行的方法，他是告訴你修行成功以後是什麼樣子。所以前面說**生來坐不臥，死去臥不坐，一具臭骨頭，何爲立功課？**這並不是一個修行的方法，再看後面的**心地無非自性戒，心地無癡自性慧，心地無亂自性定，不增不減自金剛，身去身來本三昧**，這幾句話是沒有辦法操作的。你想今天下定決心要心地無非，那根本就沒可能。前面我們講過，《地藏經》裏說「南閻浮眾生，舉心動念，無不是業，無不是罪」，心裏頭錯誤的想法是一個接一個的，所以根本就不存在心地無非的可能性，心地無癡，對於凡夫來講，更加不可能，心地無亂也做不到，然後你每時每刻都在增減之中。所以六祖在這裡不是告訴我們怎麼修行，而是告訴我們修行成功了以後是什麼樣子。他爲什麼說他是對最上乘人說法呢，也就是這些人修行的工夫已經非常非常高了，但是還處於修行的對立之中，就是修行和不修行的對立之中，所以如果要從這個對立裏再往上超越一步，到了這個境界的這些人，才是六祖慧能眞正要接引的對象。

我們在這裡講《壇經》，覺得很有意思，很好。說句實在話，《壇經》眞不是對我們說的，當然我們可以通過這樣的學習對這樣高遠的境界有一些瞭解甚至是理解，《壇經》畢竟對中國的文學和哲學影響很大，我們可以通過學習對自身的生命經驗有所反省，但是《壇經》對於普通人來講，的確是無法操作的，是不能直接用上的，不過知道了最高的境界在哪裏，可以間接用上，

對這樣一個境界很認同，覺得它很高、很美，產生一個希求心，這是有可能的，但是我們普通人是沒有辦法直接去用的。不過在這裡，志誠他明白了，志誠為什麼明白？因為志誠在神秀師那裡經歷了長時間的訓練，他到了一定的高度，這個時候他有一個強烈的執著，有一個對於修行和不修行的執著，這個時候他執著修行已經很多年了，到這個程度，慧能大師再來解決他對於修行的執著，所以這個法門對於志誠是很有效果的。可是，對於我們這樣都沒有修行概念和修行經驗的人，解除對於修行和不修行對立的執著，這樣的話對於我們來講根本就用不上。對初學者，倒是應該多一點對修行的執著才對。所以，對不同的人，下的藥方是不一樣的。所以我要再強調一下，學佛最重要的一點是要知道自己在一個什麼樣的層次上，這樣才不容易出問題，不會吃錯藥。很多人出問題都在於不知道自己到底是怎麼回事，不知道自己在怎樣一個境界，自己都還沒修行呢，就覺得已經修行得差不多了。

誠聞偈，悔謝，乃呈一偈曰：

五蘊幻身，幻何究竟？

回趣真如，法還不淨。

這個時候志誠是真的明白了，所以他說身體這個東西，不要看重，修行主要是在修心。又說到，回趣真如，法還不淨，就是當你抓住一個法的時候，也是一種不淨，你抓住任何一個東西都是不淨的。

師然之。復語誠曰：「汝師戒定慧，勸小根智人；吾戒定慧，勸大根智人。若悟自性，亦不立菩提涅槃，亦不立解脫知見；無一法可得，方能建立萬法。

六祖對志誠說，你師父的戒定慧是勸小根智人，我說的戒定慧，勸大根智人。我們要知道這個世界上大多數人都是小根智人，大根智人是非常罕見的。我們的內心，凡夫的內心，為什麼一定要這樣做而不能像別人那樣去做，我們遇到一個事情，都會有一個固定的反應模式。比如我就會有我的反應模式，就沒有張三的反應模式，我想用張三的法來接觸這個世界，我就做不到，所以我就不能有萬法，那我怎麼樣才能有別人的模式呢？只有我自己心裏沒有模式了，我才能隨緣根據需要的情況去做反應。

凡夫只能按照自己的模式去反應，這就是被命運所拘。命運是怎麼來的？所謂性格即命運，其實就是說你對這個世界有一個固定的反應模式，這就像電腦一樣，有一個輸入，就會有一個固定的輸出。在我們的生活裏，所謂緣分就是輸入嘛，輸入之後就會有一個輸出，這個輸出就是你的反應，這個輸

出會把你帶到下一個緣分，就是下一個輸入，然後你再按照你的固定的模式再產生下一個輸出，這樣的不斷的輸入、輸出的相續，就是你的命運。所以我們要知道，命運這個東西千萬不要去怪別人，誰都怪不著，唯一能怪的就是你自己這套反應模式。所以人生如果要改變命運，就是要改變自己的這套反應模式，如果還是原來一樣的輸入，但是你的輸出不一樣了，你的命運就改變了，你的人生就變了。這個話在儒家裏面怎麼說呢？這個話在儒家有一個很重要的講法，叫「變化氣質」，修身在變化氣質。這個氣質，就是我們剛才講的反應模式，我們講這個人氣質如何，其實我們就是根據他的反應模式來看的，同樣一個環境，他的輸出是什麼，不同的輸出我們定義為不同的氣質。修身，就是改變你原來的氣質，《大學》裏講「格物、致知、誠意、正心、修身」，什麼叫修身？修身有成就還是沒成就，關鍵就在這個變化氣質上，你要有所改變。那變化氣質靠什麼呢？有一個很重要的東西，根本的一個需要，就是要虛心，這是張載說的：「故學者先須變化氣質；變化氣質，與虛心相表裏。」前面我們在課上曾經反覆強調，慧能大師在批評的時候，主要批評慢心，最大最根本的問題就是傲慢。慧能大師在《壇經》裏，不是以貪作為主要的呵責、批評對象，而是主要針對傲慢，因為傲慢使你無法改變，人要改變自己，第一條就是不要傲慢，人只有虛心，承認自己有錯誤，你才有可能改變，一個人要是不承認自己有錯，就無法改變了，所以要通過虛心變化氣質。當然，佛法的整體要求是比儒家高的，因為「改變氣質」還是有法，還是有固定的法，你把一個壞的氣質變成一個好的氣質，這個是儒家的要求，佛法的要求更高，更難，佛法要求你最終沒有氣質，你的氣質是無，佛法裏有一個很重要的詞叫「遊戲神通」，你在這個世界上是「遊戲」的，什麼叫遊戲？就是你完全是自由的，可以表演的。最優秀的演員是沒有固定氣質的，讓他演兇惡的就能演兇惡的，讓他演善良的他就是善良的，讓他演一個粗暴的就是粗暴的，演一個文雅的就是文雅的。他想是什麼樣就是什麼樣，所以叫**無一法可得，方能建立萬法**。

　　佛法裏講神通變化，這裡當然也有神秘的因素，這裡我們不討論信不信，我就是告訴你們這就是他的哲學基礎，觀世音菩薩可以千變萬化的哲學基礎就是這個，可以變成小姑娘，可以變成老爺爺，或者變成國王來幫助你，他為什麼可以這樣遊戲呢？就是因為他無一法可得，他自身沒有一個固定的氣質，所以他想成為一個什麼樣的人都是可以的，他是空的。我們不行，我們

之所以來到世間成爲一個人，成爲這樣一個人，是因爲有這樣一個固定的想法，有一個固定的精神氣質。比如說我，長成這個樣子，寫這本書，這樣過我的一生，是因爲我有這樣一個想法，一個思維模式，才變成這個樣子的，才投胎變成現在這個人的，人的狀態是由想法決定的。佛菩薩沒有這樣固定的想法，所以他想投生在哪裏就投生在哪裏，這就是<u>無一法可得，方能建立萬法</u>，這是根本的哲學基礎。

<u>若解此意，亦名佛身，亦名菩提涅槃，亦名解脫知見。見性之人，立亦得，不立亦得。去來自由，無滯無礙。應用隨作，應語隨答，普見化身，不離自性，即得自在神通，遊戲三昧；是名見性。</u>

見性之人是自由的，能生萬法的，根據緣分的需要，該做什麼就做什麼，該說什麼就說什麼，根據不同的人的不同的問題說不同的話，沒有固定的成見，我們前面講過，你說白，他爲了去你對白的執著，他就講黑，你說黑他就講白，我們凡夫就容易有固定的成見，當外境的緣分跟我們固定的成見發生衝突的時候，我們心裏就會不舒服。

只有得自在神通，遊戲三昧才是見性了。這是很難的。其實對於普通凡夫來講，這輩子能夠變化氣質就是一個相當不錯的人了，能夠通過修身，提升自己的氣質，改變自己的氣質，佛法的最高境界是沒有固定的氣質。當然，我們從邏輯上也可以想像，變化氣質是你沒有氣質的必經之路，因爲能夠開始變化，就說明原來那個固定的東西可以鬆動，我們先要鬆動掉，才能最後把它擺脫掉。如果鬆動都不能鬆動，認爲我就這麼個人了，我就這習慣了，我就改不了了，那就根本不可能到「消除氣質」這個境界。首先是要鬆動，當你能夠變化的時候，你就發現，所有的習慣，所有的反應模式，以前固定的輸入輸出的模式，它其實不是絕對必須如此的，它不是鐵板一塊，它是可以變化的。要經過可以變化，最後才能變成空。

<u>志誠再啓師曰：「如何是不立義？」</u>

<u>曰：「自性無非、無癡、無亂，念念般若觀照，常離法相，自由自在，縱橫盡得，有何可立？自性自悟，頓悟頓修，亦無漸次，所以不立一切法。諸法寂滅，有何次第？」</u>

<u>志誠禮拜，願爲執侍，朝夕不懈。</u>

志誠在神秀師那裡學的更多的是立意，立一個修行，立一個淨。慧能大師回答自性本來是無非、無癡、無亂的。什麼叫自性呢？就是你心裏那面沒

有被扭曲過的鏡子。但是我們普通人都是有「立」的，這個「立」就是一個價值觀的問題，我們每個人都有價值觀，我們前面講過，要認識自己，不僅僅要認識自己弘大的價值觀，道德、自由、民主、科學、真理，這樣一些價值觀，還有一些很細的價值觀，比如喜歡吃冰激凌，喜歡吃排骨，這也是一種價值觀，我們的價值觀隨時隨地都在用，面對任何事物，我們第一個跳出來的就是價值觀，我們都是在「立」。所以要不立一切法，諸法寂滅，最終要消除所有的價值觀，我們要知道所有的價值觀本質上都是虛妄的。

志誠在這個地方問的「不立」，是根本的悟。我們之前講過，我們人生總是有不斷大大小小的悟，人生就是一個覺悟的過程，當然也有人是越來越迷惑，我們可能有的地方越來越覺悟，有的地方是越來越迷惑，我們讀書學習，就是一個覺悟的過程，會不斷地變化氣質，改變我們的知見。我們凡夫的變化，一般開始都是先拿一個相對好的替換掉一個相對不好的，這就是我們一般的修行過程，這個也是一種悟。但禪宗裏講的明心見性，所謂根本的悟，它是有一個根本跳躍的，這個根本跳躍是佛法跟儒家不一樣的地方。我們前面講過很多他們之間的相似之處，但是在這個地方，是有一個根本差別，根本跳躍的，這個根本一躍我們從邏輯上很難體會，用語言也很難表達，這就是佛陀說的「不可說」，確實沒法說。這不是在騙你，也不是不願意告訴你。這個根本一躍就是躍到了不立一切法，就是從各種各樣的「立」，躍到一個「不立」上來，這是一個根本性的飛躍。為什麼說沒法說呢？因為語言本身就是基於一種「立」的哲學，我們的語言總是一種表達概念，表達價值觀的，語言本身就蘊藏有價值觀的，好壞、善惡、高低、上下，語言本身就是在對立的價值觀中形成的，所以這樣的一躍，我們語言是無法說明的，佛說不可說的東西，也就是這根本一躍。前面我們所講的這些，你們要通過《圓覺經》的一句話來理解，叫「知見立知，是無明本」。我們所有的問題，都在於我們立了一個知見，我們每個人立了不同的知見，這也是我們每個人不同的問題之所在。

我們開始第二個故事。

僧志徹，江西人，本姓張，名行昌。少任俠。自南北分化，二宗主雖亡彼我，而徒侶競起愛憎。時北宗門人，自立秀師爲第六祖，而忌祖師傳衣爲天下聞，乃囑行昌來刺師。

師心通，預知其事。即置金十兩於座間。時夜暮，行昌入祖室，將欲加

害。師舒頸就之。行昌揮刃者三，悉無所損。

師曰：「正劍不邪，邪劍不正。只負汝金，不負汝命。」

行昌驚僕，久而方蘇，求哀悔過，即願出家。師遂與金，言：「汝且去，恐徒衆翻害於汝。汝可他日易形而來，吾當攝受。」行昌稟旨宵遁，後投僧出家。具戒精進。

僧志徹，就是出家前叫張行昌的一個人，來刺殺六祖，六祖有神通，先就知道了這個事情，就在座上放了十兩金，張行昌晚上潛入砍了三刀，六祖都沒有任何損傷，並且告訴他，正劍不邪，邪劍不正。我只欠你錢，不欠你命。張行昌嚇暈過去了，醒來以後就求哀悔過，要求出家。六祖怕徒眾害這個張行昌，就把金給他，讓他去其他地方出家。過了一段時間以後，他又回來向六祖請教。

師曰：「吾久念汝，汝來何晚？」

曰：「昨蒙和尚捨罪，今雖出家苦行，終難報德，其惟傳法度生乎！弟子常覽《涅槃經》，未曉常無常義，乞和尚慈悲，略為解說。」

志徹說，承蒙您寬恕我的罪過，我現在雖然出家苦行，但仍難以報答。高人報答，都不是說我給你什麼東西的，這裡志徹就說我只有傳法度生才能報答您的恩德，但是我看《涅槃經》，未曉常無常義，乞請和尚為我解說。

師曰：「無常者，即佛性也；有常者，即一切善惡諸法分別心也。」

曰：「和尚所說，大違經文。」

師曰：「吾傳佛心印，安敢違於佛經？」

曰：「經說佛性是常，和尚卻言無常；善惡諸法，乃至菩提心，皆是無常，和尚卻言是常。此即相違。令學人轉加疑惑。」

師曰：「《涅槃經》，吾昔聽尼無盡藏讀誦一遍，便為講說，無一字一義不合經文。乃至為汝，終無二說。」

曰：「學人識量淺昧，願和尚委曲開示。」

師曰：「汝知否？佛性若常，更說什麼善惡諸法，乃至窮劫，無有一人發菩提心者。故吾說無常，正是佛說真常之道也。」

志徹越聽越糊塗。說您這個說法跟佛經不一樣啊。佛經講佛性是有常的，一切無常，萬法無常，您說的都是反的。六祖說佛性如果是常的，那這個佛性怎麼發出來的？你不是佛，你怎麼變成佛呢？我們每個人都有佛性，有些人表現出來有些人沒表現出來，表現出來就是佛，表現不出來就是凡夫，所

以是無常。

又，一切諸法若無常者，即物物皆有自性，容受生死，而眞常性有不遍之處。故吾說常者，正是佛說眞無常義。佛比爲凡夫外道執於邪常，諸二乘人於常計無常，共成八倒。故於涅槃了義教中，破彼偏見，而顯說眞常眞樂眞我眞淨。汝今依言背義，以斷滅無常，及確定死常，而錯解佛之圓妙最後微言，縱覽千遍，有何所益？」

其實，六祖慧能在這裡說的「常」和「不常」，我們不要去執著它，他就是跟你反著說。我們普通人是執著這個世界是「常樂我淨」的，我們希望這個世界是「常」的，所以我們希望快樂的事情是「常」的，我們希望青春永駐，我們都是這樣的想法。然後是「樂」，一般人我們討論生命的意義在哪裏，你一定會說是追求快樂，當然你可能換別的詞，所以我們的生命都是在追求快樂。然後是「我」，我們一直都有一個「我」。然後是「淨」，我們認爲這個世界是乾淨的、清淨的。我們對於這個世界有一個「常樂我淨」的執著。小乘是怎麼樣呢？小乘恰恰與「常樂我淨」是相反的，我們前面講過，小乘是無常、無我、不淨、苦。「觀身不淨，觀受是苦、諸行無常，諸法無我」，四念處。這裡有八個，這八個都是立知的，凡夫是立在「常樂我淨」這一邊，小乘爲了對治這個「常樂我淨」的錯誤認識，凡夫因爲執著常樂我淨所以不能修道，小乘就反過來，執著一個反的。這就是八種。你如果用小乘的辦法去解決常樂我淨的執著，最終也落入了另一種執著，也會出問題。所以慧能大師教我們，既不執著於常，也不執著於無常，兩邊都不執著，兩邊的執著都解除掉，這就是佛法所謂的中道，既不是常，又不是無常。

行昌忽然大悟，說偈曰：
因守無常心，佛說有常性；
不知方便者，猶春池拾礫。
我今不施功，佛性而現前；
非師相授與，我亦無所得。
師曰：「汝今徹也，宜名志徹。」
徹禮謝而退。

你如果守無常的心，佛就跟你說有常性，反過來如果你守的是常心，佛就跟你說無常，所以佛說其實都是方便法，佛有所說法都是一種方便法，方便法就是一種工具，是要解決你的問題的。你不要把這些方便法本身當作是

真的。這跟我們上次講《指月錄》的道理是一樣的，你要看到真正的月亮，而不是要去抓那個手指。如果抓手指，那就是<u>春池拾礫</u>，抓了一把石頭，買櫝還珠。

接下來是一個神會的故事。

<u>有一童子，名神會，襄陽高氏子，年十三，自玉泉來參禮。</u>

十三歲就自玉泉來參禮，這是很不容易的，十三歲就走了至少一千多里來參禮。六祖很尊重他，十三歲小孩子走這麼遠的路來求法。

<u>師曰：「知識遠來艱辛，還將得本來否？若有本則合識主，試說看！」</u>

這個地方是要考考他。

<u>會曰：「以無住為本，見即是主。」</u>

<u>師曰：「這沙彌爭合取次語！」</u>

六祖說，這個沙彌比較會說話。這裡其實神會用的是別人的話，這個話都是從別人那裡來的。神會初生牛犢不怕虎，膽子也很大，就來考師父。你考我一個，我考你一個。

<u>會乃問曰：「和尚坐禪，還見不見？」</u>

這樣的問題是有考法的，你答哪一個都不對，答見也不對，答不見也不對。

<u>師以柱打三下云：「吾打汝是痛不痛？」</u>

<u>對曰：「亦痛，亦不痛。」</u>

<u>師曰：「吾亦見，亦不見。」</u>

<u>神會問：「如何是亦見，亦不見？」</u>

<u>師云：「吾之所見，常見自心過愆，不見他人是非好惡，是以亦見亦不見。汝言亦痛亦不痛如何？汝若不痛，同其木石；若痛，則同凡夫，即起恚恨。汝向前見不見是二邊；痛不痛是生滅。汝自性且不見，敢爾弄人？」</u>

<u>神會禮拜悔謝。</u>

<u>師又曰：「汝若心迷不見，問善知識覓路。汝若心悟，即自見性，依法修行。汝自迷不見自心，卻來問吾見與不見。吾見自知，豈待汝迷？汝若自見，亦不待吾迷，何不自知自見，乃問吾見與不見？」</u>

<u>神會再禮百餘拜，求謝過愆，服勤給侍，不離左右。</u>

這個問題，沒有對的答案，所以這樣的問題，不能繞到邏輯裡去了。六祖這裡講亦見亦不見，實際上是在提攜神會，六祖在這裡看出來神會比較驕

傲，神會也算是神童了，小小年紀學了這麼多，有傲慢之心。神會和六祖對話的過程，其實是六祖降伏神會傲慢之心的過程，所以見不見和痛不痛都不是根本問題，根本問題是抓住神會的傲慢之心，神會在這個時候沒有真正的悟，但是他自以為悟了，所以他會用一些別人的話來說。我們看到後面還有一個例子。

一日，師告眾曰：「吾有一物，無頭無尾，無名無字，無背無面，諸人還識否？」

神會出曰：「是諸佛之本源，神會之佛性。」

師曰：「向汝道無名無字，汝便喚作本源佛性。汝向去有把茆蓋頭，也只成個知解宗徒。」

「有把茆蓋頭」，就是上面有個遮擋的東西，意思是他會出名。慧能說神會很聰明，但只是一個知解宗徒，就是能說會道而已。

祖師滅後，會入京洛，大弘曹溪頓教，著《顯宗記》，盛行於世，是為菏澤禪師。

師見諸宗難問，咸起惡心，多集座下，愍而謂曰：「學道之人，一切善念惡念，應當盡除。無名可名，名於自性；無二之性，是名實性。

一切善念惡念，應當盡除；無名可名，名於自性，這裡說的善念惡念，我們講《齊物論》的時候講的一個核心問題是利害。學道之人的善惡和利害，意思其實差不多的，我們說這個是善那個是惡，實際上就是利害。一般我們會認為，層次低的用利害，層次高的我們叫善惡，其實高層次的善惡也是利害。這是很多人研究倫理學，然而沒有看清楚的地方，莊子看得很清楚，果然是高人。學道之人，一切善念惡念，應當盡除，這樣是一切的利害之心都沒有了，也就是走向齊物。齊物的難度不在於去除掉抽象的善惡、抽象的利害，而在於具體的利害能不能去除掉，如果第一步能去除掉具體的利害，下一步就能去除掉抽象的利害，不能把這個順序給顛倒了。去除善惡的觀念、利害的觀念，得從層次低的開始，慢慢到層次高的，你不能上來就把層次高的除掉，那剩下層次低的，就墮落了。後面狂禪出問題，都基本上出在這個地方，經常上來就說學道之人，一切善念惡念，應當盡除，要赤子之心，善念惡念都不要，不要這些對立，但是他去掉的是高層的東西，留下了低級的，這不是齊物，也不是《壇經》所說回到空性自性。所以一定要把次序搞清楚，《大學》裏有一句話，「知所先後，則近道矣。」學習首先要把先後次序搞明

白，先後搞反了，麻煩就大了。去除善惡念的時候，一定是要從低的除起，尤其是對我們普通人來說，特別高的人，可能一下就去除了，他之所以一下子能去除掉，是因爲他低的這些東西已經很淡了。**學道之人，一切善念惡念，應當盡除；無名可名，名於自性**，無名可名是兩個都在的，他也不講絕對的無名，他也不執著於名，有些人修到一定程度會執著於無名，所以這裡說無名，又可名，這就是金剛經裏的，佛說阿耨多羅三藐三菩提，即非阿耨多羅三藐三菩提，是名阿耨多羅三藐三菩提，三個都要能理解。本質上，這是無二法門。

於實性上，建立一切教門，言下便須自見。諸人聞說，總皆作禮，請事爲師。在實性上建立一切教門，而不是在一般的執著的意義上建立的，也就是在不二之上建立的。所以說**言下便須自見**，跟你說了你馬上就明白了，不是通過推理去明白的。到這裡，第八品就結束了。第八品是《頓漸品》，我們一定要明白頓漸的道理在哪裏。所謂的頓法，就是我修到要最後一跳的時候，我跳過去了，就是頓法。什麼叫漸法呢？就是離那個起跳的地方還很遠，得先修到起跳的那個地方去，這個叫漸法。

第十七講　本自無生今亦不滅

這一講我們看《護法品第九》，也有的版本叫《宣詔品》。

神龍元年上元日，則天、中宗詔云：「朕請安秀二師，宮中供養，萬機之暇，每究一乘。

武則天護持佛法，是佛教的信徒。我們今天在讀很多佛經的時候，佛經開篇會印著一個偈子：

無上甚深微妙法，百千萬劫難遭遇。

我今見聞得受持，願解如來眞實義。

這個偈子就是武則天寫的。從佛教的角度來看，武則天的毛病是太多了，並不把她當作是一個很好的佛弟子，但是她自己還是很尊崇佛教，而且一定程度上她也想參學。所以她請安、秀兩位大師到宮中供養，這裡「安」指的是嵩山的慧安大師，秀指的是神秀大師。**萬機之暇，每究一乘**，一乘指的是一乘法，不是每天究一乘。

二師推讓云：『南方有能禪師，密授忍大師衣法，傳佛心印，可請彼問。』今遣內侍薛簡，馳詔迎請。願師慈念，速赴上京。」師上表辭疾，願終林麓。

這兩位大師都很謙虛，都推讓，建議請慧能大師。皇帝就遣使去請慧能大師到宮中來供養。慧能大師就上表請辭，說自己身體很多病。古代一般請辭都說自己多病。

薛簡曰：「京城禪德皆云：『欲得會道，必須坐禪習定；若不因禪定而得解脫者，未之有也。』未審師所說法如何？」

薛簡說，京城禪師都說如果要得道，必須要坐禪，坐禪的目的是為了習定。坐禪習定是有它的道理的。我們前面講過，我們普通人和聖人最大的區

別，就是我們普通人會受環境的影響。凡夫是受環境影響的，聖人是不受環境影響的。如果從心靈的角度來說，最大的環境就是身體，身體是最重要的環境。比方說，你有萬貫家財，但是你現在得了重病，你也覺得不好啊。你要是身體很好，又能溫飽，那比有萬貫家財得了重病的人要舒服多了。身體是一個非常重要的環境。坐禪是通過控制身體，來達到改變心靈，變化氣質的目的。但是，慧能大師是不一樣的，他到了快要最後一躍的那個境界，所以他的講法是不同的。說到定的問題，怎麼能定的下來呢？有人說我坐在那裡修定，為什麼越坐越煩似的？我們要知道日常生活裡我們的心總是亂的，一般情況下，如果你不覺得亂，是因為你不知道自己的心是亂的。如果在亂的時候，要去追求一個定，你的心其實反而是定不下來的。定也是一個確定點，定的核心在你執著上。所以當你在追求定的時候，你增加了另外一種執著。當這個執著很強烈的時候，反而很麻煩。所以當你練習打坐的時候，你千萬不要和雜念去鬥爭，說我一定要把它趕走，它怎麼還不走，怎麼這麼討厭！你越是這麼想，你就會越煩，干擾就會越重，佛法裡有很多的方法，比如數呼吸，一般是數十，從一到十，再從一到十，有的時候從一到十的過程中就亂了，連一到十都數不到，初學的人經常連十次呼吸都數不清楚的，因為心是亂的。當你被雜念打亂，你要把它趕走，你越不想「想」，你越鬥爭，它就越強烈。其實通常修行的方法，在這個時候，是你只要回過頭來不理它就行了。對於解決亂，不是要立定一個「定」出來，而是不要隨著亂走，既不要跟著它跑了，也不要跟它糾纏。這裡不管哪一種對，就是你不要選定任何一種定跟它走，就對了。

師曰：「道由心悟，豈在坐也？經云：『若言如來若坐若臥，是行邪道。』何故？無所從來，亦無所去；無生無滅，是如來清淨禪；諸法空寂，是如來清淨坐，究竟無證，豈況坐耶？」

這個道理和前面講的是一樣的。若言如來若坐若臥，是行邪道。如來既不是坐的，也不是臥的。雖然我們看到的雕像是要麼坐要麼臥，還有站立像，但這些都不是如來的本相。他是無所從來，亦無所去，故名如來。如來，他就像來了一樣，我們都不是如來的，我們都認為自己是實在地來的，我們都認為我們自己到這個世間有一個實在的來去，一切所受，我們都幻覺為實有。不論我們的生活是怎樣的，我們都幻覺有一個真實的自己，但是我們從佛法的角度來看，並沒有一個真實的我。什麼叫「清淨禪」呢？無生無滅叫「清

淨禪」，心裏面不起生滅了就是「如來清淨禪」。<u>諸法空寂，是如來清淨坐，</u>不是坐在那裡，就是坐禪，就是清淨。我們一般人坐在那裡，身體上可能沒有什麼太明顯的動靜，但我們並沒有真正的空寂，我們的心裏不空寂，心裏面還是妄想紛飛，不是無生無滅，還是生生滅滅的，這不是一個清淨禪。

<u>簡曰：「弟子回京，主上必問，願師慈悲，指示心要，傳奏兩宮，及京城學道者。譬如一燈，然百千燈，冥者皆明，明明無盡。」</u>

薛簡就說，<u>弟子回京，主上必問</u>，那希望師父傳給我心要，好<u>傳奏兩宮，及京城學道者</u>，一盞燈可以把千百個心燈點亮，讓大家都明白。佛教裏有一個很重要的儀式就叫傳燈法會，就是用了這樣一個譬喻，也有一本書叫《傳燈錄》。大家學習傳承佛法，就像傳燈一樣，我明白了以後，再傳給你，你再傳給他，如果順利的話，這應該是一個幾何級數的增長。如果用儒家的話來講，就是《大學》裏的第一句，「大學之道，在明明德，在親民，在止於至善。」先是「明明德」，點亮自己，親民就是告訴大家，教化大眾。這裡說<u>傳奏兩宮，及京城學道者</u>，大家就都能明瞭。

<u>師云：「道無明暗，明暗是代謝之義；明明無盡，亦是有盡，相待立名。故《淨名經》云：『法無有比，無相待故。』」</u>六祖慧能都是向上一層次講。前面是常識的講法，常識的修身講法。六祖說，<u>明明無盡，亦是有盡</u>，這什麼意思？就是當說無盡的時候，其中就包含了有盡的意思。前面說<u>道無明暗，明暗是代謝之義</u>，你立了一個明暗的對立，你確立一個「明」的時候，就必然有一個「暗」處，我們前面講過，這些對立的概念都是相生的，所有的明都是相對於暗來講的，有了明，就一定有暗，這跟有了燈，就一定有陰影是一樣的。<u>明明無盡，亦是有盡</u>，當你在講無盡的時候，你的模式是一個向外推的模式，在這樣一個模式裏，說無盡，但是一定是會有盡的。這裡的「有盡」和「無盡」是一個相對概念，你講無盡的時候是講沒有界限，沒有界限就是和有界限是相待立名的，這個概念自然就出來了。

英雄所見略同，《道德經》也有類似的說法。我們這裡引一段《道德經》裏關於對立的講法。

<u>天下皆知美之為美，斯惡已。皆知善之為善，斯不善已。故有無相生，難易相成，長短相形，高下相傾，音聲相和，前後相隨。是以聖人處無為之事，行不言之教；萬物作焉而不辭，生而不有，為而不恃，功成而弗居。夫唯弗居，是以不去。</u>

首先我們來看美和惡，善和不善，有和無，所有這些都是同時產生的，都不要認爲它是有先有後的，這些必然是同時，一體的。我們凡夫基本上只選擇其中一個，我們選擇其中一個之後，還假想我們能夠保持住這一個，這是最迷惑的。如果從現實的功用上來說，在現實中選擇一個，倒不是絕對的迷惑，但是你以爲你能保持住這選擇的一個，那就是迷惑了。因爲當你選擇其一的時候，另外一邊雖然沒有顯現，但是它是存在的。它一定是在的。所以，你要知道你選擇的這二中之一，都是從那個根本的一裏出來的。比較聰明的人知道當我選擇美的時候，就一定有惡隨著。我選難的時候，易就跟著，我選易的時候，難就跟著。所以，我們看漢語是很有智慧的，漢語裏講這些問題總是相提並論的，都是一起講的，難易、上下、左右、高低，都是把相對的字放在一起，從語言上來說，是覆蓋了這個語義場。語義場是個專業術語。當漢語裏說上下的時候，這個上是一端，下是一端，這是兩個極點，整個語義場都被包含在內了，其他的點都在這中間。漢語時時刻刻都在提醒你另一個相對方的存在。漢語裏詞語的組成是非常有智慧的。比較聰明的人就能知道一分爲二，更聰明的人就能進入不二法門。這個地方我們講「是以聖人，不行而知，不見而名，不爲而成」，講無爲而無不爲，跟我們前面講禪宗的無言而無不言是一樣的道理。因爲無爲，所以我沒有自己的事，我一切的作爲都是順應外界的要求。如果你真的有一個有爲的事情，那你完成了你自己的事情，就結束了，別的事情，你沾不上。我如果有爲地學習，那我就學習了，別的事情都不能做，無爲的話我就是隨順，那我可能是爲了順應這個環境，我要學語言就學語言，我要做工程就做工程，我要打仗就打仗，我要休息就休息。這就叫無爲而無不爲。如果有爲，就只能爲你這個爲，不能爲其他的爲。就像剛才討論說話，如果你有話要說，你只能說你要說的話，你無話可說，就什麼話都能說。道理是一樣的。道家和佛家有很多相通的地方，可以互相解釋。當然我不是說它們是相同的，如果你仔細的研究比較，道家和佛家還是有不同的。

我們要知道，對立本身是一種假象。因爲對立本身就是一種假象，所以你不論選哪一邊，你都是在假象之中。我們有一個詞叫矛盾，矛盾從哪裏來的？比如我把一支鋼筆扔出去，它被我的手機擋住了，我們通常會認爲這是一個矛盾，因爲有一個東西在阻礙鋼筆的運行，它過不去了。但事實上，如果仔細去考慮這樣一個運動，你會發現，你爲什麼認爲這個鋼筆不應該被手

機阻擋而被彈回來，而不認爲它被彈回來本身就是一個自然的運動呢？因爲你自己對這個鋼筆的運動在之前就有一個確定的意識，認爲這個鋼筆應該不被阻擋，然後它卻在中間被擋回去了，你就會認爲這中間是一個矛盾。但是這其實是你自己想出來的一個矛盾。所有的矛盾都是人自己的心意識裏想出來的，而不是這個世界本身有所謂的矛盾。任何一種運動，比如對於這個鋼筆來說，它一定不知道什麼叫矛盾。這個矛盾是從我們人心的角度來說的，所以矛盾都是由人的意志所造成的，沒有意志就沒有矛盾。意志就是愛取，取這一邊，就會產生意志性的行爲。所以，一切的矛盾是意志造成的，而不是這個世界本身有矛盾。我們之所以認爲這個世界有矛盾，是因爲我們把自己的意志投射給了這個世界，然後你會看到不同意志之間的衝突，你會看到這個意志不得完成的一個形狀，你就會認爲這是一個矛盾。《道德經》爲什麼會比較強烈地反對價值觀的問題？其實就是因爲所有的價值觀都會蘊含有意志，所有的意志都會造成問題，這個也是道家對儒家批評的一個主要原因。道家認爲儒家強調善惡的兩分，然後選定一種價值觀，這個東西就會形成一種強烈的意志，意志過於強烈，意志之間就會有衝突，就會形成問題。這就是道家對儒家的批評。現在我們很多人對這個批評的眞正的原因是不夠瞭解的。

所以說，眞正的法是不去比的，無有比，無相待故，就是要去掉所有的相待。你剛才講明暗，這不是最高的法，不是一乘法，不是不二法門，你那個還是有二的，我們很容易就落入到二裏面來講。原來我們講過「啓蒙」這個概念，啓蒙就是亮燈嘛，東西方都是一樣的，英文裏叫「enlightenment」，這裏還是有明暗啊，所以還是出於一個兩分的狀態，你看這個世界還是兩分，兩分的狀態就是有明有暗。如果我們拿燈，燈會造成一個什麼效果？燈照亮下，一定是會有陰影的，也許有些人會說這只是比喻而已。我們再轉過來看知識是否也是如此。我們在大學裏學習，大學裏會學到各種各樣的理論，每一種理論最大的特點，從某個理論的角度看下去，就只能看到這個理論讓你看到的東西。當你用科學的眼光看這個世界的時候，你看到的是科學的世界；當你用文學的眼光看這個世界的時候，你看到的是文學的世界；用哲學的眼光看這個世界，看到的是一個哲學的世界，其他的世界你就看不到了。每一種理論其實都相當於一盞燈，大學裏就是把某一種或者某幾種理論教給你。你通過不同的理論，也就是用不同的燈去看，看到的東西是不一樣的。比如，

從文學的角度來看，還可以細分爲更多的角度，可以從語言學的角度來分析，可以做審美的分析，也可以是政治的分析。從文學的角度來看，語言就是個文學的問題，從政治的角度看，那一切文學都是政治問題。所有的這些角度，如果用政治的角度來看，那審美的那個角度就看不見，反過來也一樣。所以，每一種燈，它都會造成陰影，這就是知見。我們每個人都有很多知見，但《圓覺經》裏有一句話說，「知見立知，是無明本」。當你把一個知識定下來的時候，它就會製造出相應的陰影。也就是說任何一種知識，在發出光明的時候，也造出陰影和黑暗。要解決這個問題，有很多種辦法，有一種辦法，一個燈從一個角度照是一個光亮和陰影的結果，如果換一個角度，也許陰影就小了，多亮幾盞燈，從不同的角度照，陰影就小了。爲什麼在大學裏要學這麼多課？不同的老師給學生講不同的知識。如果把每個老師比作燈，那他們照亮的角度實際上是不一樣的，有的光強度很大，學生多學幾種知識，陰影就會小，但這種方法不能解決問題。觀察這個世界的角度太多，永遠不可能窮盡所有方法，即便是累死了，也看不完。所以莊子裏有一句話，「吾生也有涯，而知也無涯，以有涯隨無涯，殆已。」「學海無涯苦作舟」，學到盡頭還是學不會。道家和佛家在這個問題上的見解是類似的，就是「爲學日益，爲道日損，損之又損」，因爲我們核心的問題是知見造成的，當然我們也不能去敵視知識，我們的知見在這個層次上是必然有的，我們現在在學校學習也是非常重要的。但是，知見是不能根本解決問題的，因爲當你進入這樣一個模式的時候，一定是明暗兩分的。你進入明暗兩分這個模式，就一定有迷有悟。這個不是你自己靠加大光明的強度可以解決的，眞正的問題是什麼呢？解決問題的唯一究竟的方法就是不二法門。你只有不二，才能解決明暗這個問題，如果你還在二分的境界，就不可能解決陰影的問題。你在對立的境界裏，追求智慧，一定會伴隨著煩惱。

所有的問題，禪宗都是這樣一個思路來回答，你說黑，我就說白；或者我看到你心裏認定一個黑，我就說白，你說上，我就說下，你說下我就說上。禪宗其實自己是沒有話要說的。拈花微笑是什麼意思？就是「無法可說」，但漢傳佛教裏，其實禪宗說的話是最多的，這又怎麼理解呢？不是說禪宗是不立文字嗎？禪宗爲什麼說這麼多話呢？是因爲凡人有太多的話。凡人說了那麼多的白，我就說那麼多的黑與你相對，你說了那麼多的上，我就說那麼多的下與你相對。因爲我本來沒有話說，所以我才有那麼多話說。假使有一個

固定的話說，那其實說不了那麼多話，就是圍繞一個固定的話題。因為禪宗本來沒有話說，它可以根據你們所有的所說，說出一個相對的來。你有多少話，他就有多少話。其他的法門沒有那麼多話，就是把自己這個法門說清楚就完了。你看禪宗的這些對話，要麼是對你說的話相對而說，或者知道你心裏要說什麼，相對而說。要從這個角度理解，才能知道它為什麼而說。祖師在禪宗語錄裏說那麼多話，其實就是告訴你我沒話說。我就怕別人拿一個禪宗故事來問我，這說的什麼意思？我真的不會回答，因為沒有意思！一說是什麼意思，其實就錯了！禪宗祖師如果在場，一定會拿棍子打我的。祖師是沒有知見的。禪宗的語錄，其實都是一個應答器。就像一口鐘，自己是無聲的，你敲，它才響。有時候你也會看到祖師主動問問題，有時候會把徒弟叫過來問，那他是不是主動說呢？其實也不是。他把徒弟叫過來，雖然徒弟現在口裏還沒有先說話，還沒出聲，但徒弟心裏有話，師父是知道你心裏在想什麼的。我知道你心裏有那些話，所以雖然這個時候師父先問，但是實際上這個徒弟的話是在前面的，只是沒有說出來而已。這個話不僅是以音聲出來的，也不是以文字出來的，音聲和文字出來的話只是表象而已。真正的語言給我們製造的煩惱，其實都在我們的心裏面，名言啊，業識啊，不用你說出來，你的語言結構已經在那裡了。所以即使在有些語錄裏，祖師是先說話的，其實還是徒弟先說話的。這個理解了，你才能看懂這個語錄，否則你就糊塗了。如果你看禪門語錄，你想知道祖師說了什麼，那就錯了。

薛簡還是不明白，接著問。

簡曰：「明喻智慧，暗喻煩惱。修道之人，倘不以智慧照破煩惱，無始生死，憑何出離？」

師曰：「煩惱即是菩提，無二無別。若以智慧照破煩惱者，此是二乘見解，羊鹿等機；上智大根，悉不如是。」

這裡說煩惱即是菩提，無二無別。這是非常有名的一句話，這句話在使用的時候，基本上都是錯誤的使用。我自己很少看到有人正確地使用這句話，對這句話的錯解太多了。煩惱即是菩提，後面跟著很重要的一句話，叫無二無別。這是什麼意思呢？就是能到無二無別了，那煩惱即是菩提，有二有別，煩惱就不是菩提。如果說我有很多煩惱，我就有很多菩提，那凡夫都是佛了，那還有問題要去解決嗎？有很多煩惱，就有很多菩提，那你是有問題還是沒問題呢？你苦還是不苦呢？其實最根本的問題，就在於你苦還是不苦。如果

你說我有很多的煩惱，但是我一點也不苦，你真的一點也不苦，那你就沒問題了，但事實上這是不可能的。如果你覺得沒問題，多半其實是在混合的情況下欺騙自己，到有一天你騙不過去了，就完了。這裡的**煩惱即是菩提**，它是一個果地上的講法，絕對不是一個在因地上的人可以去講的。對於我們普通人來講，你是一個有分別的人，那你的煩惱就是煩惱，菩提就是菩提，你沒有辦法把兩個看成一個，除非你真的能把生死看成是一樣的，好吃的不好吃的看成是一樣的，說你好說你壞都是一樣的，那你的煩惱就是菩提，你可以進入到所謂的紅塵煩惱之中，跟菩提是沒有什麼區別的。但是我們是不行的，我們其實還在二法裏面，你自己在二法裏，那煩惱和菩提也就在二法裏，這裡的**煩惱即是菩提**是講超越二乘境界，所以我們要明白，他是在超越二乘，而不是墮落到比二乘更低的境界。我們很多人錯用這句話，是把這句話用到給自己的墮落找藉口上，為墮落做辯護，而不是超越二乘的方向。佛法裏一個很重要的東西，就是對次第的理解。你要是沒搞明白次第，沒搞明白先後的順序，你就很容易糊塗。我年輕的時候看到這句話，也是不懂得，跟著別人亂說一通，後來再學習，才知道自己錯了。這句話，的確很少能碰到正確的講法。這句話之所以很少有正確的講法，是因為對於我們這個世界上百分之九十九的人來說，都是不適用的。我們還深陷在二法之中，對於我們來講，煩惱就是煩惱，菩提就是菩提，這個階段就是二分法。因為你的好壞善惡，你的利害都還在二分裏，那你的煩惱和菩提怎麼可能不分呢？如果你要做到不分，我表現出來的好像煩惱，其實也就是菩提，就像觀音菩薩，《華嚴經》裏講觀音有很多變化，變成什麼樣都可以，變成國王也好，變成宰官也好，變成囚犯也好，都是菩提，他表現出來的喜怒哀樂，發脾氣也好，送你吃的也好，都是菩提。對於他來說，這都是沒有區別的，所以都是菩提。你只要認為這些是有區別的，就不可能做到**煩惱即是菩提**。別人送給你好吃的，和別人打你一頓，你要是能看成是一樣的，你才可以說煩惱即是菩提。要是別人送給你好吃的，和別人打你一頓，你覺得是不一樣的，那你就不要說這句話，對你來說是沒有用的，或者說是有壞作用的。

　　羊鹿等機，上智大根，悉不如是。我們前面講過羊、鹿、大白牛車。《法華經》裏說到三種車，羊車、鹿車和大白牛車，我們前面講的，用智慧照破煩惱，這就是羊車鹿車，大白牛車就是一切無二。佛法的講法，有人給你講羊車、鹿車，有的人給你講大白牛車，不過，最終都是要上大白牛車，最終

都是要到不二法門，但是我們前行的路都是不一樣的。大家還是要認清自己所處的位置。知識分子學佛是比較麻煩的，就是容易聽理論，但是不肯實修。但是也有好處，好處就是理論比較明白，解法比較多，不容易被騙，一直以來邪師說法也是不斷的，邪教也不少，很多邪教也借用了佛教的東西，邪教經常是雜糅了很多東西在一起，要是沒有邏輯思辨的能力，一下子就容易被騙了。知識分子一般是語言上升能力比較快，理性的上升比較快，然而會出現一個問題，就是看書能看得到別人講的經驗，非常高的經驗，比如《壇經》就是，講超越二元對立，講不二法門。知識分子，你給他講簡單的法門，他覺得檔次不夠高，但是聽高級的法門，聽完了卻沒有辦法下手修。語言的思辨能力上升會比較快，但是實踐的感性的能力比較慢，感性要跟上理性的發展是非常不容易的，知行相應、知行合一，如果按王陽明的解釋這個「知」是感性的知，那就不說了。如果我們在這裡把這個「知」當作理性的知來看的話，這個知行的差異是可以很大的。很多時候，理性概念的知識與行為之間差距特別大了以後，它的力量反而不足以帶動你的行為，眼高手低，就是這個道理。眼高手低之間的高低距離太大了以後，反而會使你手低的問題永遠得不到解決了。理性和感性的差距太大以後，就帶動不了感性，距離太遠了，這個時候如果眼稍微低一點，離手低不是太遠，還能帶動它，能帶動感性能力往上走，所以尼采會感慨，讓人不要讀太多書。這一點我認為是中國文化從宋明理學以後的一個普遍的問題，不僅僅是禪宗裏的末流會造成一些流弊。宋明理學也是受到了佛教的影響。從儒家來說，宋明理學的調門比之前儒學要高得多，調門高的一個短板就是它會比較難以實行。宋明理學強調存天理滅人欲，王陽明的狠鬥私字一閃念，這樣的講法對於社會的一般教育來說是有點太高了，會造成後面在社會實踐中的一些問題。

　　大家都是讀書人，一方面從你的理性判斷能力上來說，你要發揮你的長處，讀書明理是發揮你的長處，眼高的長處，同時，你要克服眼高的弊病的時候，很重要的一點就是你一定要有自知之明，不能說我看了這樣的書，看到這樣的概念，那我就跟他差不多了，離他不遠了，其實完全不是。一定要有自知之明，你要知道你自己在什麼階段，什麼方法可以用，什麼方法適合於你現在這個階段，這是非常重要的。人不容易有自知之明，很容易過高地估計自己。

　　簡曰：「如何是大乘見解？」

　　師曰：「明與無明，凡夫見二；智者了達，其性無二。無二之性，即是實性。實性者，處凡愚而不減，在賢聖而不增；住煩惱而不亂，居禪定而不寂。不斷不常，不來不去，不在中間，及其內外。不生不滅，性相如如，常住不遷，名之曰道。」

　　我們講凡夫見二，凡夫也分兩種，一種是修行的凡夫，一種是不修行的凡夫。不修的凡夫，其實也是在二分中選擇了一個不修。這些人往往也非常堅定，堅定地隨著煩惱走。我們的世界已經是一個二分的世界，在這個二分之中，我很順當地就順著業力走，它把我往什麼地方推，我就往什麼地方走，這個叫不修行的凡夫。修行的凡夫是怎樣呢，沒有見性，但是也明白我不能順著煩惱走，實際上是處於掙扎之中，努力要擺脫業力對我的束縛。佛法裏經常還會講到一個詞，叫「退轉」。退轉的原因，為什麼呢？既然你是在鬥爭，你一定是有輸有贏，有進有退，這是很容易發生退轉的。就像剛才我們說到的，有光就一定會有陰影。光影的二分法是不能從根本上解決問題的。真正解決問題，只能是在不二的情況下才能解決。所以說「不斷不常，不來不去，不在中間及其內外」，有人說兩邊不對，那我選中間，中間也不對，你如果把中間當作一個固定的位置，你守著它，那你所謂的中道就是和一個非中道對立。真正的中是什麼？只有不住，才有可能是真正的中。只要住了，你就很難是中。這裡的「道」就是我們一分為二之前的階段。我們已經在這個一分為二的世界裏了，現在要從這個二回到之前的那個一。這個大家只能去體會，這個東西只能是一個暗示，這是沒有辦法給一個直接定義的。

　　簡曰：「師說不生不滅，何異外道？」

　　師曰：「外道所說不生不滅者，將滅止生，以生顯滅，滅猶不滅，生說不生。我說不生不滅者，本自無生，今亦不滅，所以不同外道。汝若欲知心要，但一切善惡，都莫思量，自然得入清淨心體，湛然常寂，妙用恆沙。」簡蒙指教，豁然大悟，禮辭歸闕，表奏師語。

　　因為有些外道也講不生不滅。那這個不生不滅和外道說的有什麼區別？六祖回答說，外道使用滅來止生，就是人都變成石頭木頭，沒有感情的狀態了。我說不生不滅者，本自無生，今亦不滅，六祖說的是無生法，不是用滅來止生，而是強調無生，因為有生必然有滅。外道講不生不滅是什麼意思？外道是說有一個不生不滅的「我」，一個固定的「我」，在輪迴。佛法裏是不這麼講的，佛法裏講的是業力。執業力為實，就會輪迴，如果不執這個業力

為實，就不會輪迴。外道說的這個不生不滅，其實是一個假的不生不滅。外道所說的不生不滅和慧能大師講的不生不滅，是不一樣的。慧能大師講的不生不滅，核心是無生，外道講不生不滅，主要是說不滅，他們主要強調不滅，但這是不可能的。你如果不解決生的問題，是不可能解決滅的問題的。十二因緣裏講，有生必有滅，這個輪迴你跳不出來。只有不生，才能不滅。所以佛陀說「無生法忍」。你如果真正體認到無生法，這個時候你就是不滅了。這裏的善惡，當作利害來講，一個人如果沒有利害，你也就沒有煩惱了。這個問題，我們前面講過。不思利害是非常之難的。

其年九月三日，有詔獎諭師曰：師辭老疾，為朕修道，國之福田。師若淨名，託疾毗耶，闡揚大乘，傳諸佛心，談不二法。薛簡傳師指授如來知見。朕積善餘慶，宿種善根。值師出世，頓悟上乘。感荷師恩，頂戴無已。並奉磨納袈裟，及水晶缽，敕韶州刺史，修飾寺宇，賜師舊居，為國恩寺焉。

武則天發詔書，表揚慧能大師，然後修廟。這裏說的修飾寺宇，是指韶關的南華寺，大家如果有機會，可以去參訪。然後還在六祖的老家修了一個國恩寺。日常法師講的《菩提道次第廣論》裏說，佛法有三個時代：正法、像法和末法。我們在末法時代，就會有人抱怨說我找不到好老師，這都是因為這個世界的問題太多了，這個世界墮落了。日常法師就說，你不要抱怨你墮落了，你要抱怨你為什麼沒有在正法時代出生，你為什麼沒有在正法時代出生為人？你為什麼沒有找到好老師？是因為你的福德不夠。你要是福多呢，就一定能遇到好老師，你的福不夠呢，你就遇不到好老師。所以，一切都不要怪別人。修身有一點很重要，儒釋道三家都一樣，沒有一家告訴你，我修身不成是因為這個世界不好，基本上都是一個講法，修身不成都是因為你志向不夠。

第十八講　能善分別相

　　今天講《壇經》的最後一品《咐囑品》。這是慧能大師圓寂之前跟徒弟的一個交待。我們現在一般都尊稱出家人離世叫圓寂，但其實有些人並不是圓寂。還有一個說法叫涅槃。涅槃是很不容易的，涅槃不是死了，涅槃是修出來的，在修行的時候就涅槃，心已經不落輪迴了，肉體死之前已經不落輪迴了，這才是真正的涅槃。如果肉體死之前沒有達到那個境界，一定還會落輪迴。除了淨土宗有另一條路，是去西方極樂世界，來解決這個問題。活著沒解決問題，死了是不可能解決問題的。因為人死了，就落入業力的牽引了。像慧能大師這樣的高人，在肉身死亡之前，他是知道自己要去哪裏的，他是自由的，不受業力的牽引的。

　　師一日喚門人法海、志誠、法達、神會、智常、智通、志徹、志道、法珍、法如等，曰：「汝等不同餘人，吾滅度後，各為一方師。吾今教汝說法，不失本宗。

　　這些都是六祖的入室弟子，大弟子，學得最好的弟子。這一品主要講的是日後弘法的事情。我們知道，從中國的佛教來說，有兩個流派是最成功的（淨土和禪宗），尤其是禪宗，禪宗是從六祖慧能開始發揚光大，一花開五葉，有五個大的流派。

　　先須舉三科法門，動用三十六對，出沒即離兩邊，說一切法，莫離自性。忽有人問汝法，出語盡雙，皆取對法，來去相因。究竟二法盡除，更無去處。」

　　看了這個，你再去看禪宗其他的書，你就明白了。「出語盡雙，皆取對法，來去相因，究竟二法盡除，更無去處」，禪宗的核心就是「無住」，不要住。不要住於相，不要住於知，不要住於識。

「三科法門者，陰界入也。陰是五陰，色受想行識是也。入是十二入，外六塵，色、聲、香、味、觸、法，內六門，眼、耳、鼻、舌、身、意是也。界是十八界，六塵、六門、六識是也。自性能含萬法，名含藏識。若起思量，即是轉識。生六識，出六門，見六塵，如是一十八界，皆從自性起用。

自性若邪，起十八邪；自性若正，起十八正。若惡用即眾生用，善用即佛用。用由何等由自性有。

六祖在這裡就告訴他的大弟子們，怎麼弘法，怎麼講法，先須舉三科法門，什麼叫三科法門？三科法門就是陰、界、入也。陰就是五陰，就是色受想行識，色，就是一切的感覺，英語把「色」翻譯成「form」。「色」，我們讀到的時候，經常有兩種意思，有的時候是專門指眼睛看到的，就是視覺對應的東西，有的時候，它指我們所有感覺到的東西，這裡是第二種意思。有色，有受，我們會對感覺到的東西有一種感受，接下來是想，然後是行，行就是我們把這個感受構建出來，最後產生一種意識。色受想行識是一個連貫的，這個連貫非常快，我們現在只能用理性的方式來分析它，因為從色到識，是迅速達到的，我們是沒有辦法在我們的感覺系統裏，讓這個連貫暫停下來，觀察一下，再到下一步，我們沒有這個能力。我們喪失了這個能力，這個連貫已經是自動化的了。其實對於我們來講，我們看到任何一個東西，都是已經到識這個階段了，在識之前我們都是停不住的。我在這裡特別給大家推薦唯識學，非常有意思，把唯識宗學得差不多，你再看世間的哲學也好，心理學也好，基本上都不會有什麼太大的問題。你們要是學習唯識，可以看看《百法明門論》，或者《唯識三十頌》，當然需要看講解，直接看原文，可能理解起來會有困難，原文很短，一定要看講解。網上講解很多，我自己的習慣是看出家人的講解。

接下來的入是十二入，分為外六塵和內六門，外六塵裏的色就是單指視覺看到的，色聲香味觸法，外面有六塵，裏面有六門。外面有六塵，裏面就對應六門，這是一一對應的。內六門就是眼耳鼻舌身意，眼見色，耳聞聲，有鼻就有香臭，有舌就有味，有身就有觸，有意就有法，這裡的法是我們構建出來的意識，我們意識所意識到的東西。在現象學裏，經常會提到一個說法，就是意識永遠是關於某物的意識，就是我們永遠找不到一個空的意識出來，空的意識是不存在的。西方比較強調主客觀的東西，認為會有一個主觀的東西和客觀的東西去相遇，但事實上，這個所謂的相遇之前是不存在的。

不是我先有一個主觀，有一個客觀，再讓這兩個東西相遇，因爲你所有的意識都已經是關於某物的意識，而不存在一個在相遇之前的一個空意識，內外是必然聯繫在一起的。你有眼耳鼻舌身意，跟東西一遇，就有了眼識、耳識、鼻識、舌識、身識、意識。<u>六塵、六門、六識</u>就是十八界。這就是三科法門，以前我們講過一切世界不離自心，從心的角度來講，這十八界都是在心裏頭，在十八界之外是沒有東西的。

自性起用，我們的自性分出來這十八個，這是我們每個人的自性必然所有的。<u>自性若邪，起十八邪，自性若正，起十八正</u>。我們有時候會抱怨這個世界是壞的，其實是不存在這個問題。真實的道理是，如果你自己沒有問題，這個世界就沒有問題，你十八界裏就是沒有問題的，你自己有問題，你的十八界裏就有問題。因爲所有的東西都落入你的色受想行識，如果你這個色受想行識的運動本身沒有問題，那你外在的感受就是沒有問題的，如果你心裏有問題，那你的世界就是有問題的。佛法裏講的唯心，就是這個意思。佛法裏說唯心，就是說一切唯自心所造，一方面是理論，另一方面是需要你修行的能力。這個世界是唯心還是唯物，其實是取決於你的能力。唯心是世界的本相，但是你能不能體驗到這個世界的真相，如果你體驗不到世界的真相，世界對於你來講就不是唯心的，你的表現上來說就是唯物的，物怎麼轉，你就怎麼轉，完全受環境影響。你的唯物，其實是因爲你的心裏出了問題，你才是唯物的，所以這裡講，<u>若惡用即眾生用，善用即佛用</u>。從本質上來說，一切是由你的心行來決定的。你用對了，就是佛用，跟佛的用法是一樣的，<u>惡用即眾生用</u>，這裡的眾生指的是凡夫。<u>用由何等？由自性有</u>。一切都從自性而來。

<u>對法外境，無情五對：天與地對，日與月對，明與暗對，陰與陽對，水與火對，此是五對也</u>。

這個法指的是事。這後面講這個世界的一切都是相對而出的，我們一切的意義也好，事物也好，都是相對而言的，你有一個這個東西，就會有另一個「對」。這裡我們稍微說遠一點。比方說，我們的觀念是怎麼來確定的呢？

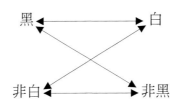

黑、白、非黑、非白。

上面這對是強對立，下面這對是弱對立。這個是對立，這個是矛盾，黑和非黑，白和非白，基本上我們的觀念都是這樣來運轉的。很多時候，我們是沒有對這個東西進行分析的，雖然你不瞭解，但你實際使用都是這麼用的，只是你自己可能不知道而已。一切法，我們都是通過對立的方式，讓它得以呈現的。我們常常認爲有一個孤立的法，事實上這是不存在的，一切法都是在對立關係中得以存在的。

法相語言十二對：語與法對，有與無對，有色與無色對，有相與無相對，有漏與無漏對，色與空對，動與靜對，清與濁對，凡與聖對，僧與俗對，老與少對，大與小對，此是十二對也。自性起用十九對：長與短對，邪與正對，癡與慧對，愚與智對，亂與定對，慈與毒對，戒與非對，直與曲對，實與虛對，險與平對，煩惱與菩提對，常與無常對，悲與害對，喜與嗔對，捨與慳對，進與退對，生與滅對，法身與色身對，化身與報身對，此是十九對也。

這個法相就是指的事物，慧能大師之所以提出「對」這個說法，我們之前說過禪宗的一個特點，就是你說什麼，就跟你說反的那個，沒有一個絕對的東西，你說白他就說黑，你說黑他就說白，他到底說白還是黑，是取決於你怎麼說的。禪宗自己是不認定一個東西是白還是黑的，你說是白的，你有一個立知，他就勸你破除掉你這個立知，你有一個確定的東西，他就把你這個執著破除掉。他自身是沒有一個絕對的知見，他把這些對立面先照出來，對方有一個什麼，就把這個有破除掉。在《壇經》裏，這樣的講法是非常的突出，到了後來的語錄，那就走的更遠了。這裡六祖講的對，基本上還是直接相應的，比如你講黑我講白，黑白還在這個相斥的軸線上。在後面的語錄體裏，我們會看到，當你說這個是白的時候，他就不說這個是黑的了，他會跟你說這個東西是可以吃的，給你說得更遠了，跟這個不相干了，他用另外一種方式來破除。前面黑白的那種破除，在我熟悉了這個模式之後，如果我是一個提問的人，我就比較有準備了，因爲這個還是比較有規律可循的，如果我前面瞭解了這個模式，讀了書，那我就知道如果我說黑你就會用白來應答，我對你這個是有準備的，所以後來禪宗的講法，基本上就是讓你毫無準備，就是完全開放了。你說黑的時候，我可以說這個東西是有流動性的，就跟那個黑完全沒關係。不管他用哪一種方法，核心就是要動搖你以爲的這個固定的點。

師言：「此三十六對法，若解用，即道，貫一切經法，出入即離兩邊。

這三十六對，如果你真的明白，這裡很重要的是「解用」，一個是解一個是用，首先要理解，然後更難的是要用，要會用。會用的意思就是你不要落入這三十六對，不被這個對搞糊塗了，就是「即道」，能從對法中跳脫出來，解用即道，貫一切經法，出入即離兩邊。所以，為什麼六祖慧能很多經書都沒讀過，甚至他字都不認識，別人念給他，他就能給別人講，原因在什麼地方？原因就在於他已經解用了，所以他不管什麼經，不管什麼講法，他都能明白，都能給你講清楚。出入即離兩邊，入，比如說你讀經，進入它，深入理解它，這個時候離兩邊；出，你用於生活，還是離兩邊。

自性動用，共人言語，外於相離相，內於空離空。若全著相，即長邪見，若全執空，即長無明。執空之人，有謗經直言不用文字，即云不用文字，人亦不合語言，只此語言，便是文字之相。又云直道不立文字，即此不立兩字，亦是文字，見人所說，便即謗他言著文字，汝等須知，自迷猶可，又謗佛經。不要謗經，罪障無數。

在相上不執著於相，這就叫離相，離相不是躲開這個相，而是不執著於這個相。內於空離空，體驗到空以後，又不執著於空。如果著相，必定執著於一邊，所以必長邪見。凡夫主要還是停留在邪見這一邊。如果強調我什麼知見都不要有，這裡其實有很多人對禪宗有所誤解，以為執著於空就是什麼都不要有。我們有雜念，就有很多麻煩，那我就什麼都不想。其實什麼都不想是有問題的，因為會增長無明，因為你不能理解這個世界。前面六祖講過「善能分別諸法相，於第一義而不動」，如果你強調我什麼都不想，因為我想的太多會有很多煩惱，所以想通過不想來去除煩惱，但是這樣的話，你就無法做到善能分別諸法相，所以是無明。我們一般說禪宗是不立文字直指人心，可是當你說不立文字的時候，這「不立」兩個字也是文字。文字就是語言，你說不立，你用的還是語言。所以我們要知道，一切語言都是逃不脫二元對立的，二元對立是語言的一個根本結構。你說你不立，最後還是落入到語言裡去了。後來的狂禪裡有很多人是很狂妄的，什麼佛經都可以推翻了，戒也不用守了，酒肉穿腸過，佛祖心中留，幹什麼都可以，這個其實就是謗法。

若著相於外，而做法求真；或廣立道場，說有無之過患，如是之人，累劫不得見性。但聽依法修行，又莫百物不思，而於道性窒礙。若聽說不修，令人反生邪念。但依法修行，無住相法施。

只要執著於任何一邊，這樣的人，<u>累劫不得見性</u>。聽說佛法要從修的角度來講，修就有一個次第的問題，我們也反覆強調過。

所以後面說：

<u>汝等若悟，依此說，依此用，依此行，依此作，即不失本宗。」</u>

最終都是用的問題。

<u>「若有人問汝義，問有，將無對；問無，將有對；問凡，以聖對；問聖，以凡對。二道相因，生中道義。</u>

我們現在一般人這麼講，就是抬槓了。但你要是會抬，你就會對人有啓發。兩邊都不落，你就能走上中道了。

<u>如一問一對，余問一依此作，即不失理也。設有人問：何名爲暗？答云：明是因，暗是緣，明沒則暗。以明顯暗，以暗顯明，來去相因，成中道義。余問，悉皆如此。汝等於後傳法，依此轉相教授，勿失宗旨。」</u>

沒有明就沒有暗，陰影都是燈光下照出來的，這樣你就不會執著在一邊。前面這段講的就是六祖教徒弟們以後如何弘法。把這段弄明白了，就大概知道那些禪宗語錄到底是在說什麼，否則你就會認爲這是文字遊戲。

<u>師於太極元年壬子，延和七月，命門人，往新州國恩寺建塔，仍令促工。次年夏末落成。七月一日，集徒眾曰：「吾至八月，欲離世間，汝等有疑，早須相問，爲汝破疑，令汝迷盡。吾若去後，無人教汝。」</u>

六祖在<u>太極元年</u>這一年，就派徒弟去新洲國恩寺建塔，<u>仍令促工</u>，因爲他知道自己要滅度了。七月一日，六祖把徒眾集合起來說，八月份我就要走了，有什麼問題要抓緊問，我給你們解答，我走了以後，就沒有人教你們了。

<u>法海等聞，悉皆涕泣，惟有神會，神情不動，亦無涕泣。</u>

<u>師云：「神會小師，卻得善不善等，毀譽不動，哀樂不生，餘者不得。數年山中，竟修何道？</u>

六祖稱神會小師，因爲神會年紀小，受戒的時間也很短，不到十年，所謂小師。這裡說<u>得善不善等</u>，佛法追求的就是平等法。<u>毀譽不動，哀樂不生</u>，我們反覆說過，要是能做到毀譽不動，境界就非常高了。我們人太多地受到毀譽的困擾了，當然還有其他的。佛法裏講定，定就是不動，八地菩薩就是不動地。無所謂哀無所謂樂。生亦無樂，死亦無哀，道教和佛教的說法很相似。道教的故事，莊子鼓盆而歌，對於生死無所謂。儒家說的是，親人死了你都不哭，那你真是完了！我們來看看哪種對？其實哭也對，不哭也對。關

鍵在於你怎麼看待自己的死。假使你知道自己明天要死了，如果覺得自己要死了無所謂，那你可以對親人死也無所謂，如果你認為我自己死了不行，親人死了無所謂，那就不對了。實際上，關鍵在這裡。如果你自己對於生死已經完全看開了，那在某種意義上來講，親人的生死也可以看開。

汝今悲泣，為憂阿誰？若憂吾不知去處，吾自知去處；吾若不知去處，終不預報於汝。汝等悲泣，蓋為不知吾去處；若知吾去處，即不合悲泣。

這裡講的是，你們哭什麼呢？因為你們不知道我將要去哪裡，我自己是知道要去哪裡的，所以我才能跟你們預報，我是心裏有數的，你們哭是因為不知道我要去哪裏，所以會覺得恐懼哀傷，如果你們知道我的去處就不會悲泣了。

英雄所見略同。蘇格拉底之死是類似的情形。當時，蘇格拉底是被判了死刑，要喝毒酒，在喝毒酒之前，他的徒弟跑來營救他，好像是買通了看守，可以把他救走。蘇格拉底就教育了他這些徒弟，告訴他們這樣做不對，說他們犯了很關鍵的一個錯誤，這個錯誤就是怕死，怕死是不對的。蘇格拉底為什麼不怕死呢，原因和慧能大師說的差不多，他說他要到神那裡去，所以沒有什麼好擔心的，所以他就很從容地喝了毒酒，就死了。

法性本無生滅去來，汝等盡坐，吾與汝說一偈，名曰《真假動靜偈》。汝等誦取此偈，與吾意同；依此修行，不失宗旨。」

我們前面講過十二因緣，佛法的一個根本就是不要有生死，生死一如，我們現在是一個生死兩分的世界，所以，生我們就會快樂，死我們就會悲傷，這是我們兩分的世界，佛法追求的是不二的世界，要超越生死的兩分，超越這樣的價值觀。佛法、道家都是如此，生死一如。生亦無喜，死亦無哀。但是這個是不容易超越的，如果你自己還是貪生怕死的，你就應該為你的親人離去感到憂傷，推己及人。所謂的感情就應該是推己及人。如果你自己超越了生死，你也可以對親人看得開一點。

接下來六祖給門人講了一個偈子。

一切無有真，不以見於真；
若見於真者，是見盡非真。

這裡講的一個是真假的問題，一個是動和不動的問題。一切我們以為真實的東西，其實都是不真的，這跟我們的常識是完全不一樣的。這個世界的真相很多時候都是超於常識之外的。比如，朱清時先生，原來中國科技大的

校長，退休以後專心研究佛學。他有篇文章講量子力學和人的意識之間的關係。他認為量子力學對「識」的理解和佛教是比較接近的，跟唯識學的講法比較像。量子力學很多結論也是超越常識的，從量子力學來說，你看到的基本上都是不真實的。量子力學有一個很重要的東西叫觀察改變對象，觀察會造成坍縮。在一個微觀世界裏，一個電子的狀態其實是不確定的，這個電子既可以在 A 這個地方，同時又可以不在 A 這個地方。這個和我們傳統的邏輯學恰恰是反著的，我們傳統的邏輯學是認為要麼是 A，要麼不是 A，我們會認為看到的是 A 或者不是 A。我們認為常識都是如此，你在這個房間裏面，你就不在這個房間外面，如果你不這麼說就很有可能被認為是瘋子，但量子力學恰恰認為這個電子既有可能在這個房子裏面，也有可能在這個房子外面，當你一觀察它，它就確定自己的位置了，你一觀察它，它就在 A 或者在 B 了，你不觀察它的時候，它有可能在 A，有可能在 B。它到底在 A 還是在 B，是你觀察的結果，而不是它本身的結果。這個觀察就是「識」的問題。我們習慣於認為我們觀察到的東西是真的，其實是不一定的，因為你的觀察在改變世界。佛法裏有一句非常重要的話形容這個情況，叫「唯心所現，唯識所變」，識就給你變出一個結果了。我們凡夫都是把這樣一個識變的結果當真的，所以我們以為真的東西其實都是不真的。這個還是我們第一層的，其實我們的扭曲是很多的，我們的識變還有很多後來加上去的好、壞，喜歡、不喜歡，等等，於是乎越推越遠，扭曲得越來越厲害。<u>若見於真者，是見盡非真。</u>我們看到的東西都不真。我們以為我們看到了真實的世界，其實都是不真實的嗎，當然程度有所差別，有些人可能已經偏得非常非常遠了，有些人相對來講靠近真實一些。

　　<u>若能自有真，離假即心真；</u>
　　<u>自心不離假，無真何處真。</u>
　　<u>有情即解動，無情即不動；</u>
　　<u>若修不動行，同無情不動。</u>

　　真正的真是什麼？就是離假，而不是單獨去追求一個真，單獨去追求一個真，就是在對立之中，在真假對立的二分中，所以佛教強調離假，而不是另外去追求一個真，因為你只要離假就是真了。後面講動靜也是一樣的，動靜的問題跟我們可能更近。我們對動是很習慣的，我們的心總是在動的，我們的心總是在動，就是因為有情，我們有小情有大情，我們有強烈的感情，

我們通常可能認爲我們強烈的感情才是感情，但是其實我們有很多細微的感情，有的感情非常細微，包括我們的生活習慣，包括你喜歡或者不喜歡你的衣服、你的手機，這都是情。什麼叫有情呢？就是心裏動。感情是什麼意思？感情這兩個字是要分開讀的。你如果想眞正理解漢語，就要把詞拆開讀，讀「字」，才能有所體會。感情，是你有了感，才會有情。有感，就有動，有動就有情，感動就產生情。有情就有動，動就迷惑了，那我們應該靜，靜是怎麼樣呢？無情即不動，那是不是你就要去修無情呢？因爲我不要有情，那我就修無情，但是你「若修不動行，同無情不動」你那個不動，其實也不是眞的不動，你是在兩個中選了一個固定的不動，這是一個和動相對的不動。這樣的不動，這樣的無情，也不是眞的不動。什麼叫眞的不動呢？「動上有不動」，你不是眞的動，也不是眞的不動。我們來講一個概念，這個概念如果清楚了，你們就明白了。佛法裏有一個很有意思的概念，叫「隨緣」。這個詞我們聽到很多了，很多文章裏都說隨緣，也有很多人說我這個人很隨緣。隨緣是很好的，是很高的一個境界，是很難的。什麼叫隨緣呢？你到了這樣一個環境裏，你隨的是環境的要求，這才叫隨緣。我們凡夫呢，經常不是順著環境的要求，而是用攀緣心，去攀這個緣。什麼叫攀緣心呢？有貪愛就叫攀緣心。有愛取就是攀緣心。所以拿這個愛取去攀外面這個緣分，碰到喜歡的你就抓一下，碰到不喜歡的就推一下，我們在這個環境裏也是隨緣而轉的，我們都在「隨緣」，但這叫做煩惱的隨緣。因爲你在隨緣的過程中起煩惱。什麼叫做佛法裏說的眞正的隨緣呢？就是在這個緣分運轉起用的時候，內心是不起煩惱的。動與不動，不是絕對的不動，是隨著緣分走，因爲緣分本身會動，那我的應對就會動，但我的應對動的時候，我的內心是不煩惱的，是清淨的，這才叫眞正的隨緣。我們一般人所謂的自以爲是的隨緣，其實都不是隨緣，都是隨著自己內心的煩惱和外緣的相互作用而動。

　　<u>有情即解動</u>，有情就會動，有愛取就會動，<u>無情即不動</u>，你沒有愛取就不動。<u>若修不動行，同無情不動</u>。如果有人覺得動不對了，那就要修一個不動，這個其實也是有問題的，在對立中間修出來的不動相當於是無情，板凳桌子一樣，，好像也不對。有情有有情的問題，但是我爲了對治有情，就要修成一個板凳桌子的樣子，也不對。所以接下來說：

　　<u>若覓眞不動，動上有不動；</u>
　　<u>不動是不動，無情無佛種。</u>

說「無情無佛種」，佛法裏講無情，大乘佛法裏講「清淨慈悲」，這兩個概念是一起的，清淨是用，慈悲是體，意思就是我的動是在不動上面的動。我們一般的同情心，我們看到別人的痛苦都會起同情心，會悲傷，這個是只有慈悲，沒有清淨。你如果修行修到看到別人的痛苦無所謂，那你就是只有清淨，沒有慈悲。這都不是佛法，真正的佛法，是我清淨，但是我也隨著外緣而慈悲，能幫助眾生。因為眾生一體，所以我們要幫助眾生。

　　<u>能善分別相，第一義不動；</u>
　　<u>但作如此見，即是真如用。</u>

不是不會分別，而是分別中有不分別，不分別中有分別。這才叫能善分別相。我們凡夫基本上都是隨著我們的分別而動，這是凡夫的問題。佛也動，但是他於第一義而不動。他是清淨的，就像鏡子一樣。你看鏡子，鏡子顯現的東西永遠都在變，照什麼就現什麼，但是鏡子本身是沒有內容的，它不會把任何東西印下來。如果我們的心能像鏡子一樣，就有了大圓鏡智，就明白了。你有色受想行識，十八界你能感受到，但是你不執著，不被它所轉，這就是真如的用法。真如就是如真，這個時候才能見到世界的真實面貌，看到真實之所用。這就是這個偈子主要的意思。動上有不動，就是我們前面也提到過的「能善分別相，第一義不動」。

　　<u>報諸學道人，努力須用意；</u>
　　<u>莫於大乘門，卻執生死智。</u>
　　<u>若言下相應，即共論佛義；</u>
　　<u>若實不相應，合掌令歡喜。</u>
　　<u>此宗本無諍，諍即失道意；</u>
　　<u>執逆諍法門，自性入生死。</u>

這裡還有一點很重要，<u>此宗本無諍，諍即失道意，執逆諍法門，自性入生死。</u>這個地方就是勸人不要去爭論，不要去爭你的法門好，我的法門不好。事實上這種流派的爭論是很多的，所以六祖在這裡強調不要爭論。

　　<u>時，徒眾聞說偈已，普皆作禮。並體師意，各各攝心，依法修行，更不敢諍，乃知大師不久住世，法海上座再拜問曰：「和尚入滅之後，衣法當付何人？」</u>

　　<u>師曰：「吾於大梵寺說法，以至於今，抄錄流行，目曰：《法寶壇經》，汝等守護，遞相傳授，度諸群生。但依此說，是名正法。今為汝等說法，不付</u>

其衣，蓋爲汝等信根淳熟，決定無疑，堪任大事。然據先祖達摩大師，付授偈意，衣不合傳。」偈曰：

　　吾本來茲土，傳法救迷情；

　　一花開五葉，結果自然成。

　　大家聽六祖講完上面的偈子，<u>各各攝心，依法修行，更不敢諍</u>。法海這個時候問六祖滅度之後<u>衣法當付何人</u>？六祖就說，我給你們講的這些，你們可以抄錄流行，可以取名叫《法寶壇經》。然後，又說，我就不傳衣法了，之前五祖就跟六祖說了，到他以後就不再穿衣缽了，因爲衣缽傳下去容易引起紛爭。六祖又說了一個偈子，一花開五葉，一花是指達摩祖師來中國傳法，五葉就是後來的五個宗派：潙仰、臨濟、曹洞、法眼、雲門。

　　師復曰：「諸善知識！汝等各各淨心，聽吾說法。若欲成就種智，須達一相三昧，一行三昧。

　　三昧這個詞是個音譯，還有翻譯翻成三摩地，意譯過來就是等持、正定的意思，將心定於一處，這叫三昧。<u>一相三昧和一行三昧</u>就是一相定、一行定。一相定的意思不是我定在一個相上，而是說不作二分，跟不二法的道理是一樣的。我們的住相是對相有二分的，我們看到一個東西，討厭或者喜歡。從語言學的角度來說，當你看到一個好的東西的時候，好像說這個東西只有一相，其實不是的，在你的無意識裏有二相，你看到「好」的時候，其實潛意識裏有一個「壞」在那裡，你的思想裏有一個對立，然後你決定這個是「好」。或者你看到一個東西是「壞」的時候，其實有一個「好」在你的潛意識裏。你在自己的潛意識裏有一個對立，它只是沒有顯現，它是隱性的。但是當你做出判斷的時候，其實是跟那個隱性的東西在一起的，你是根據它做出判斷的。當你看到一個東西的時候，表面上看是根據這個東西自身做出了判斷，其實不是，當你看到一個東西的時候，你一定是在這個整體裏對它進行判斷的，就如我們在前面講的那個黑、白、非黑、非白的關係圖。你不是在還沒有二分的時候對它進行判斷的，表面上你看到的是一相，但其實不是，你只是沒有意識到你在二相上。我們現在已有的這種二相的思維模式，或者更細一點二相分爲四相，這樣的分相，對於我們目前的思維來講是一個基本結構。當然，這個基本結構是可以被打破的，現在能出現在我們心意識裏的結構就是這樣一個結構，我們已經非常非常習慣於這個結構了，我們要打破這個結構是非常困難的。要經過非常好的修行，才有可能突破。爲什麼我們講寵辱

不驚，我們都覺得寵辱不驚很好，可是放在你自己身上就不行，就做不到。為什麼放在自己身上不行呢？黑白和寵辱的道理是一樣的，原因就是我們在這樣一個結構裏，為什麼這個「辱」對你來講是一個很嚴重的事情呢？你只要看重「榮」，你就不可能看輕「辱」，這兩個分相一定是在一起的。你要做到不在乎「辱」，你一定要不在乎「榮」，才能做到不在乎「辱」，而不是說我很看重「榮」，但我可以不在乎「辱」，這絕對不可能。這兩個分相是連在一起的。我們都在分相的結構之中，我們以為我們自己是在一相裏看世界，其實從來都不是，我們現在都不是一相的，我們是二相或者多相的。我們講陰陽八卦，通過數字給你講這些道理，都是一樣的，這是一個根本的數學邏輯的問題。我們是於一切處而住相的，二分了，然後你選擇一個，所以你一定是住相的。你只有超越於它，才能榮辱兩忘，就不二分了，就可以直接看到世界的本相。

若於一切處而不住相，於彼相中不生憎愛，亦無取捨，不念利益成壞等事，安閒恬靜，虛融淡泊，此名一相三昧。若於一切處行住坐臥，純一直心，不動道場，真成淨土，此名一行三昧。

這才叫真的「直心是道場」，這是非常非常不容易的一件事情。不是像李贄後來的講法，說魯智深也是直心，說他是真佛。這都不可能是直心的。因為魯智深或者其他人，都還是在這個圈圈裏轉，一定是有所取捨的，你隨著自己的愛憎有所取捨的話，你就不可能是直心。純一直心，不動道場，這是要強調不動的，動感情，被業力牽引，就不可能是直的。佛法意義上的直心不是我們日常意義上說的直心。

若人具二三昧，如地有種，含藏長養，成熟其實，一相一行，亦復如是。我今說法，猶如時雨，普潤大地，汝等佛性，譬諸種子，遇茲沾洽，悉皆發生。承吾旨者，決獲菩提；依吾行者，定證妙果。聽吾偈。曰：

心地含諸種，普雨悉皆萌，
頓悟花情已，菩提果自成。

「心地含諸種」有兩層意思，第一個就是我們的佛性，什麼叫佛性？不煩惱性就是佛性。不煩惱性是我們每個人本來具足的，所以回過頭來我們看佛法裏講的四大誓願，「眾生無邊誓願度，煩惱無盡誓願斷，法門無量誓願學，佛道無上誓願成」，前面三個願自然圓滿，就成就佛道了。前面三個，第一個眾生無邊誓願度，這是慈悲，煩惱無盡誓願斷，就是不煩惱性，我們本來是

不煩惱的，本來是慈悲的，第三個是說我們本來是什麼都會的。法門無量誓願學，眾生無邊誓願度，是從多上來講的，煩惱無盡誓願斷是從「無」上來講的。你沒有的那個東西，你是本來沒有的，你有的那個東西是你本來有的，有無相生的。也就是說，你沒有煩惱，你才能升起大慈悲，其實這些誓願都是相生的，相聯繫的。這些都是你本來具足的，「無」是你本來無的，有是你本來有的。核心就在，你要時刻明白，你本來就是有佛種的。佛法都不是從外面成就的，而是我本來就有這個佛種，只是我不知道我本來就有這個佛種，這是凡夫最主要的狀態，尤其是沒有真正開始修行的凡夫的狀態。我們總認為我們是沒有佛種的，或者說我們以為我們學了《壇經》裏這些東西是慧能大師教給你的，我們是從外面拿了一個東西來，如果我們這樣去學，就學錯了。慧能大師講的是，你所有會的東西都是你本來會的。你所有可以去除的煩惱，都是你本來沒有的煩惱。從修行的角度來說，「心地含諸種，普雨悉皆萌」，你本來就有這個種子，所以下了雨，才能長出樹苗。不能說這裡長了一棵樹，是因為下了雨，這個雨長出了這個樹，雨是長不出樹來的。是因為有樹種，蘋果樹也好，桃樹也好，你有樹種，下了雨，承蒙雨露，就能長出樹來。這個我們要格外注意。所有的佛種，都是在我們內心的。你要是真的明白了，善根開啟，那是可以慢慢增長廣大的。

師說偈已，曰：「其法無二，其心亦然，其道清淨，亦無諸相。汝等慎勿觀靜，及空其心；此心本淨，無可取捨，各自努力，隨緣好去。」

爾時徒眾作禮而退。

佛法裏有一個很重要的東西就是，一方面你不要隨著自己的心亂動，另外一方面，你也不要追求什麼也不想，佛法是要走中道的。這些道理都是要去實踐的。六祖慧能講是要超越這個東西，但是通過語言是沒有辦法超越的，因為語言本身就是二分的產物，這是個語言學的規律，語言學對語言的規律的表達就是這樣的。所以要通過語言去超越它，當然有時候會給你一些啟發，包括語言學對語言結構的揭示，都會對你有所啟發，但根本上無法通過語言本身來解決問題。這個是要通過修行實踐才會有所體會的。

大師七月八日忽謂門人曰：「吾欲歸新州，汝等速理舟楫。」

大眾哀留甚堅。

師曰：「諸佛出現，猶示涅槃；有來必去，理亦常然。吾此形骸，歸必有所。」

六祖說釋迦牟尼佛出現於世，都示現涅槃，那我也要涅槃的，有來必有去，有生就有死，<u>理亦常然</u>。

<u>眾曰：「師從此去，早晚可回？」</u>

<u>師曰：「葉落歸根，來時無口。」</u>

<u>又問曰：「正法眼藏，傳付何人？」</u>

<u>師曰：「有道者得，無心者通。」</u>

不傳衣缽了，那就是有道者得，無心者通。我們都是有心的人，所以我們豎心旁的字很多，我們都會有感而動，我們體會到自己的心經常動，動就是因為有，那就通不了，有動的時候就是有障礙，有感情，感情就會堵住你，所以叫無心者通。

<u>法海白言：「和尚留何教法，令後代迷人，得見佛性？」</u>

<u>師言：「汝等諦聽，後代迷人，若識眾生，即是佛性；若不識眾生，萬劫覓佛難逢。吾今教汝識自心眾生，見自心佛性。欲求見佛，但識眾生；只為眾生迷佛，非是佛迷眾生。自性若悟，眾生是佛；自性若迷，佛是眾生。</u>

這裡的「<u>識眾生</u>」，首先要識自己，高人講法都是英雄所見略同，蘇格拉底也講認識你自己，佛法也講核心就是認識自己，儒家也講認識自己，當然他們認識的方法和途徑會有不一樣，最後達到的結果也不一樣，但是根本下手處都是認識自己，真實的學問都從這裡下手。<u>若不識眾生，萬劫覓佛難逢</u>，不是你到處去找佛可以找到的。

<u>自性平等，眾生是佛；自性邪險，佛是眾生。</u>

這裡又講到核心的平等的問題。比如說，我們學了一段時間，覺得自己境界高了，什麼叫境界高了呢？就是平等心更廣大了。一般的高人，我們會說心量很大，能包容別人，什麼叫能包容別人呢？這是對外的一個表象，對內就是他的平等心。他心裏越平等，他的包容心就會越強。人為什麼不能包容呢？就是像之前說過的這樣：

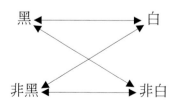

　　如果你的對立特別強烈，你必須選一邊，你不選心裏就過不去，你選了一邊，就對另一邊構成排斥和鬥爭，這樣的選擇越強烈，你就越不能包容，就越排斥越鬥爭。你越看淡，相對來講就越平等，你的包容力就會越強。如果你們有修行，是會對自己的境界有所體會的。正確的修行應該是你包容力越來越強，越來越能夠容人。有些人學可能會有些偏差，越學越看不慣別人，那就錯了。他沒有找到問題的根本在哪裏。

　　汝等心若險曲，即佛在眾生中；一念平直，即是眾生成佛。

　　我心自有佛，自佛是真佛，自若無佛心，何處求真佛？

　　汝等自心是佛，更莫狐疑，外無一物而能建立，皆是本心生萬種法。故經云：『心生，種種法生；心滅，種種法滅。』」

　　這裡強調一個是平，一個是直。佛本來就在自心中。一切法都從心生。這個道理說起來容易，但是落實到我們實踐，就會有一個心，有一個物去對立。我們要知道所有的東西都是我心裏想的，如果對這個問題有比較充分的認識，煩惱就會少很多，越是認為你的煩惱是別人造成的，你的煩惱會越多，越認為煩惱是自己造成的，你煩惱就會越少。

　　我們要知道一個問題，我們現在看這個世界很豐富，這世界種種東西能存在，全都依賴於你的心。你看到的所有的世界是怎麼看到的？誰看到的？你看到的實際上都是你心裏的印象。其實人的心已經非常受限制了，我們對於我們人心的運用，相對於我們本來所具有的能力來講，已經受到了極大的限制。但即使在這樣極大的限制之下，仔細想想，你的心是很了不起的。你看到了多少東西，你能想到多少東西，這些所有一切，我們以為都是外面有一個東西，都覺得這個房子是外面有一個房子，外面有一棵樹，外面有這麼多人，其實你好好想想，你怎麼看到有這麼多人的？你為什麼能聽到聲音？我們拿鏡子照這些東西的時候，我們以為我們只看到鏡子裏的影像，可如果沒有這個鏡子，你是什麼也看不到的。所以你知道這個鏡子的功能是非常強大的。當然我們凡夫的鏡子是扭曲的，所以會遇到很多障礙，但即使是這樣，我們的心是能見萬法的。這個世界上一切萬法都是從心裏生出來的，這個叫做「一切唯心造」。但是我們不相信一切唯心造，凡夫都是唯物主義的，或者說是偏向唯物主義的。什麼叫凡夫？越是凡夫，越偏向唯物。就是你越覺得你的生命就是這個物，或者你的生命就是由這些物構建出來的，你的一切就在物上面。越是高的人，就越是唯心造，一切取決於自心。一切都在心識，

所以叫唯心所現，唯識所變。所以你反映出來的好壞境界，都在你的心中現出來，這叫一切唯心造。高人都是一切唯心造。

接下來又是一個偈子，這是最後一個偈子。

吾今留一偈，與汝等別，名自性眞佛偈。後代之人，識此偈意，自見本心，自成佛道。偈曰：

眞如自性是眞佛，邪見三毒是魔王。

邪迷之時魔在舍，正見之時佛在堂。

性中邪見三毒生，即是魔王來住舍。

正見自除三毒心，魔變成佛眞無假。

法身報身及化身，三身本來是一身。

若向性中能自見，即是成佛菩提因。

本從化身生淨性，淨性常在化身中。

性使化身行正道，當來圓滿眞無窮。

你的心想對了就是佛，想錯了就是魔，佛和魔就在一念之間。三毒是指貪嗔癡，一般是講三毒就是貪嗔癡，講五毒就是貪嗔癡慢疑。世間一切都是不定性的，因爲我們有所執念，所以世界定下來了，所以你的世界是你的世界，他的世界是他的世界。倘若你沒有這樣的執念的話，那你的世界就是不定性的，本來你跟這個世界就是相互聯繫的，其實本來你跟這個世界是一體的。當我的想法是固定的時候，我的世界就是固定的，當我的心從這裡跳脫出來的時候，我就是自由的。

淫性本是淨性因，除淫即是淨性身。

性中各自離五欲，見性刹那即是眞。

這個淫性就是貪性，這裡淫作爲貪的代表，因爲淫是所有貪裡最貪的一個。淫性本是淨性因，它爲什麼是淨性因呢？因爲它也是唯心所現的。一切都是一切的因，一切都是唯心造。一個是因，一個是緣。因是什麼？因就是唯心造。造出什麼，比如我鏡子照出東西來，鏡子能照，這個是因，這個鏡子對著什麼，這個叫緣。一切你能照出來，都因爲這個鏡子，這個鏡子本身是淨，這個叫淨因，所以它是能夠照出來的。雖然這個地方照出淫性，是個不好的東西，但它依然是由因照出來的，它不是有一個眞的我，眞實的淫性，它只是一個被照出來的東西。你如果有一個眞實的淫性，就完了。你之所以說淫性本是淨性因，就是因爲淫性本來是假的。它本來是假的，它才能使淨

性因。它不是真的，所以它是淨性因。假的就是可以沒有的，假的本質上是沒有的。所有的一切魔，所有一切煩惱，它在本質上都是假的。所以它才是淨性因。這個是禪宗懺悔裏非常特殊的一個法門，前面能大師講，本質上的法門是要想到我的罪是假的，一方面還是要除罪，不是說這個罪是假的就是無所謂的，我就可以隨便犯罪也沒關係，這就是狂禪容易出問題的地方。佛法的意思是說罪本來是假的，所以它就可以是沒有的，所以它本質上是沒有的。本質上沒有這個罪，你就不會去做這個罪行。從這個意義上來說，禪宗說罪是假的，所以懺悔的時候他強調的是這個東西。禪宗的懺悔和基督教的懺悔是不一樣的，基督教是認為人真的有罪，然後去壓著它，它叫原罪。禪宗是我認識到這個罪，我認識到這個錯，我懺悔，我一方面認識到錯，另一方面我認識到這個錯本身是假的，這個罪它不是我，不是本來的那個我。並沒有一個真正的罪，當然，也沒有一個真正的我。所以這個罪是假的，「淫性本是淨性因，除淫即是淨性身。」除淫就是我認識到它是假的。它真的是假的，還有一種叫假的是假的，就是雖然我說它是假的，但是我繼續跟著它，那就是假的是假的。你要是隨著這個淫跑，那你還是沒有真的看破，你真的把它看成是假的，你就不會跟著跑了。你不隨著它轉了，就是淨性身了。「性中各自五欲」，所以你才能夠離開五欲，所以見性剎那即是真。所謂見性剎那，就是你看破這個假的，你看破了假，就是真，把假的看成假的，就是回復了真。你真的體悟到假的就是假的，這就是真。這個時候你就覺悟了。

今生若遇頓教門，忽悟自性見世尊。

若欲修行覓作佛，不知何處擬求真？

若能心中自見真，有真即是成佛因。

不見自性外覓佛，起心總是大癡人。

頓教法門今已留，救度世人須自修。

報汝當來學道者，不作此見大悠悠。

師說偈已，告曰：「汝等好住，吾滅度後，莫作世情悲泣雨淚，受人弔問。身著孝服，非吾弟子，亦非正法。但識自本心，見自本性，無動無靜，無生無滅，無去無來，無是無非，無住無往。恐汝等心迷，不會吾意，今再囑汝，令汝見性。吾滅度後，依此修行，如吾在日。若違吾教，縱吾在世，亦無有益。

復說偈曰：

<u>兀兀不修善，騰騰不造惡，</u>
<u>寂寂斷見聞，蕩蕩心無著。</u>

佛不是到外面去找的，是要從自己心裏去修的。六祖這裡講不修善不造惡，是更上一層的意義。佛教一個根本的解釋，什麼是善呢？不惡就是善。如果去看《十善業道經》，十善是一不殺生、二不偷盜、三不邪淫、四不惡口、五不兩舌、六不妄語、七不綺語、八不貪、九不嗔、十不癡，這個善，不是讓你去做什麼，不是說你去做什麼爲善，而是說你把惡除掉了，就是善。所以根本在於除惡，跟前面說的一樣，不要單獨去求一個眞，而是要去除假，這是一樣的道理。佛法裏講的善，不是向外去找一個善這樣的實體，因爲不存在這樣一個善的實體，不惡就是善。這裡<u>兀兀不修善</u>的意思是，你不要找一個善去修，關鍵是在<u>騰騰不造惡</u>，你只要不造惡，就是善。這個大家要有些自己的體會。

我們以前講過《了凡四訓》的道理，人生命運就是我們性格之所建，我們的價值觀決定我們的思想，然後決定我們的行爲，然後規劃出了我們的命運。有些人知道了這個道理之後，說要改變自己的命運，《易經》裏說積善之家必有餘慶，積不善之家必有餘殃，那很多人就去做善事。做善事是沒錯的，但是如果你只是做善事，你的命運改變不會很大的，眞正要改變命運，是你要不做惡事。你改變自己的一個缺點，比你去做善事，對於命運的改變要更大一些。

<u>師說偈已，端坐至三更，忽謂門人曰：「吾行矣！」奄然遷化。</u>
<u>於時異香滿室，白虹屬地，林木變白，禽獸哀鳴。</u>

我們知道，六祖大師走了還是有一些異相的，六祖的肉身現在還在南華寺被供奉著。中國還是有一些肉身菩薩留存的，各大名山，特別是九華山非常多。其實九華山和南華寺都屬於南方多雨潮濕的地方，都不適合保存肉身，但是我們現在在九華山和南華寺都能看到不少肉身菩薩。

後面是講六祖滅度以後的事情了。

<u>十一月，廣、韶、新三郡官僚，洎門人僧俗，爭迎眞身，莫決所之。乃焚香禱曰：「香煙指處，師所歸焉。」</u>
<u>時香煙直貫曹溪。</u>
<u>十一月十三日，遷神龕並所傳衣缽而回。</u>
<u>次年七月二十五日出龕，弟子方辯以香泥上之。</u>

門人憶念取首之記，遂先以鐵葉漆布，固護師頸入塔；忽於塔內，白光出現，直上衝天，三日始散。

韶州奏聞，奉敕立碑，紀師道行。師，春秋七十有六，年二十四傳衣，三十九祝髮，說法利生，三十七載。得旨嗣法者，四十三人，悟道超凡者莫知其數。達摩所傳信衣、中宗賜磨衲寶缽，及方辯塑師真相，並道具，永鎮寶林道場。流傳《壇經》，以顯宗旨，興隆三寶，普利群生者。

六祖慧能二十四歲得五祖傳衣缽，逃亡到三十九歲才正式出家，弘法利生三十七年。他是中國禪宗歷史上最偉大的教育家，如同孔子是儒家歷史上最偉大的教育家。這裡所說的四十三人後來傳法有影響力的人物，所謂悟道超凡者，其中也有不少勘破意趣的，只是不如前者有名罷了。寶林道場就是今天韶關的南華寺，是禪宗的祖庭。《壇經》這本書流傳至今，依然大放光明，希望六祖大師的光明今天還能激發起讀者們內心的光明，薪火相傳，永不熄滅。

附錄　俳句的禪意

　　禪宗對文學創作產生了極大影響，許多唐宋詩詞和日本的俳句讀來都很有禪意，下面我們從一個禪宗的公案開頭欣賞一下俳句的禪意。

　　這個公案出自《宋高僧傳》。《宋高僧傳》卷十七記載：「（翱）初見儼（藥山禪師），執經卷不顧，侍者白曰：『太守在此。』翱性褊急，乃倡言曰：『見面不似聞名。』儼乃呼，翱應唯。曰：『太守何貴耳賤目？』翱拱手謝之，問曰：『何謂道邪？』儼指天指淨瓶曰：『雲在青天水在瓶。』翱於時暗室已明，疑冰頓泮。」

　　太守在此，禪師居然不理睬，太不給面子了，李翱就說「見面不似聞名」，什麼意思呢？就是想說沒想到你這麼大名氣，卻是這麼傲慢的一個人，意思就是說修行不夠。藥山禪師就喊他的名字，他就答應了，說，「太守何貴耳賤目？」為什麼相信耳朵，而不相信你的眼睛呢？李翱一拱手，覺得是這麼回事。就開始問藥山禪師，道是什麼？指指天，指指瓶子，說「雲在青天水在瓶」，這個時候李翱就一下子明白了，開悟了。這就是這個公案。禪宗裏有大量這樣的公案，也有很多這樣的話，例如上面的「雲在青天水在瓶」，這完全可以當作一句詩來看。這個我就不解釋了，這些話再解釋就沒意思了，因為能解釋呢，藥山禪師自己就解釋了，他不解釋，只是說「雲在青天水在瓶」，任何一個人把這個公案讀完，心裏一定都會有所感悟，不叫開悟。你讀完，心裏一定會有一個影子，就像我們以前說到的一樣，你也許不是絕對的明白，但是也不是絕對的不明白，這樣一個狀態沒有關係。研究高深的問題，要體會真正有意義的東西，常常都是以這個狀態開始的，不是一開始就搞得很明白了。如果一篇文章一首詩，你第一眼就完全明白了，也不用以後再去想它，

這並不證明你很聰明,只是說明你看的東西沒有什麼太大的價值。有些東西,你看完,朦朦朧朧的有些感覺,也挺好,這個東西會讓你有所提高。

以這個公案作為一個起頭,後面我們要開始講俳句。因為「雲在青天水在瓶」,其實是很短的一首詩啊。俳句也都是很短的。俳句,是日本特有的一種詩。雖然俳句肯定是受到了中國禪宗、中國詩歌的影響,但是它還是走出了自己的一條路,有自己非常獨特的風格。俳句雖然很少直接寫禪,也不能把俳句歸類於禪詩,但受到禪宗的影響是非常大的。其中一個特點就是「靜」,第二個特點就是隨緣的狀態。我自己是非常喜歡俳句的,但沒有什麼深入的研究。大家估計也讀過一些俳句,我最喜歡的一個是松尾芭蕉,一個是小林一茶。這兩位是日本特別有名的俳句大師。我個人認為,俳句是比較好寫的。我說比較好寫,不是說誰都能寫好,不過我很鼓勵大家自己去寫一些這樣的詩,或者寫點俳句。因為我們心裏經常會有所感觸,有所感悟,但我們總是基於某一種原因不去寫,如果寫出來可能會覺得這個不像詩,覺得不夠好,我們總是被一種所謂的價值觀,或者是高低上下的評價限制了自己心靈自由發揮的感覺,自己限制自己。我還是希望大家能動筆寫寫,不管好壞,都是可以寫的。俳句容易一些,因為短。俳句在日語裏可能還有一些規範,中文反而沒有那麼多限制。翻譯過來的俳句,其實韻這樣的要素都是很簡單的。

我讀俳句,覺得有一個問題。如果我用結構主義的一些方法來分析中國詩歌,感覺比較有效,能夠深入進去,包括中國的律詩和現當代詩歌,這些詩歌的藝術性表現很複雜,分析起來可以一層層進入。這些詩歌把世界呈現給我們的時候,是以一種比較複雜的方式呈現給我們的,其中相互的勾連和照應像萬花筒一樣,在這裡你可以找到很多的東西進行分析。但俳句不一樣,你要分析它的複雜性,那是沒有的,它就是很簡單,總是以一種非常直接的方式表達,所以我們看到俳句從來不用典故,是一種非常直接的感性表達。所以俳句對於一個批評家,或者一個文學評論家來說,是挺困難的。你可以圍繞它說很多,但是很難直接就它本身說太多,你很難把這種感性的東西理性化,或者說這種理性化的結果也都挺沒意思。

我們先來看松尾芭蕉的俳句,比較有名的一首:

山寺悠閒靜,耳畔只聞蟬聲鳴,聲聲入岩中。

很簡單,但是同時也會讓人覺得很有意思,很有意味。耳畔只聞蟬聲鳴,聲聲入岩中,這實際上是物我兩忘,物我一體的,聲聲本來是入我的耳朵的,

但我和岩和山和這些景，是沒有隔閡的，這個聲音不是到我的耳朵裏去了，而是到山岩裏去了，「我」和「山」是一體的，我聽蟬鳴和山岩聽蟬鳴是一樣的。我們在這個世間總是隔閡很多，山是山，我是我，其實山是在你心中的呀。除了你的心中，哪裏有這個山呢？所以，「**耳畔只聞蟬聲鳴，聲聲入岩中**」，這是打破了物我界限的境界。俳句就是抓住這一瞬間的感覺，人體會這個世界那一瞬間的感覺。

下面還是松尾芭蕉的一首俳句：

寂寂古池塘，忽聞蛙跳入水響，撲通聲迴蕩。

翻譯有很多版本，我隨意取了這個，這個比較押韻。這個情景是一個很短的片段，忽然看到蛙跳入水中，聽見撲通一聲響，有所感。感的是什麼呢？這個感其實不用寫出來，俳句是不去論理的，並不是去強調一個特定的象徵。俳句不特地強調，而是直接面對現象的這樣一種詩，因爲我們日常生活裏對於現象產生的種種的判斷太多了。我們的現象都疊加了太多的判斷和象徵，這個時候我們看到一個只是現象本身的東西呈現在我們面前，這是很有意思的。把我們從對現象的判斷中拉出來。俳句，其實讓我們感覺到，它對世界是一種徹底接受的狀態，這個世界就是如此，我全身心地感受這個世界，另一個就是一種驚喜，其實也不能叫「驚喜」，俳句的感情其實不是特別強烈，但是它有一種特別的觸動。我安靜地面對這個世界，放下「我」以後，能夠體會到這個世界觸動我心靈深處，或者說是與我心靈深處相通的那種感覺，能撥動我心弦。這是需要我們在安靜的狀態下去體會的。我在這個寂靜的古池塘邊感受到青蛙的跳躍。

再一首：

多風在吹，貓兒的眼睛，眨個不停。

你們看這首詩什麼感覺？真的好像被風吹了一樣，多簡單。風吹貓兒的眼睛，眨個不停，就是寫了這個畫面，風也好，貓也好，都非常的生動。人和物，在寫得好的俳句裏，就沒有一點點隔閡，沒有判斷，甚至也不去象徵，只是把這個東西呈現出來。大家有觀察過，貓兒在多風裏眼睛會眨個不停嗎？貓我見過很多，也在多風裏走過很多次，但我從來沒有觀察過多風裏貓兒的眼睛。這個畫面其實是很常見的，這首俳句把常見的東西突然呈現在你的面前。我們生活裏經常面對很多常見的東西，常見而視而不見，視而不見是我們都已經分類好了，概念好了，把它歸類了：這個是我要關心的，那個是我

不關心的，這個是有價值的，那個是沒價值的。貓眨眼睛是我不用關心的，我們都已經排列好了，但這些視而不見的東西突然呈現在你的面前，是很有意思的。

有一個文學理論的說法是陌生化，按照什克洛夫斯基的說法就是使物重新變成物，因爲我們已經太善於使用各種各樣的詞匯去把握這個世界了，我們就覺得可以用這些詞匯去控制這個世界。但生活中這樣的東西，我們已經看不到它了，不能仔細地去感受它了，因爲在我和物之間，在我和人之間，隔了一個詞語構建起來的很厚的牆。這個詞語本來好像是爲我所用的，用來把握這個世界，理解這個世界的，但實際上這個詞語建構好了，固定化了之後，它又會成爲一個阻止我通向這些事物，通向人，通向身邊這些東西的障礙，變成了一個阻礙。陌生化的方法，是使事物本來呈現出來，陌生的情況重新呈現，我們又重新看到重新感受，不僅是眼睛感受，包括肢體的感受。但是日本的俳句和什克洛夫斯基的理論也有不一樣的地方，什克洛夫斯基的理論，是以一種陌生化的特殊方式表現出來。俳句是不特殊的，俳句是用最常見最普通的方式表現出來，它一點都不陌生，它用的詞語也好，表達方式也好，是很常見的，但是它又眞的起到了陌生化的效果，眞的使這樣一種情景，這樣一種感受，突然在我們眼前一亮。寫得好的俳句就能達到這樣的效果。這個世界的任何一瞬，在俳句的作家這裡，我們不能說「意義」，這麼說是不對的。詩人對任何一瞬都是要完全接受，然後是要充分感受，他不是去講意義，那就繞遠了。他們對世界的任何一瞬，都是敞開心靈去感受的。我們讀了這首俳句，哪天再看多風裏的貓兒，感覺會很不一樣的。

剛才講的是芭蕉的，現在我們講小林一茶。小林一茶我個人更喜歡。下面這首俳句，我印象非常深刻，之所以非常深，是因爲周作人反覆提起，他特別喜歡這個俳句。他在散文裏好幾十處提到這個俳句，我看到這個俳句也覺得非常好。

不要打哪，蒼蠅搓他的手，搓他的腳呢！

我覺得這是神作天成！

當時我看完這個俳句，就去看蒼蠅。這首詩寫人跟蒼蠅的關係，完全不一樣。我們平常看到蒼蠅，都是討厭，趕走，要麼就拿個蒼蠅拍打死。小的時候我自己也玩過蒼蠅，小屁孩到處跑抓蒼蠅，多半最後都是把蒼蠅折磨死。小孩是天生的惡魔。小林一茶看蒼蠅的感受，上來就是「不要打哪，蒼蠅搓

他的手，搓他的腳呢！」蒼蠅在詩人那裡的感覺是異乎尋常的。說這是異乎尋常的感覺，但我們每個人讀了以後，也不覺得是真的異乎尋常，反而升起一種很親切的，真正融入我們內心的親切的感覺。我們一般看到蒼蠅都會覺得很討厭，在耳邊上嗡嗡，而且還傳染疾病。我們普通人面對蒼蠅，基本都是從「我」出發的一種實用性的態度。為什麼我們會覺得蒼蠅討厭呢？因為它對我的生活不利，降低了我的生活品質，使我的生活不衛生。我們都是從「我」的利益的角度出發去看待蒼蠅的。但在小林一茶這裡不一樣，他看到的蒼蠅在「搓它的手，搓它的腳」，他面對蒼蠅的時候不是一種利己的態度，不是從我的利益出發去看待蒼蠅的，他看到一個生命在那裡活躍著。他說不要打啊，是一種同情和憐憫，一顆慈悲的心。

　　這是我讀過的第一個俳句。留下了至深的印象，我覺得這個俳句寫得太好了！這就是心靈的一種體會。我們要能體會到這樣一種東西，一種情感，付出我們內心深處的這樣一種憐憫和同情。而且這首俳句裏還不僅僅是憐憫和同情，它不是一種高高在上的憐憫和同情，不是那種我碰到一個可憐的窮人，高高在上，給人一些食物。這首詩表達的情感是非常親切的，能感覺到詩人愛護的這個對象和他自己是一體的。這種感覺，好像這個手就是詩人的手，這個腳就是詩人的腳，好像就是我自己在搓手搓腳的感覺一樣。體會蒼蠅的搓手搓腳，就跟體會他自己的搓手搓腳是一樣的。「不要打哪！」我也不要被別人打，這個感覺是一樣的。這是特別深切的一種同情，不是那種高高在上的救世主一樣的你要感謝我的那種同情，而是融為一體的同情，這樣的同情是非常難得的。真正的菩薩心腸！

　　從修煉的角度來說，一般的學佛學慈悲救眾生，做好事，都很不容易培養出這樣一種親切的慈悲，發自內心的一種感覺。中國的古詩裏也有很多慈悲，比如「勸君莫打枝頭鳥」，比如「為鼠常留飯，憐蛾不點燈」。但是我們看到這類詩和小林一茶的這個俳句是不一樣的。按《金剛經》的說法，就是你度它還是在以一種有意識的狀態去度它，你度了它，你也覺得你度了它，當然這也是一種慈悲心腸，也是善事。然而我們看小林一茶他寫蒼蠅的時候，他說不要打哪，蒼蠅搓他的手，搓他的腳呢，這不僅僅是一種有能力幫助弱小的慈悲，他和蒼蠅是完全沒有距離的。他看到蒼蠅很歡喜，「搓它的手搓它的腳」，他是一種隨喜的狀態，他看見蒼蠅很高興，於是他也很高興，他完全感受到蒼蠅的快樂，這是非常天真的一種感覺。這種感覺是不容易獲得的，

不是我們讀到的佛法裏講的因果的道理，不殺生不吃肉，這其實也很好，但這也不容易達到小林一茶這種和蒼蠅親密無間的感覺，和蒼蠅共同歡喜的感覺。跟高級一點的動物一起歡喜是比較容易的，比如和貓、狗一起歡喜是比較容易的，但是和蒼蠅這樣更小的生命，甚至是影響到我們生活，不會給我們生活帶來任何好處的生命，他都有這樣一種親密無間的感情，這是一種不可思議的感覺。小林一茶的很多俳句都有這樣一種不可思議的感覺。

小林一茶自己的一生是過得比較悲慘的，幼年父母就不在了，一直漂泊，一生非常悲哀。但是，他的俳句裏，一直都充滿了一種對於任何事物都親密無間的感覺，沒有怨恨。這個境界非常高！雖然看起來文字很簡單。俳句就是這樣，文字很簡單，三句話，但是表現出來一種非常有意境的狀態。小林一茶寫蒼蠅的俳句很多，我們來看下面這首：

「笠上的蒼蠅，比我更早地飛進去了。」

這是一個怎樣的場景？按我的理解，他應該是回家。回家路上，蒼蠅先就停在他的斗笠上，到了家門口一摘斗笠，蒼蠅就先他飛進家門了。在詩人的眼裏，這個蒼蠅就跟他一個親愛的朋友是一樣的，是一個非常親切的感覺。「笠上的蒼蠅，比我更早地飛進去了。」這個和前面那首俳句的感覺完全是一樣的，和蒼蠅之間完全是親密無間的感覺。這個世界上任何一種生靈和他都是朋友。笠上的蒼蠅，我回家，它比我先回家。這就和跟朋友說話一樣，看見蒼蠅跟看見家裏人的感覺一樣。

另一首：

到我這裡來玩喲，沒有爹娘的麻雀。

小林一茶寫這首俳句的時候很小，大概五六歲或者七八歲，這是他童年的一個作品。這樣的作品，成年人寫不出來。他對生命這樣一種特殊的感覺。詩人自己是沒有爹娘的。但是他自己沒有爹娘，並沒有讓他怨恨，反而是一種同情、慈悲的心。小林一茶的俳句和芭蕉的風格不一樣，小林的詩是充滿了熱心腸。他的熱心腸，又不是一種很執著的感覺，他僅僅就是熱心腸而已，菩薩心腸而已，和我們世間一般的愛不一樣的。我們世間的愛是很容易轉化成恨的一種感情，我們經常是在愛恨之間徘徊的。但小林一茶是一種非常純淨的熱心腸、菩薩心腸，只是有這樣一種溫暖，但決不會轉化成恨。他很直接，我們其實也有很多愛物的詩，夏丏尊和豐子愷也寫過很多愛物的詩，畫的也很漂亮，詩也很漂亮，但我覺得還沒達到小林一茶這樣一種感覺。小林

一茶這種「*到我這裡來玩喲，沒有爹娘的麻雀*」的感覺，非常直接，不是站在高處，我照顧了你，我要施一種恩情，就是一個熱切的同情看待這樣一隻麻雀，他在叫這個麻雀來玩的時候，完全平等的。佛法就講見平等相。關鍵是平等，融為一體的這種感覺。

前面寫的是動物，後面寫的是植物。這是兩首俳句，我把兩首放在一起：

我生的故鄉，
那兒的草，
可以做餅哩！

做餅的草，
長青了哩，
長青了哩

大家是不是覺得這個詩太簡單了，不像是詩。如果從詩歌的技巧上來說，其實跟前面的一樣，你是感覺不到什麼技巧的，但是讀起來，讓人怦然心動。這跟有技巧的感覺完全不同。王維的詩寫得很好，「大漠孤煙直，長河落日圓」，那個是很有技巧的，很有技法的，可以寫一篇論文出來。但小林的俳句，沒有任何技巧，這些話我們可能在日常生活中都會說到，完全日常，但也不太一樣。**我生的故鄉，那兒的草，可以做餅哩！**我們對故鄉的懷念之情，包括對草的感情，在這三句話中完完全全表達出來了，就夠了，並不需要別的描繪，種種的修辭和襯托，就是直指，沒有間接。跟日本的劍道很像，日本有一個刀法叫「一刀流」，就是上去就一刀，不是你死就是我死，就一招。日本很多時候比較講究直接，日本的美學很多時候是一種直接的美學。俳句是非常直接的。這兩首俳句有可能是同一天寫的。「**做餅的草，長青了哩，長青了哩**」，這樣的俳句和中國的詩歌裏懷念故鄉的表現手法是完全不一樣的。比如《靜夜思》，別看這麼短小的詩，其實意象很複雜。但我們看這俳句，沒有什麼好分析的，特別簡單，但是你讀到的時候會非常感動。讀完這個俳句，真會深深感到對故鄉的感情意猶未盡。好像是最簡單的東西，也沒寫故鄉的親人，也沒寫多遠，就是很簡單的故鄉的餅，故鄉的草可以做餅，表達對故鄉的味道的思念，但其實也不僅僅就是強調吃的，它的重點不在表現美味，或者說一種特殊的味道，而是一種對故鄉特殊的掛念。這個時候，說「我生的故鄉，那兒的草可以做餅哩！」這個時候詩人肯定不在故鄉，詩人在外地，

到了春天，他就想到故鄉，想到故鄉的草可以做餅，這樣一種經驗，一種貼合。我們每個人讀了這樣的詩，雖然沒有吃過草做的餅，我們現在的故鄉很可能都是鋼筋水泥，但是即使如此，讀完這首詩，我們對故鄉這種溫暖的感覺，這種故鄉好像就在我身邊的感受，一下就出來了。

小林一茶本名彌太郎，生於信濃國（今天日本的長野縣）的一個農民家庭裏，看看他另外一首寫故鄉的俳句：

十二月二十四日入故鄉

這終老住居地，

哦，雪五尺！

我們看到這首俳句裏有一點點埋怨的情緒在裏面，對於古人來講，下大雪之後交通是一件很困難的事情，而且是苦寒之地，那個時候也沒有暖氣。這裡雖然有一點點埋怨，但是他的抱怨之情又融化在這樣一種對故鄉的感情之中，更多的還是一種對歸老於故鄉的滿足。這首詩並不是很老的時候寫的，還比較年輕，但是他說我就要終老在這個地方，就要死在這個地方，他好像是有一點點抱怨，但是又顯得那麼輕鬆，是一種很親切的感覺。

雁別叫了，

從今天起，

我也是漂泊者啊！

我們現在讀這首詩，可能不像古人，兩百年前的人讀這首詩的感覺會很強烈，因為感同身受。我們現在聽不到雁的叫聲，我們現在也不那麼容易漂泊，我們現在的漂泊，坐個高鐵飛機，幾個小時也就回去了，這和古人的感覺很不一樣。古人的感覺是真的漂泊，因為家是不容易回去的，一旦走出來了，家是不容易回的。他聽這個雁叫，感覺會更強烈。雖然我們沒有那麼強烈的感受，但是我們在文化的傳承中，我們還是能夠感受到這裡面打動人心的東西。我相信如果我們在兩百年前讀這首詩，感覺肯定更加強烈。我們現在的漂泊感是很淡了。中國古代的詩歌裏，雁也是一種非常經典的意象，各種各樣的典故。雁是一種候鳥，所以會有一種感覺，比如傳信、傳遞故鄉的消息，或者是代表了一種漂泊，跟人的感覺很相通。候鳥它會離開故鄉又回到故鄉，人和雁就有一種相似的感覺。在中國的詩歌裏，雁比較抽象化。我們在小林一茶這裡體會到的雁的感覺和我們在中國詩歌裏體會到的雁的感覺是非常不一樣的。中國詩歌裏，雁經常就抽象化地成為故鄉的消息之類的東

西，例如杜甫的「鴻雁幾時到，江湖秋水多」，但這首俳句裏不是。這裡他跟大雁說，「雁別叫了，從今天起，我也是漂泊者啊！」小林一茶寫漂泊，不僅是這樣一種漂泊之感，他還在這個漂泊裏有一個熱烈的親切，這個親切是和大雁之間的。我們講同是天涯淪落人，我們一般還是和人在寫，這裡說的是我跟你大雁是一樣的，而且他是以雁爲主體的，在他的心裏，雁和他完全是平等的，而不是把自己當成主體，我來看雁如何。他就像在跟雁訴說衷腸一樣，我們是同樣的命運。他是把自己往雁去比較，而不是拿雁往人去比較。這是很不一樣的。小林一茶在俳句裏的這種感覺很不一般，在其他俳句和詩歌裏很少見到。這首詩一方面感歎自身，有一種悲，但這種悲被他的熱切，被眾生一體的這種熱情都沖淡了。漂泊中的孤獨感，雁別叫了，其實孤獨感是消失掉了，就是被這樣一種熱切，一種熱心腸，對雁也好，對蒼蠅也好，對眾生的熱心腸，這樣一種孤寂已經消融掉了。

下面這個俳句，我認爲寫得是極爲漂亮。

最上川，蟬聲貼在天。

這也是驚人之筆啊！這樣的句子都是很難想像的。這是很難形容的一種美，一共就八個字，多漂亮！**最上川，蟬聲貼在天。**這樣的詩是很難做鑑賞的，因爲寫得太好了！都不好意思鑑賞。非常直接。最上川，是日本一個著名的激流，是一個地名。這個地名本身就很有詩意。在中國古代或者日本也一樣，天從來都是一個虛的概念，他這一下子把天寫實了，「貼在天」，把一個虛的東西寫實際了。詩人的心靈要有多麼寬廣，才會把耳邊的蟬鳴貼到天上……？

「蟬聲貼在天」這樣一種廣闊的感覺，從聲音變爲極爲廣闊的形象，從蟬這樣一個微小的生命裏散發出來。這的確是一種不可思議的感覺。詩人要寫這樣的詩，是很難模倣的，因爲他的心特別廣大。你們看小林一茶從前面的蒼蠅到大雁，到最上川，蟬聲貼在天，他的心特別的廣大，爲什麼呢？因爲他跟動物、跟天地，是不隔的，沒有間隔。所以他才會去看蒼蠅搓它的手，搓它的腳，他還會想到蟬聲是貼在天上的。這真是心胸無窮的寬廣。前面那首「雁別叫了」，他的心都是如此寬廣。心能寬廣的原因是，他和一切眾生之間都沒有隔閡，沒有人、我、物之間的間隔，融爲一體。小林一茶的俳句，能夠深切得體現出一種菩薩心腸。

後面一首比較哲理化。

露水的世，雖然是露水的世，雖然是如此。

這個意思很清楚。我們看了這個再回過頭去想《金剛經》裏的那個偈子，「一切有爲法，如夢幻泡影，如露亦如電，應作如是觀」。這裡說露水的世，**雖然是露水的世，雖然是如此**。一方面詩人看得很透徹，但另一方面其實詩人還是有所流連的，他也許還沒有到徹底冷靜的理性。他說雖然是如此，這樣一種流連，其實已經很淡很淡了。他說了「雖然」，然而沒有「但是」，不說「但是」，這個詩才寫的好，餘味悠長。讓我們再來品味一下。**露水的世，雖然是露水的世，雖然是如此**。後面不再寫了。這樣一首俳句，不知道大家在這麼年輕的時候讀到是什麼感覺。這裡有一種極端的悲涼，但又超越了極端的悲涼。這本來就是一個如露的世界，但是他同時又看穿了這種悲涼，所以說「雖然是露水的世」，雖然是如此，還是跟露水的世在一起。我們前面說到過，小林一茶的生活是非常悲慘的，他對「露水的世」有一點點的埋怨，但他又隨時都在超越這種埋怨。這是小林一茶非常不可思議的地方。他和這個世界的距離真的是貼得非常近。我們認真反省一下，我們自己其實跟這個世界的距離是很遠的，而小林一茶跟這個世界，跟這個世界的眾生，不管是有情眾生還是無情眾生的距離是非常近的，是一種非常強烈的一體感。

再看一首：

跳蚤們，可不覺得夜長麼？岑寂麼？

這首詩，也是物我兩忘。像小林一茶這樣的詩，雖然我們在這裡講詩，但是其實真的很難講。他沒有任何間接的東西，他就是直接到位了，再去解釋就會有狗尾續貂的感覺。「**跳蚤們，可不覺得夜長麼？岑寂麼？**」你看，他是自己覺得夜長，覺得岑寂，他說這個跳蚤。跳蚤是幹嘛？跳蚤是吸血的啊，跳蚤是晚上吸他血的，但是我們看他和跳蚤，他面對這樣一個吸自己血的跳蚤是什麼感受呢？哎呀，我覺得夜很長，人生很悲涼，那跳蚤你覺得人生悲涼嗎？他好像是在表現這種夜長、岑寂、孤獨感，但實際上他好像又表現得一點也不夜長，一點也不岑寂，他在夜長和岑寂裏這麼活潑，這麼生動，這麼充滿同情心。這才是真正的同情。這和那種別人受苦，覺得可憐的同情是不一樣的。這就叫同情的極致。什麼時候如果一隻蚊子叮你的時候，你說：「蚊子啊，你覺得夜長嗎？你孤獨嗎？」就是這樣一種同情心。真正的同情心，實際上是一種忘我。之所以我們討厭蚊子，完全是站在「我」的立場上，我的立場很強：蚊子吸我的血，真討厭。如果你的我執越少，你對「我」看的

越淡，越能體會跳蚤、蚊子、蒼蠅，包括貓、雁、蟬，天和地，你對萬物都會有不一樣的感受和認識，這個世界就沒有什麼敵人了。

　　佛陀將白天的蚊蟲，藏在背後。

這個俳句就是講佛陀保護蚊蟲。因為白天蚊蟲比較危險，人是看得到的，會打的，晚上就看不到了，蚊蟲就安全了。這就是生活環境不一樣，古代的燈油是很貴的，不能隨便點燈的。不可能為了打蚊子而點燈的，而且古代的燈本來就是很昏暗的，也不好找蚊子。佛陀將白天的蚊蟲藏在背後，寺廟裏佛像的背後都是牆、角落，可以躲起來的，是蚊蟲很好躲藏的一個地方。這個地方的佛陀，多半是指佛像。詩人表達自己跟佛陀是一樣的心，一樣愛眾生，不忍眾生受苦，所以佛陀也會把蚊蟲藏起來。佛陀的心是平等的，他不會覺得人比蚊蟲更高貴，他不覺得蚊蟲吸了點血，人就理所應當可以打死蚊子，他會憐憫蚊蟲。你看小林一茶寫這些動物，寫這些愛物之情，真的是寫得太好了！中國古代寫愛物的詩也很多，比如「為鼠常留飯，憐蛾不點燈」，我們現在的生活條件和過去不一樣了，我們現在的生活很少會有老鼠，也很少見到飛蛾撲火的情況，我們現在也不點燈了，以前的燈都是油燈，蛾子是會撲火，會死掉的。這個是講愛物和同情非常好的了，境界很高。但我們看小林一茶的詩，有更加深切的菩薩心腸。